Billar 3 Bandas: Diagonales de esquina

Desde torneos profesionales de campeonato

Ponte a prueba contra jugadores profesionales

Allan P. Sand
PBIA Instructor Certificado de Billar

ISBN 978-1-62505-340-4
PRINT 7x10

ISBN 978-1-62505-504-0
PRINT 8.5x11

First edition

Copyright © 2019 Allan P. Sand

All rights reserved under International and Pan-American Copyright Conventions.

Published by Billiard Gods Productions.
Santa Clara, CA 95051
U.S.A.

For the latest information about books and videos, go to: http://www.billiardgods.com

Acknowledgements
Wei Chao created the software that was used to create these graphics.

Tabla de contenido

Introducción **1**
Acerca de los diseños de tablas 1
Instrucciones de configuración de la mesa 2
Propósito de los diseños..2
A: Diagonal simple..**3**
A: Grupo 1 3
A: Grupo 2 8
A: Grupo 3 13
A: Grupo 4 18
A: Grupo 5 23
A: Grupo 6 28
B: Diagonal simple (modificada) **33**
B: Grupo 1 33
B: Grupo 2 38
B: Grupo 3 43
C: Diagonal paralela **48**
C: Grupo 1 48
C: Grupo 2 53
C: Grupo 3 58
C: Grupo 4 63
C: Grupo 5 68
D: Doble diagonal **73**
D: Grupo 1 73
D: Grupo 2 78
D: Grupo 3 83
D: Grupo 4 88
D: Grupo 5 93
D: Grupo 6 98
D: Grupo 7 103
E: Doble diagonal (modificada) **108**
E: Grupo 1 108
E: Grupo 2 113
E: Grupo 3 118
E: Grupo 4 123
E: Grupo 5 128
E: Grupo 6 133
F: Tres diagonales paralelas..**138**
F: Grupo 1..138
F: Grupo 2..143
F: Grupo 3..148

Other books by the author …
- 3 Cushion Billiards Championship Shots (a series)
- Carom Billiards: Some Riddles & Puzzles
- Carom Billiards: MORE Riddles & Puzzles
- Why Pool Hustlers Win
- Table Map Library
- Safety Toolbox
- Cue Ball Control Cheat Sheets
- Advanced Cue Ball Control Self-Testing Program
- Drills & Exercises for Pool & Pocket Billiards
- The Art of War versus The Art of Pool
- The Psychology of Losing – Tricks, Traps & Sharks
- The Art of Team Coaching
- The Art of Personal Competition
- The Art of Politics & Campaigning
- The Art of Marketing & Promotion
- Kitchen God's Guide for Single Guys

Introducción

Este es uno de una serie de libros de Carom Billiards que muestran cómo los jugadores profesionales toman decisiones, según el diseño de la mesa. Todos estos diseños son de competiciones internacionales.

Estos diseños te colocan dentro de la cabeza del jugador, comenzando con las posiciones de las bolas (que se muestran en la primera tabla). El segundo diseño de la mesa muestra lo que el jugador decidió hacer.

Acerca de los diseños de tablas

Estas son las tres bolas sobre la mesa:

Ⓐ (CB) (tu bola de billar)

⊙ (OB) (bola de billar oponente)

● (OB) (bola de billar roja)

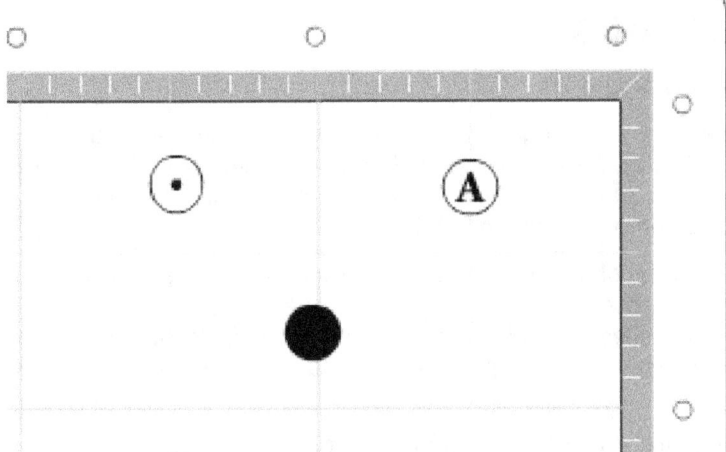

Cada configuración tiene dos diseños de tabla. La primera tabla es la posición de las bolas. La segunda tabla es cómo se mueven las bolas sobre la mesa.

Instrucciones de configuración de la mesa

Use anillos de papel para marcar las posiciones de las bolas (compre en cualquier tienda de suministros de oficina).

Coloque una moneda en cada bando de la mesa que tocará (CB).

Compare su ruta (CB) con la configuración de la segunda tabla. Para aprender, es posible que necesite varios intentos. Después de cada falla, realice el ajuste y vuelva a intentarlo hasta que tenga éxito.

Propósito de los diseños

Estos diseños se proporcionan para dos propósitos.

- Su análisis: en casa, puede considerar cómo jugar la configuración en la primera tabla. Compara tus ideas con el patrón real en la segunda tabla. Piense en su solución y considere las opciones. Desde la segunda tabla, también puedes analizar cómo seguir el patrón. Mentalmente juega el tiro y decide cómo puedes tener éxito.

- Practique la configuración de la mesa: coloque las bolas en posición, de acuerdo con la primera configuración de la mesa. Intenta disparar de la misma manera que el segundo patrón de mesa. Es posible que necesites muchos intentos antes de encontrar la forma correcta de jugar. Así es como puedes aprender y jugar estas tomas durante competiciones y torneos.

La combinación de análisis mental y práctica práctica te hará un jugador más inteligente.

A: Diagonal simple

Estos son un conjunto de caminos de bolas que viajan desde una esquina hacia la esquina opuesta. El (CB) viaja a través de la mesa desde una esquina a la esquina opuesta.

Ⓐ (CB) (su bola de billar) - ☉ (OB) (bola de billar oponente) - ● (OB) (bola de billar roja)

A: Grupo 1

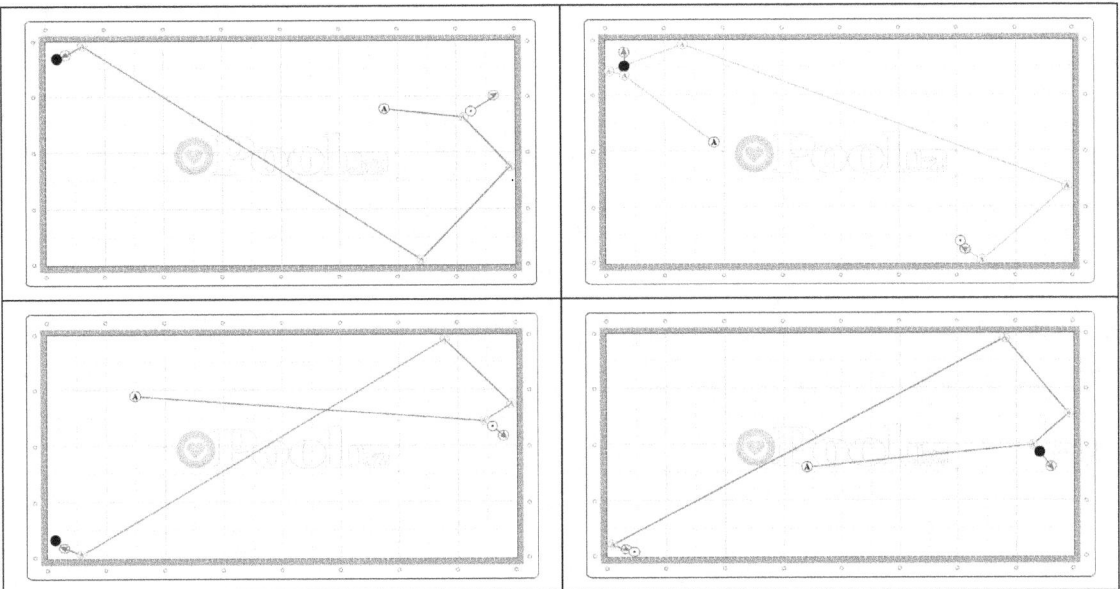

Análisis:

A:1a. _____

A:1b. _____

A:1c. _____

A:1d. _____

A:1a – Preparar

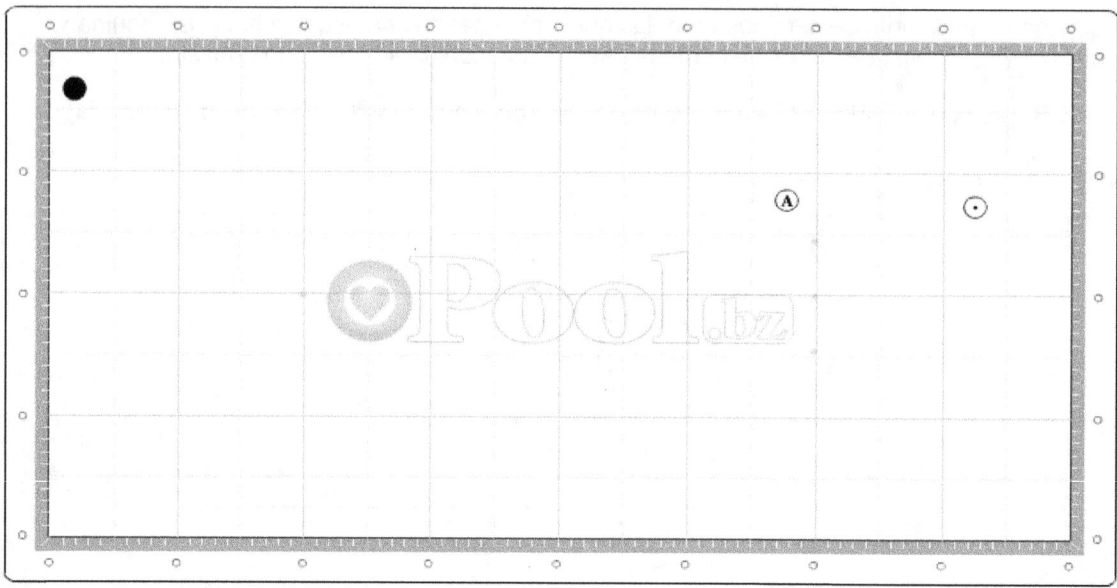

Notas e ideas:

Patrón de disparo

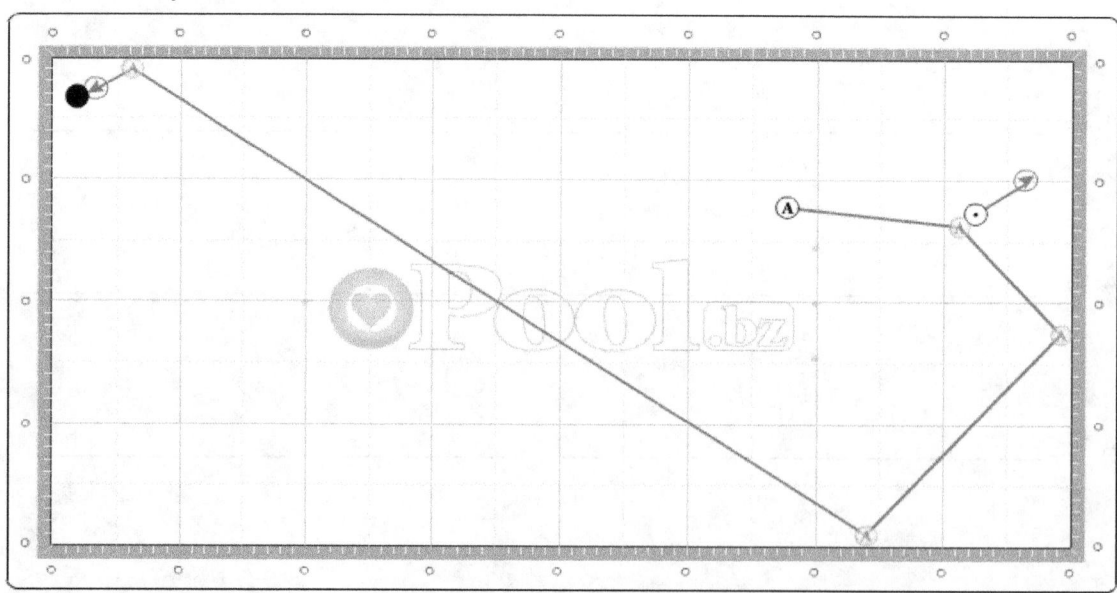

A:1b – Preparar

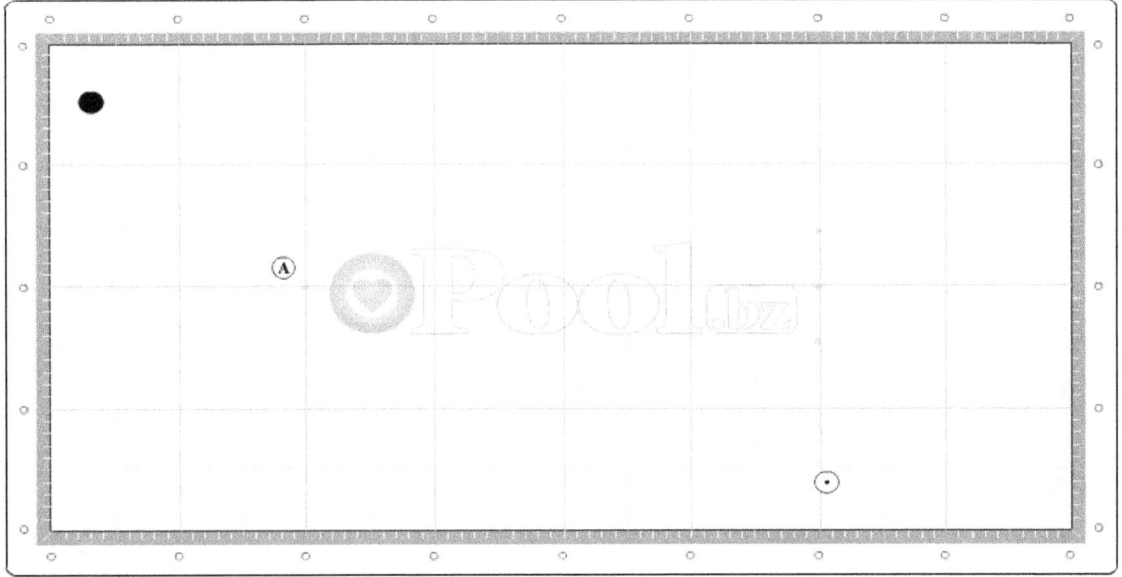

Notas e ideas:

Patrón de disparo

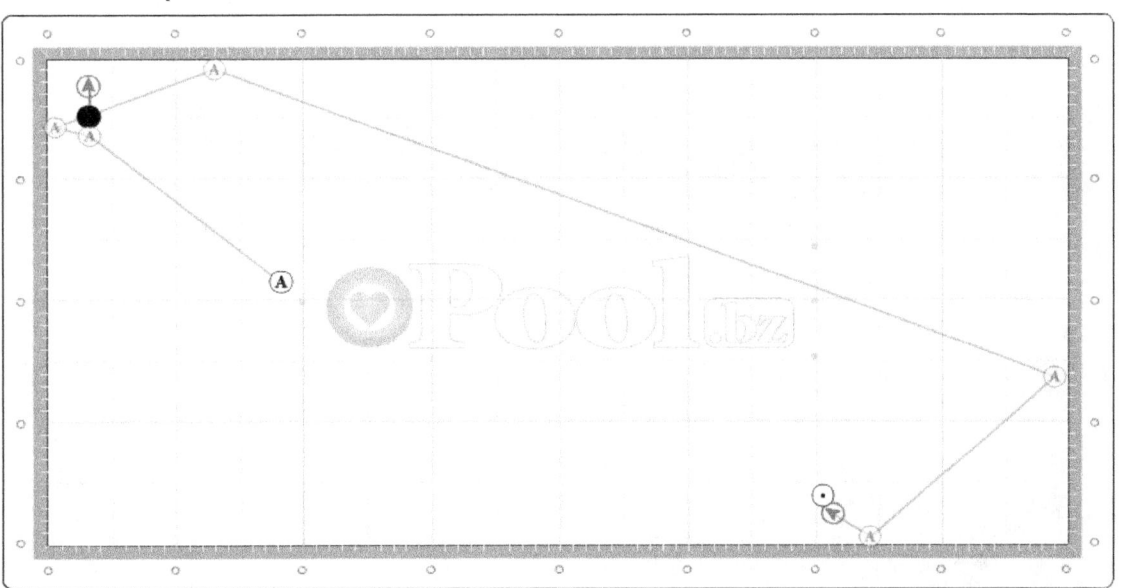

A:1c – Preparar

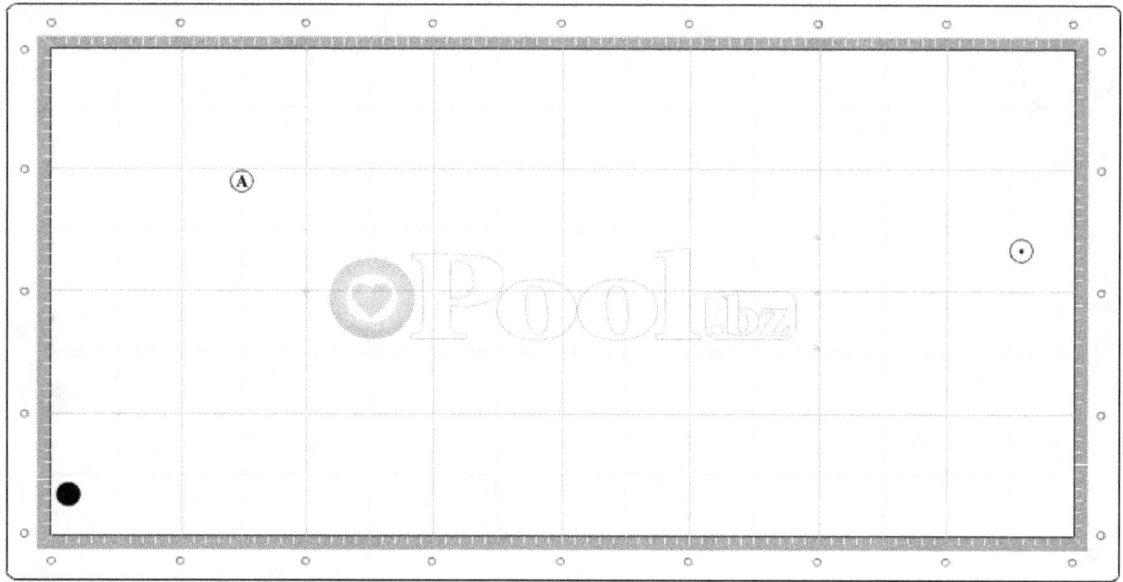

Notas e ideas:

Patrón de disparo

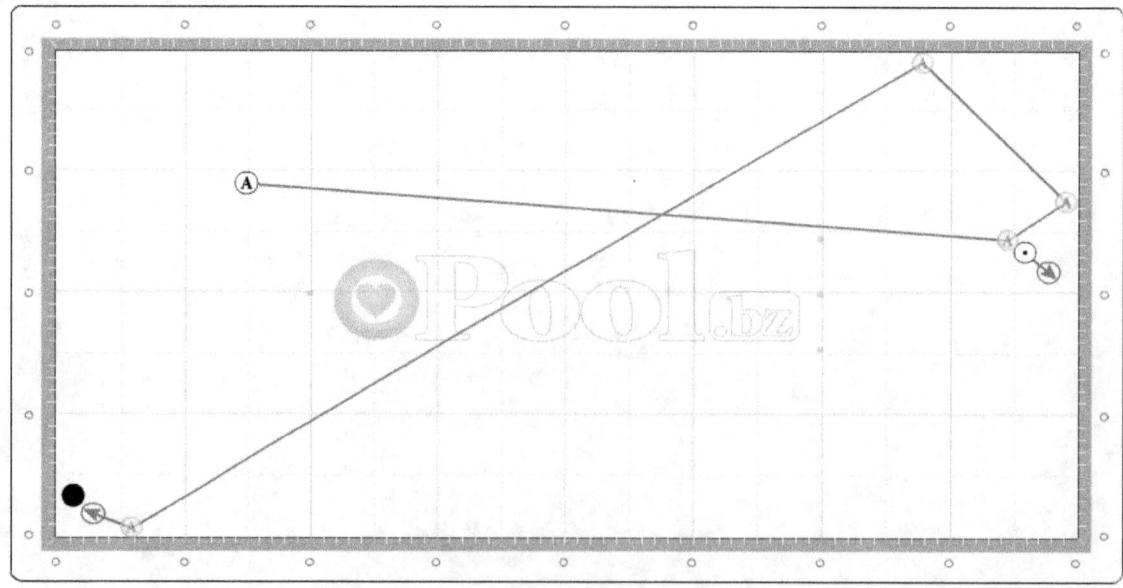

A:1d – Preparar

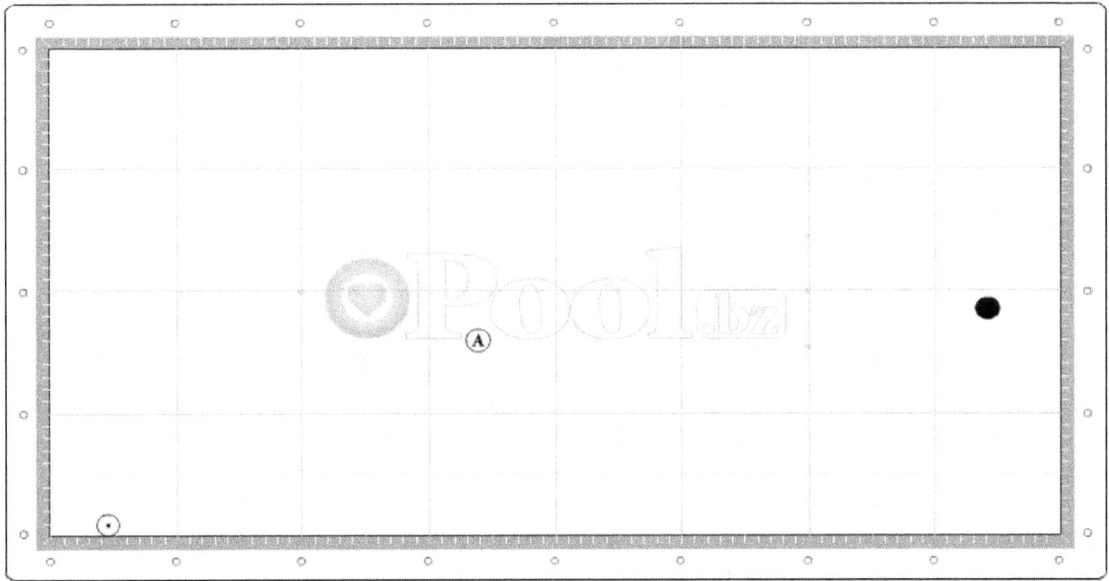

Notas e ideas:

Patrón de disparo

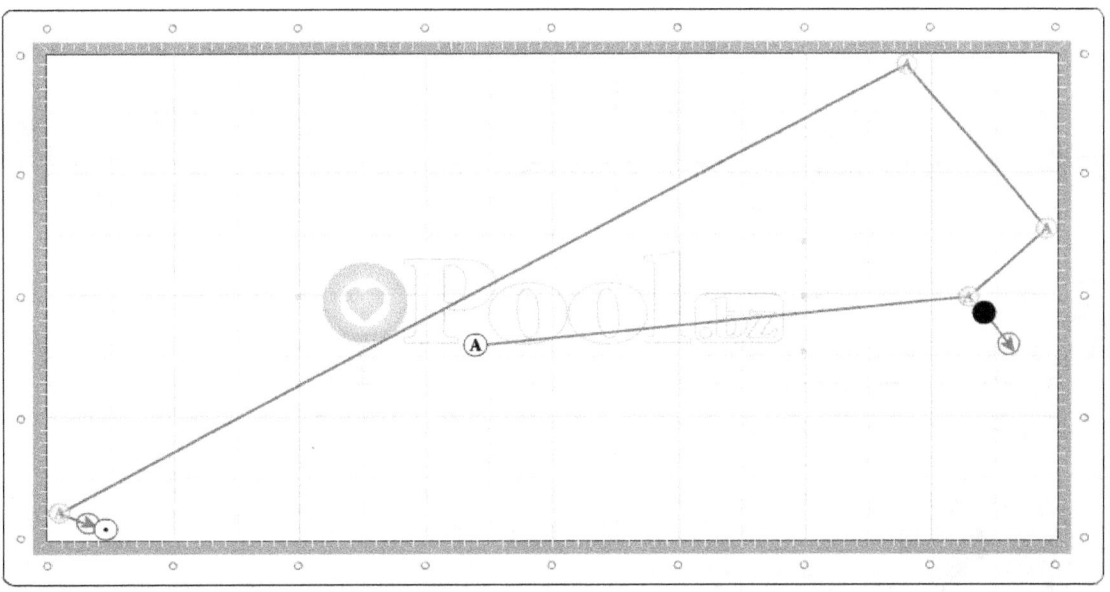

A: Grupo 2

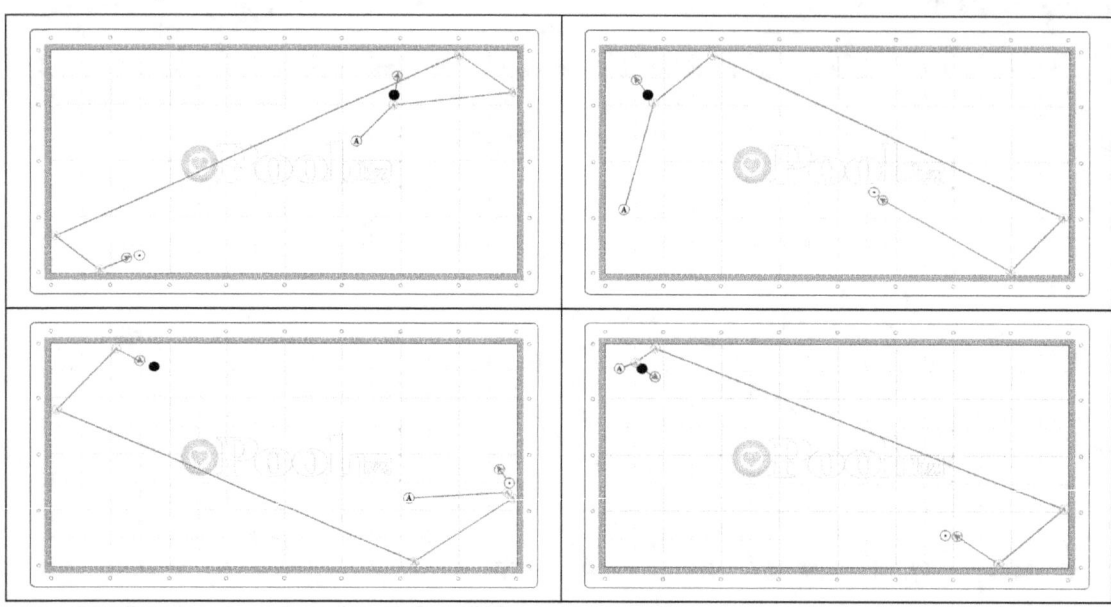

Análisis:

A:2a. _____

A:2b. _____

A:2c. _____

A:2d. _____

A:2a – Preparar

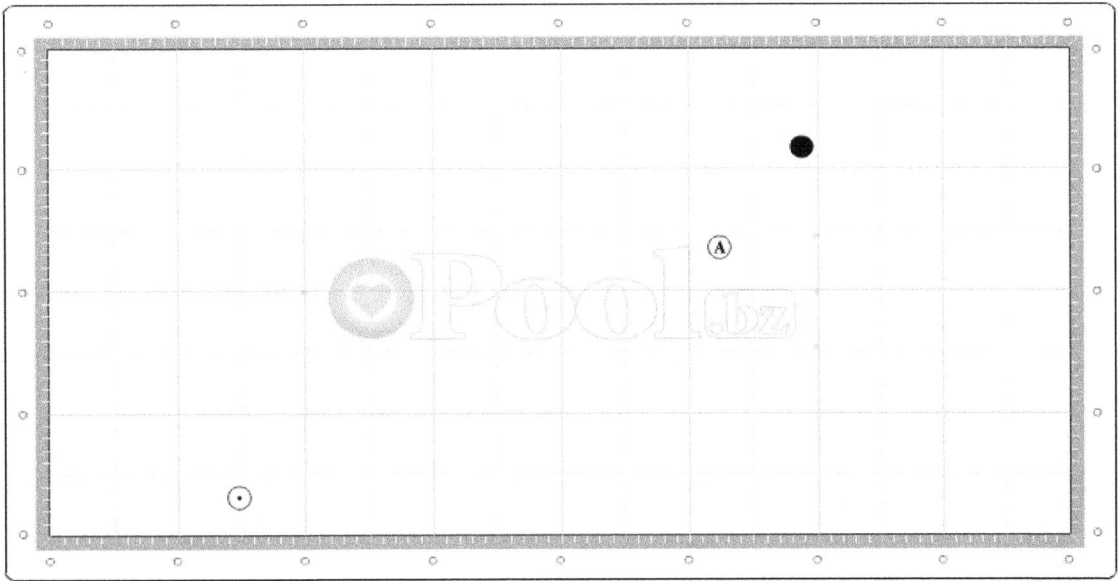

Notas e ideas:

Patrón de disparo

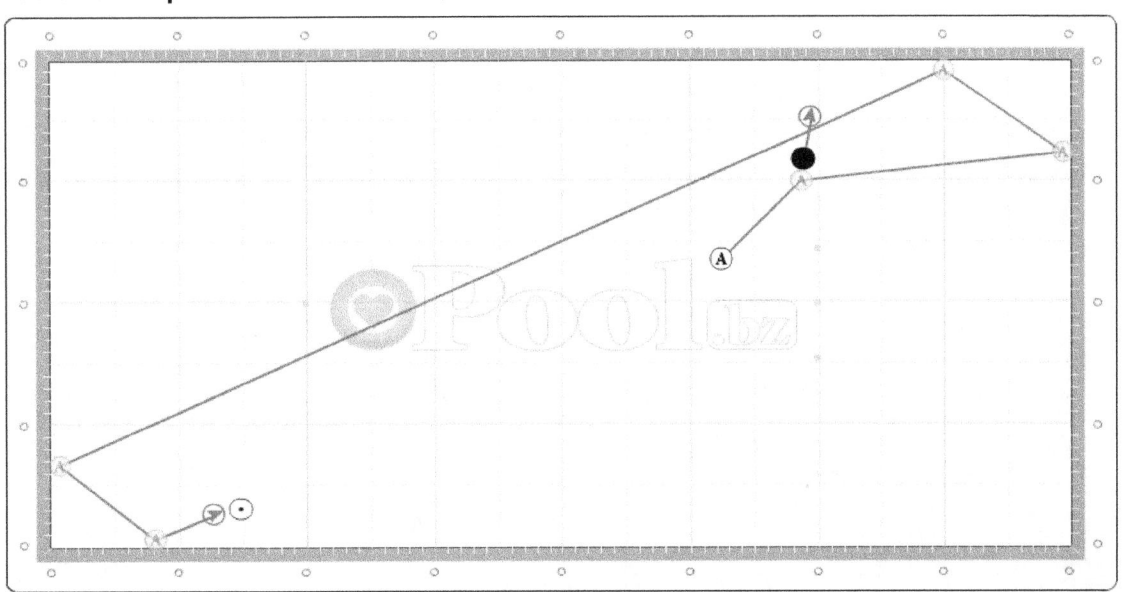

A:2b – Preparar

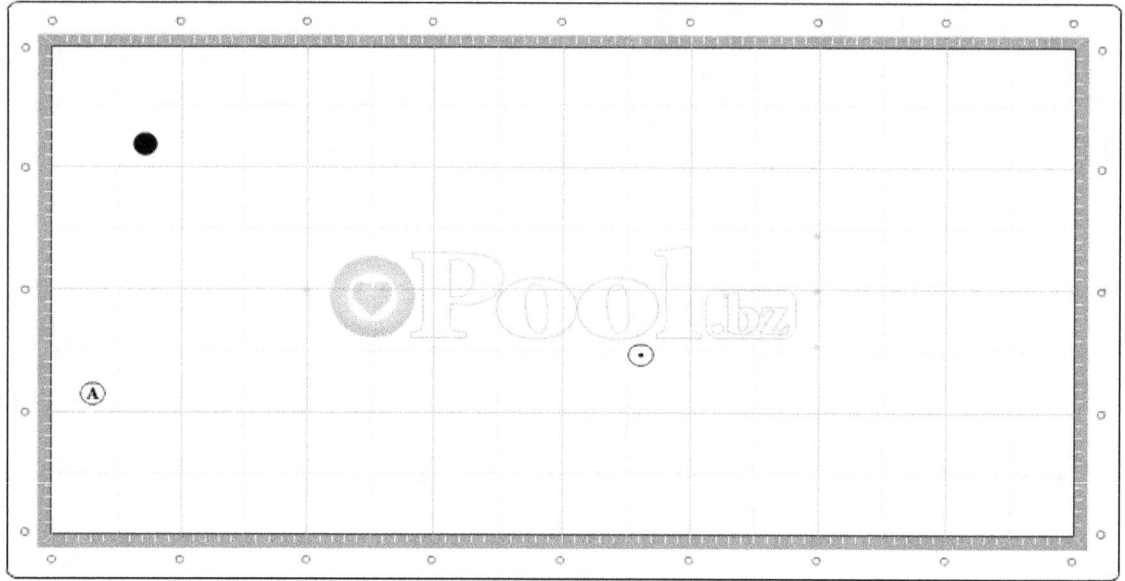

Notas e ideas:

Patrón de disparo

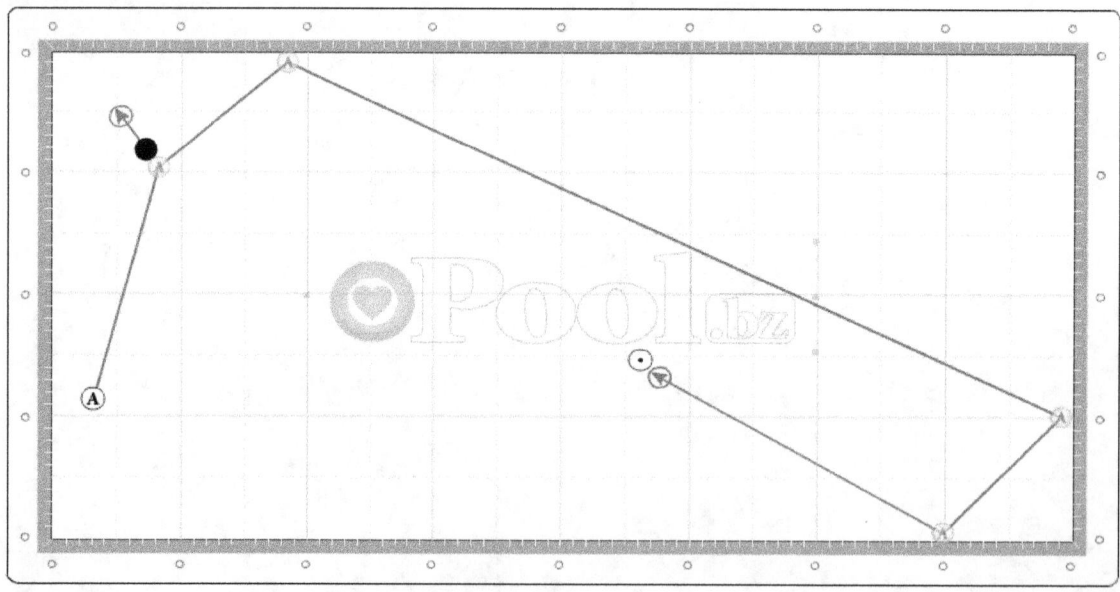

A:2c – Preparar

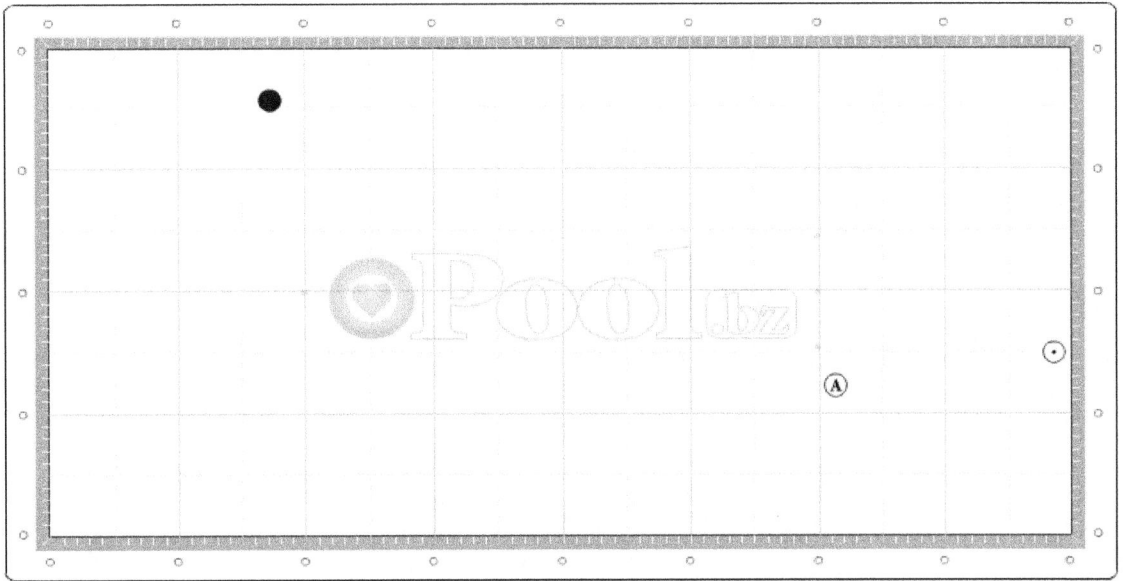

Notas e ideas:

Patrón de disparo

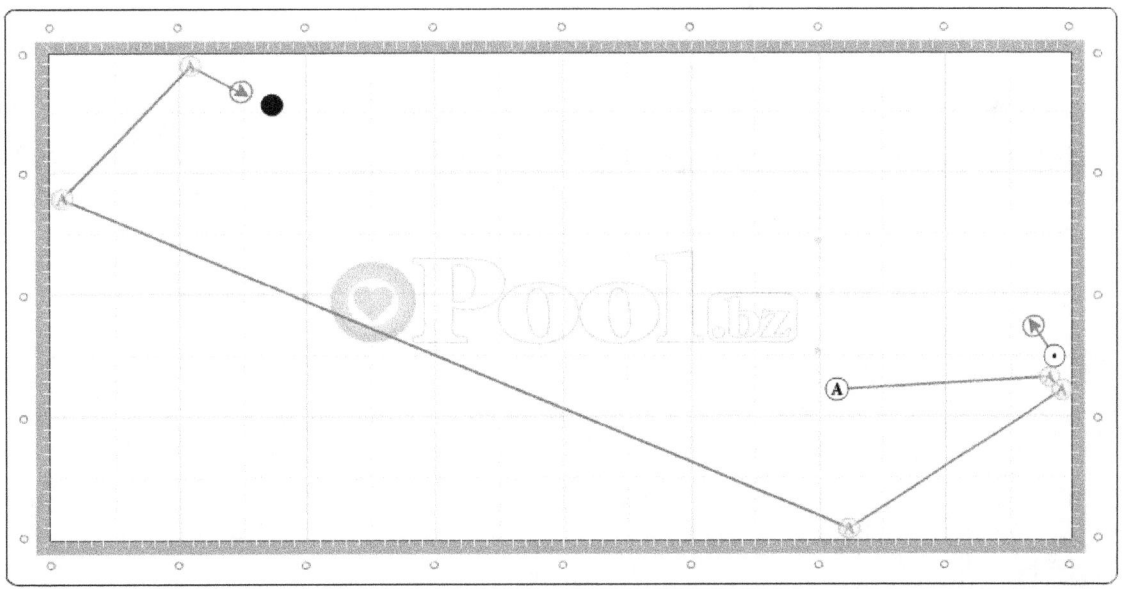

A:2d – Preparar

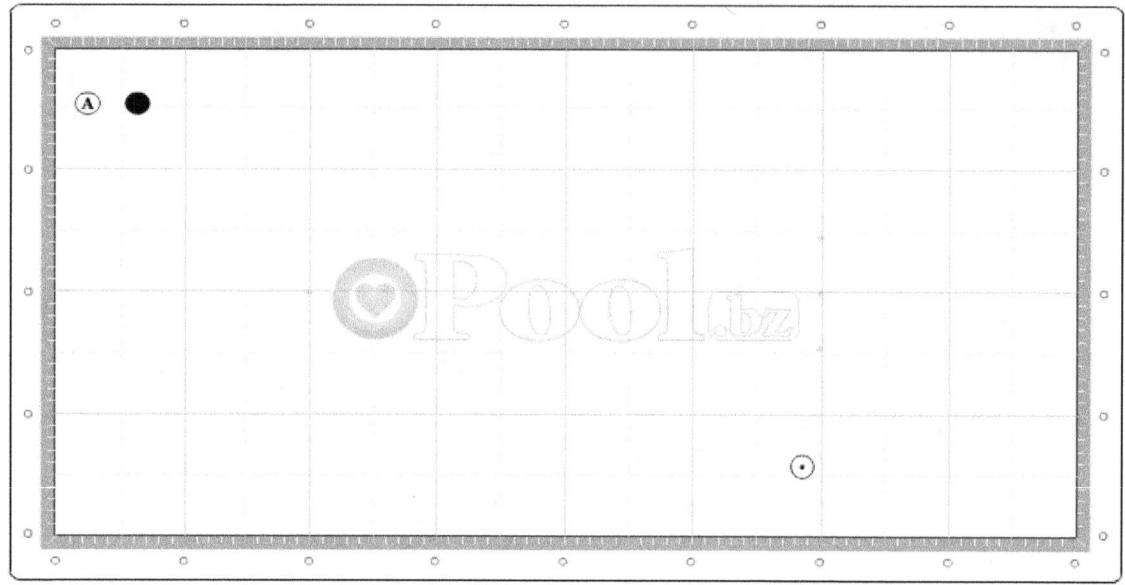

Notas e ideas:

Patrón de disparo

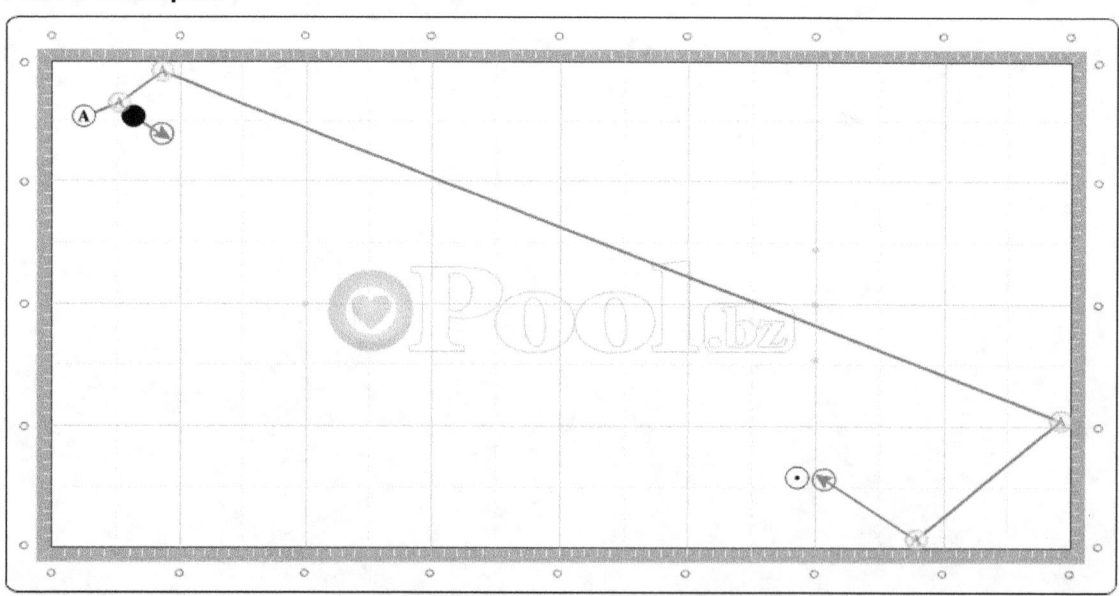

A: Grupo 3

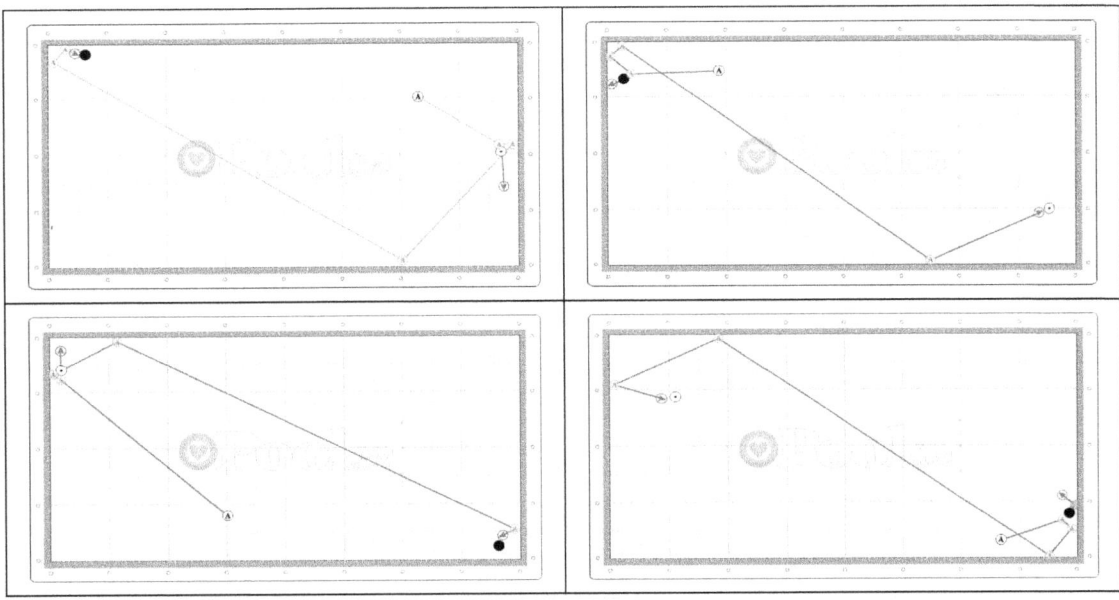

Análisis:

A:3a. _____

A:3b. _____

A:3c. _____

A:3d. _____

A:3a – Preparar

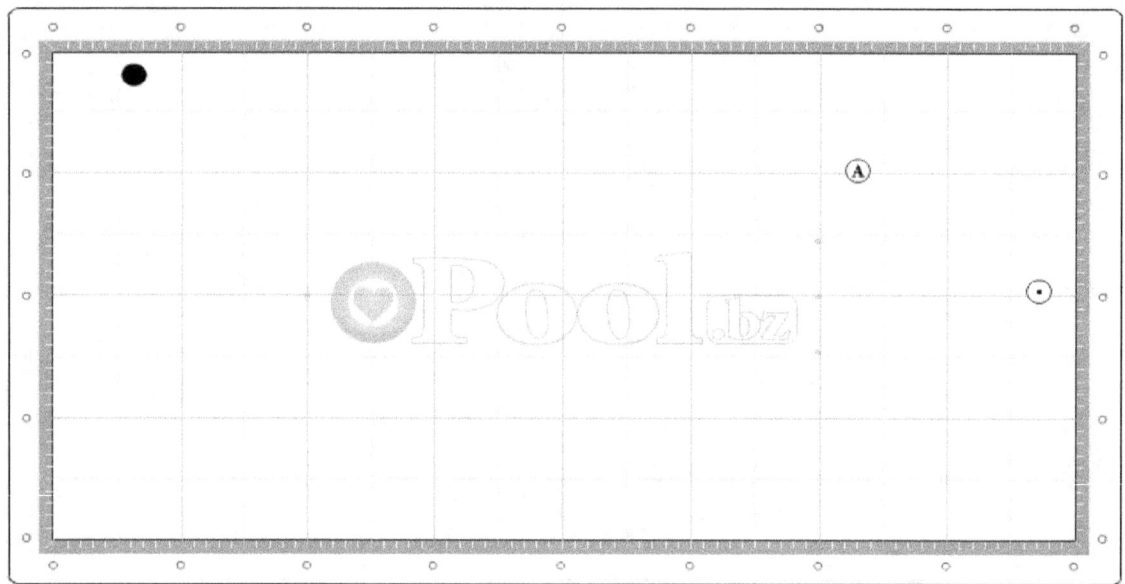

Notas e ideas:

Patrón de disparo

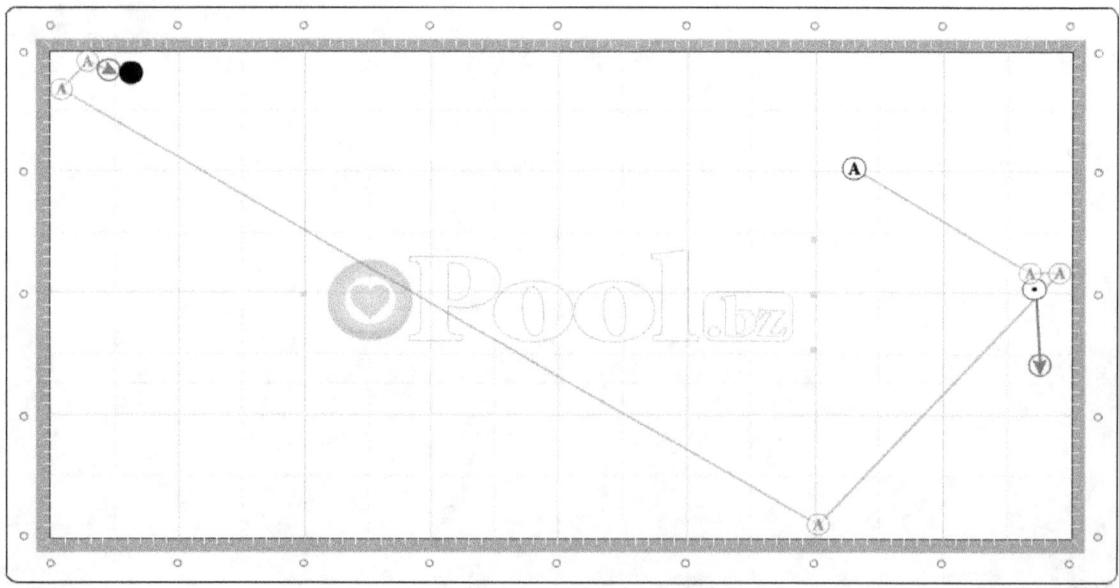

A:3b – Preparar

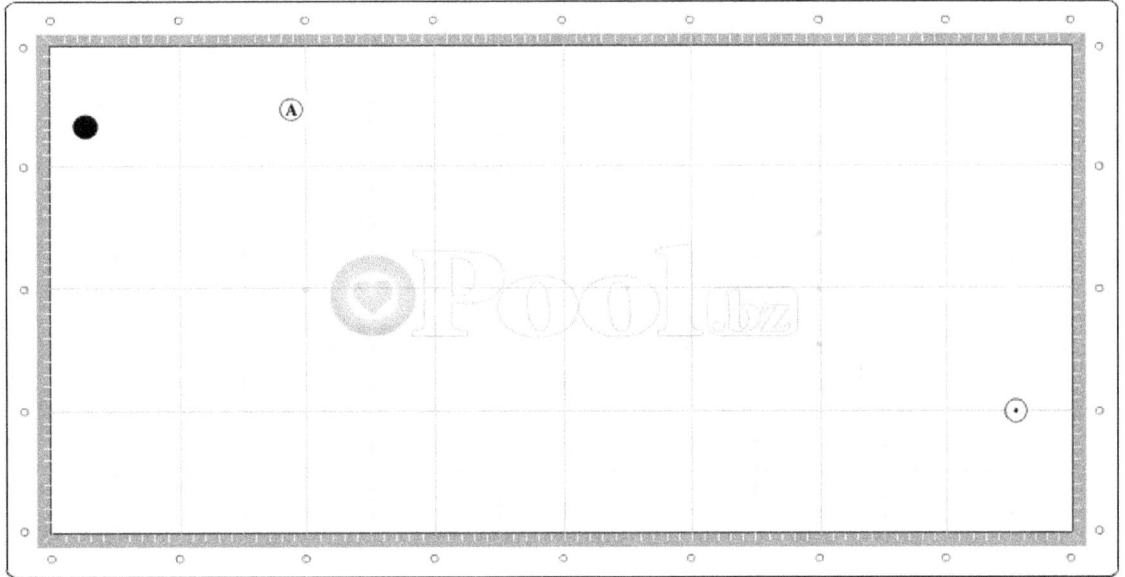

Notas e ideas:

Patrón de disparo

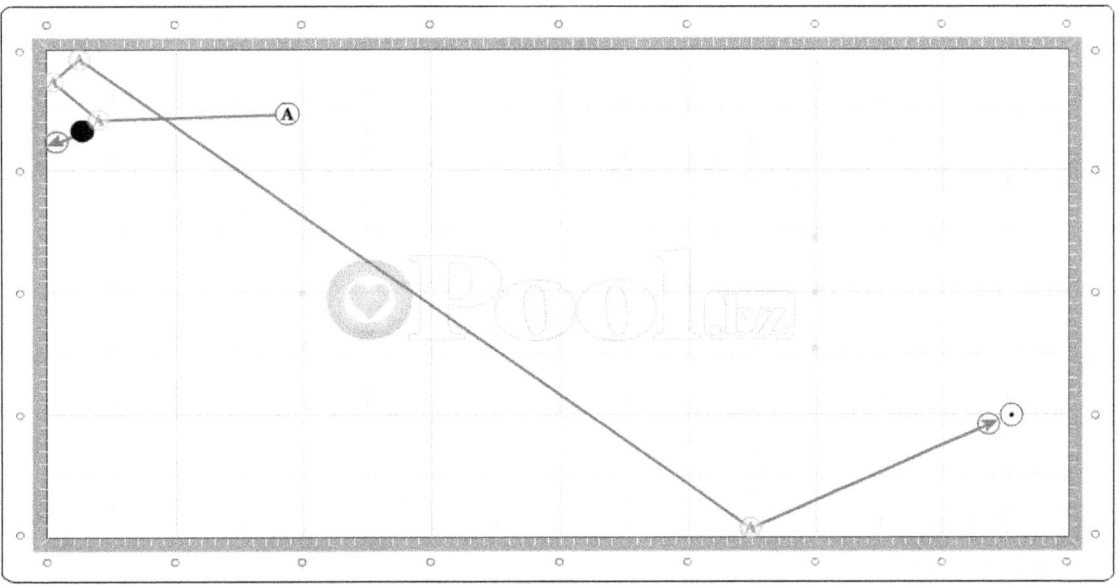

A:3c – Preparar

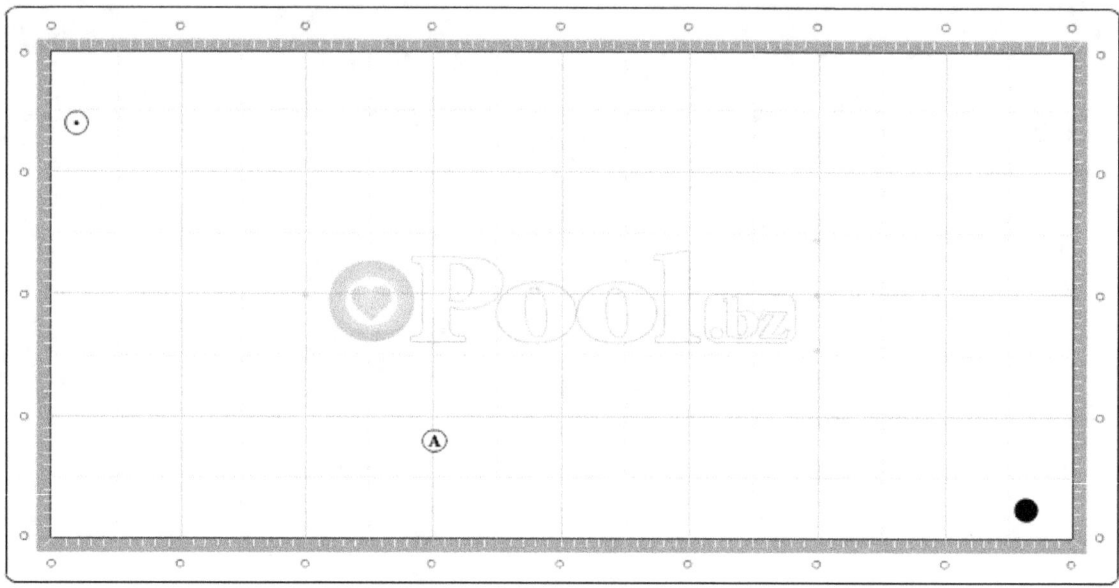

Notas e ideas:

Patrón de disparo

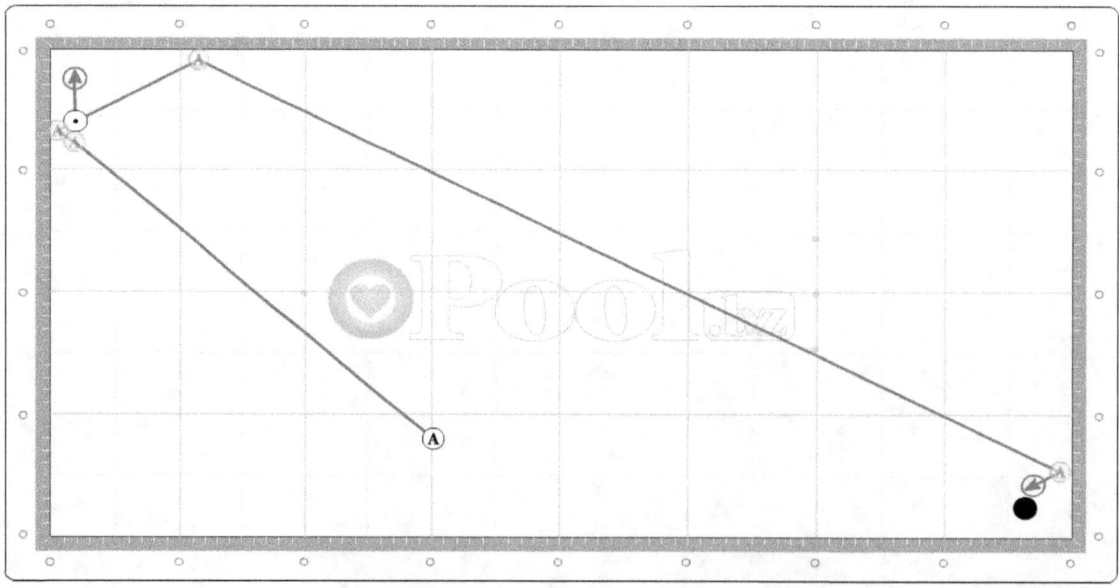

A:3d – Preparar

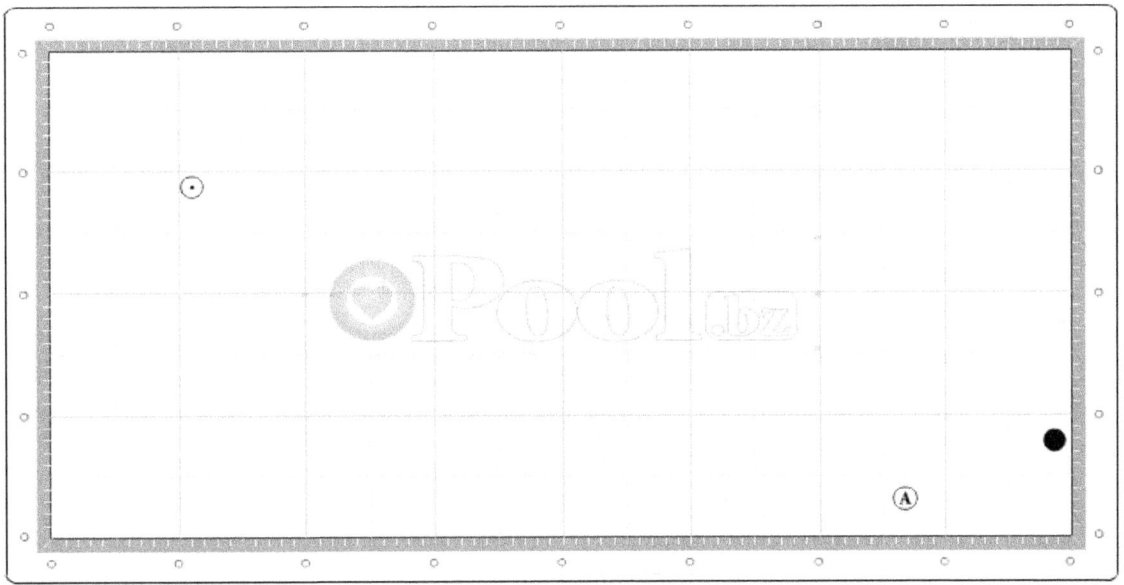

Notas e ideas:

Patrón de disparo

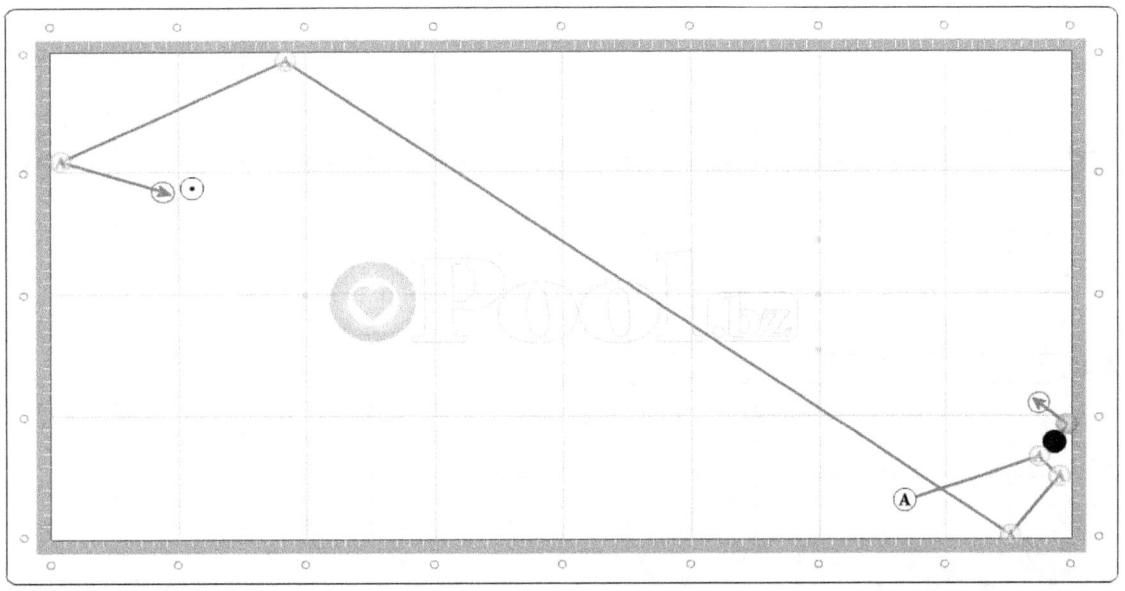

A: Grupo 4

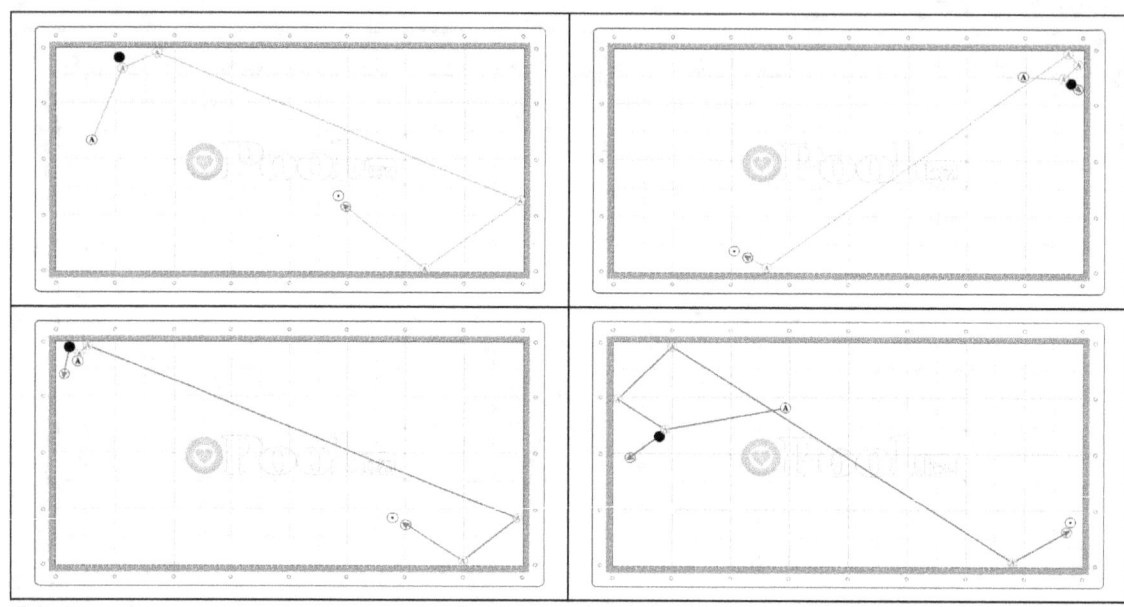

Análisis:

A:4a. _____

A:4b. _____

A:4c. _____

A:4d. _____

A:4a – Preparar

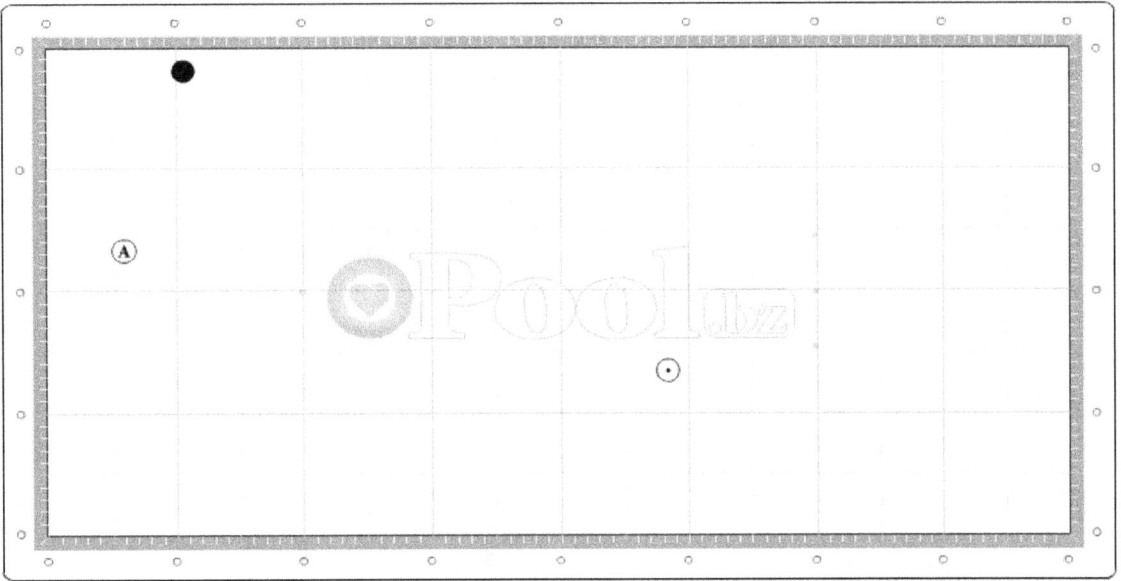

Notas e ideas:

Patrón de disparo

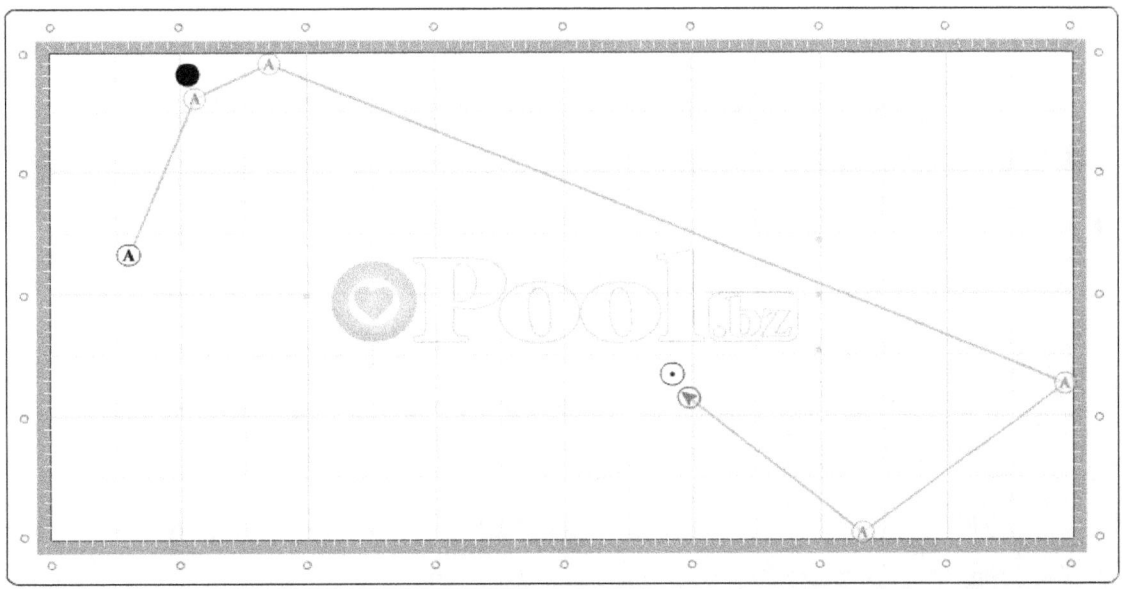

A:4b – Preparar

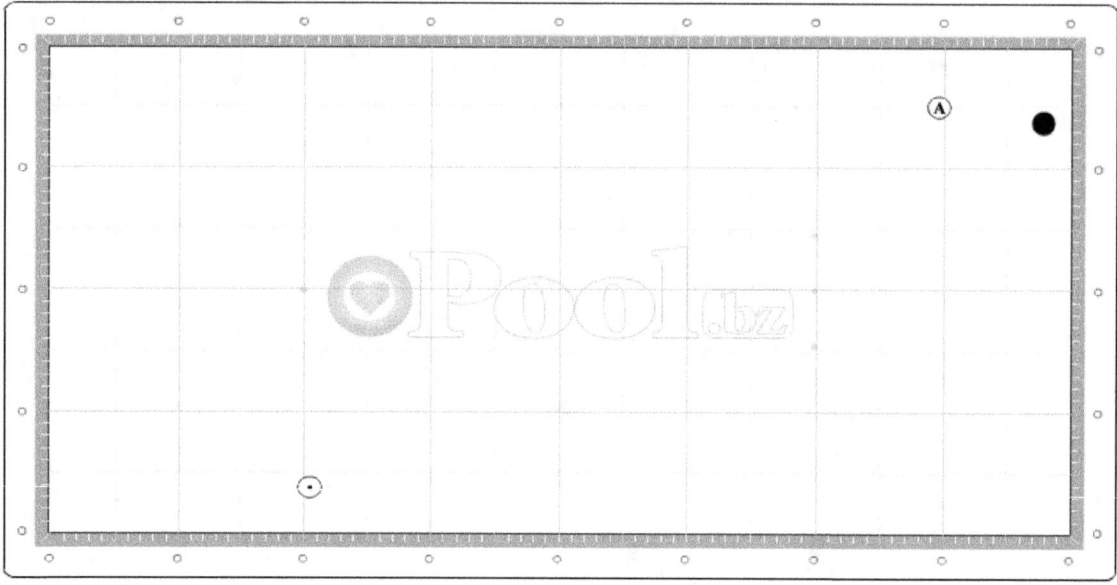

Notas e ideas:

Patrón de disparo

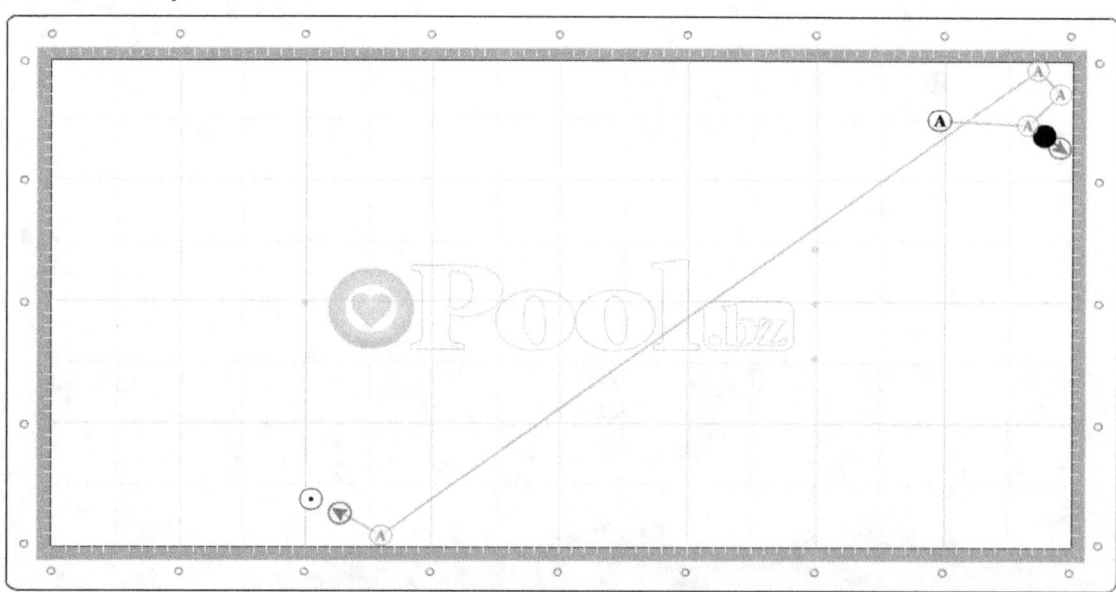

A:4c – Preparar

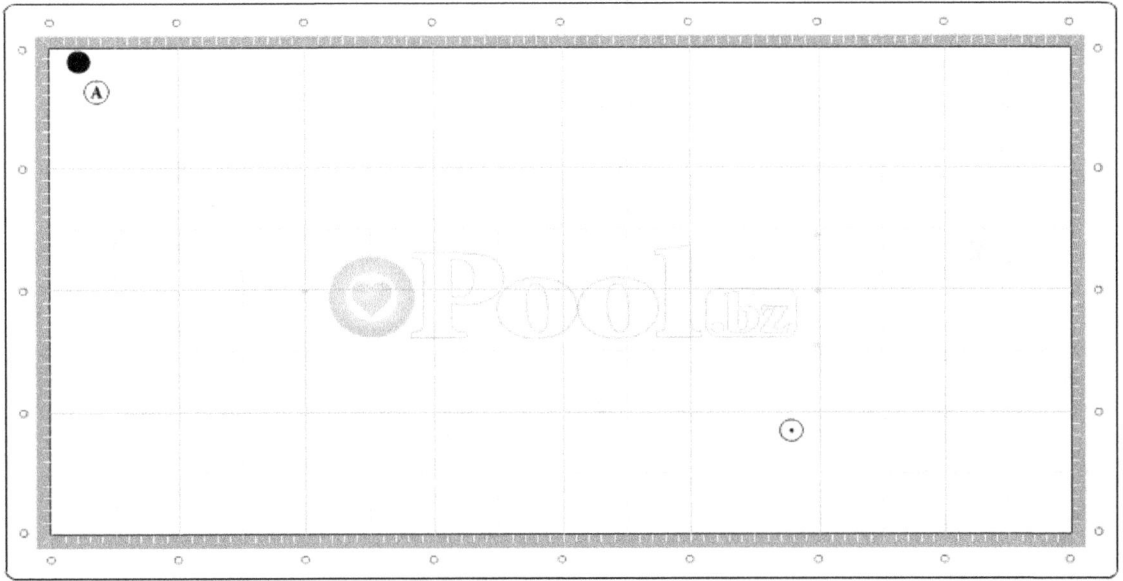

Notas e ideas:

Patrón de disparo

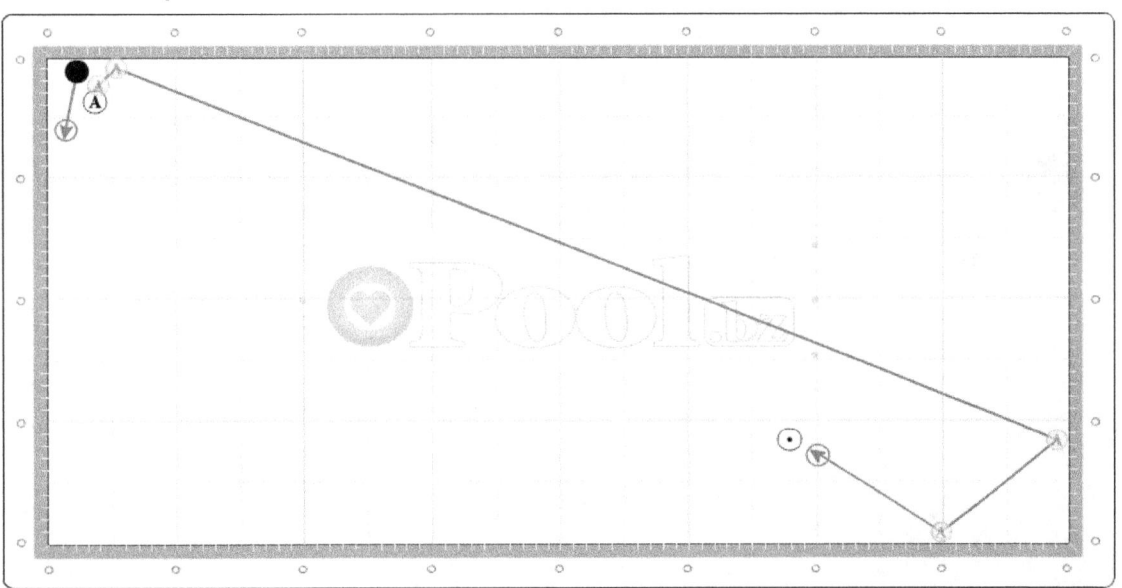

A:4d – Preparar

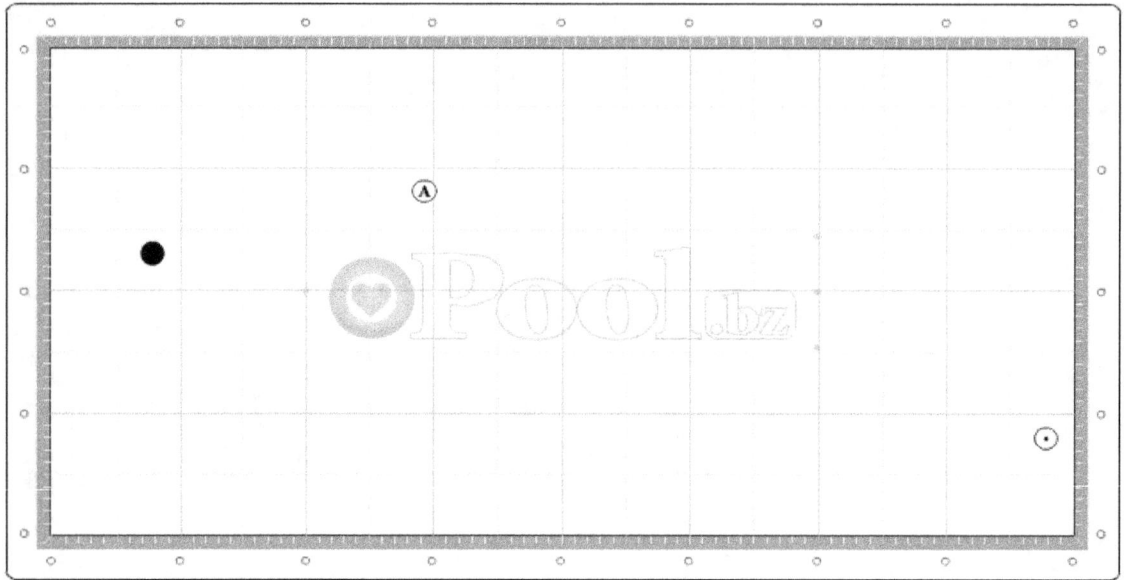

Notas e ideas:

Patrón de disparo

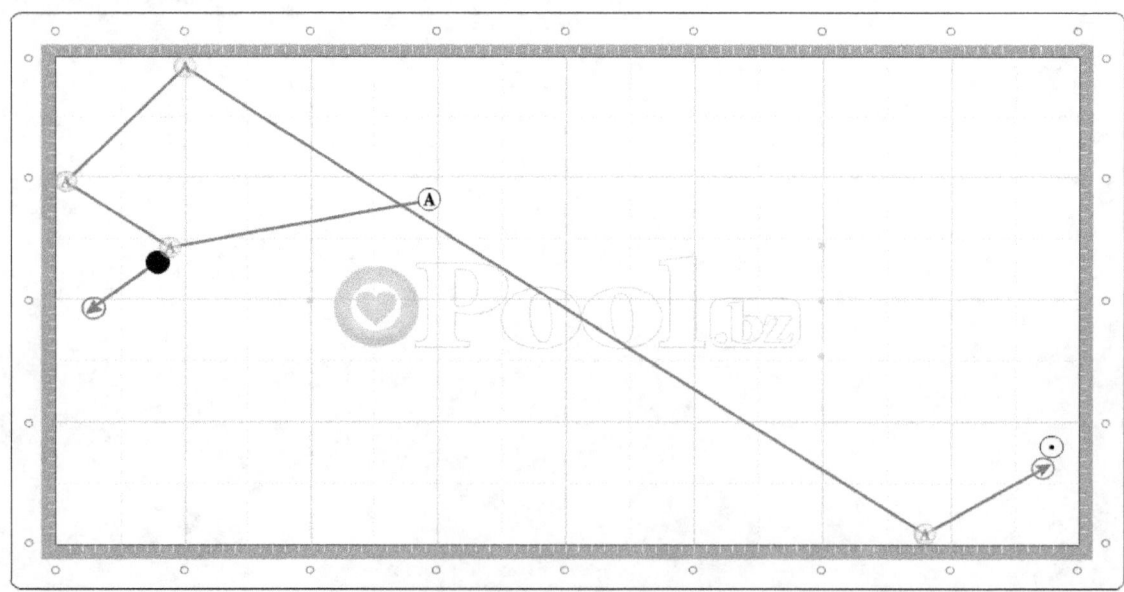

A: Grupo 5

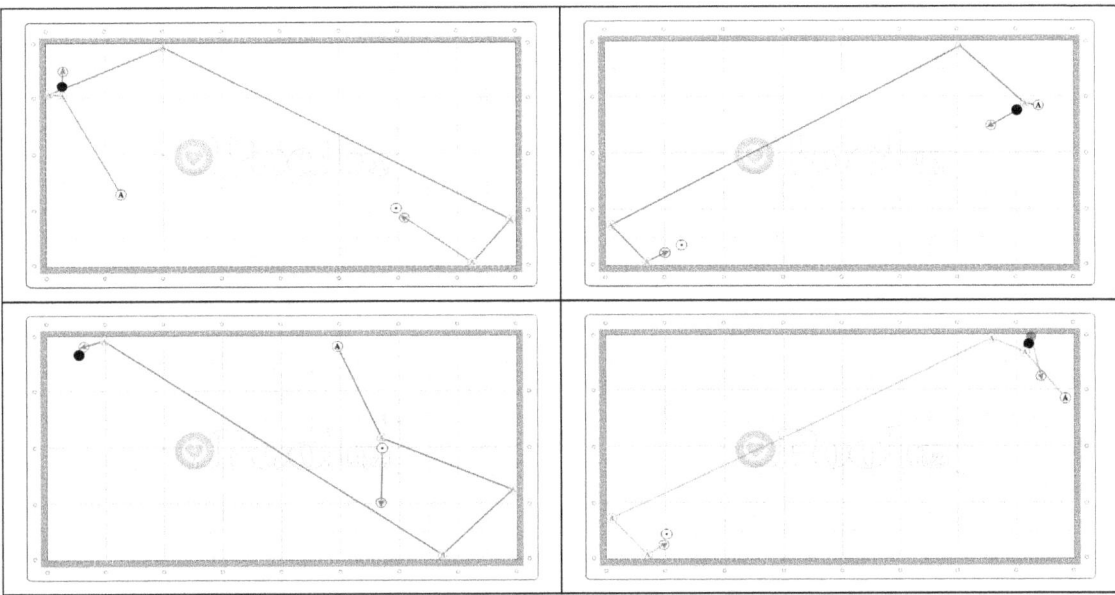

Análisis:

A:5a. _____

A:5b. _____

A:5c. _____

A:5d. _____

A:5a – Preparar

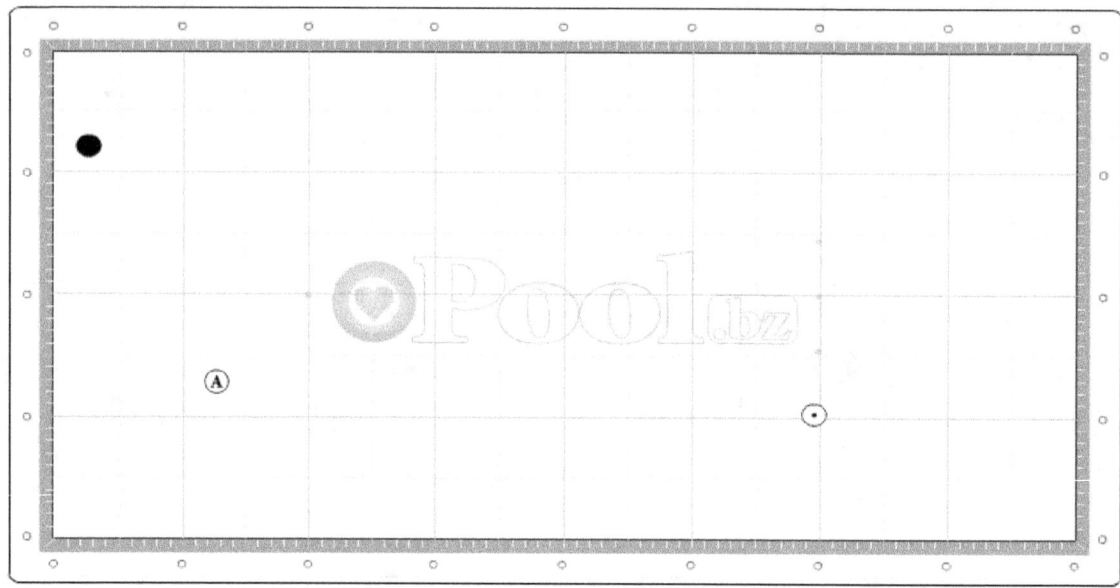

Notas e ideas:

Patrón de disparo

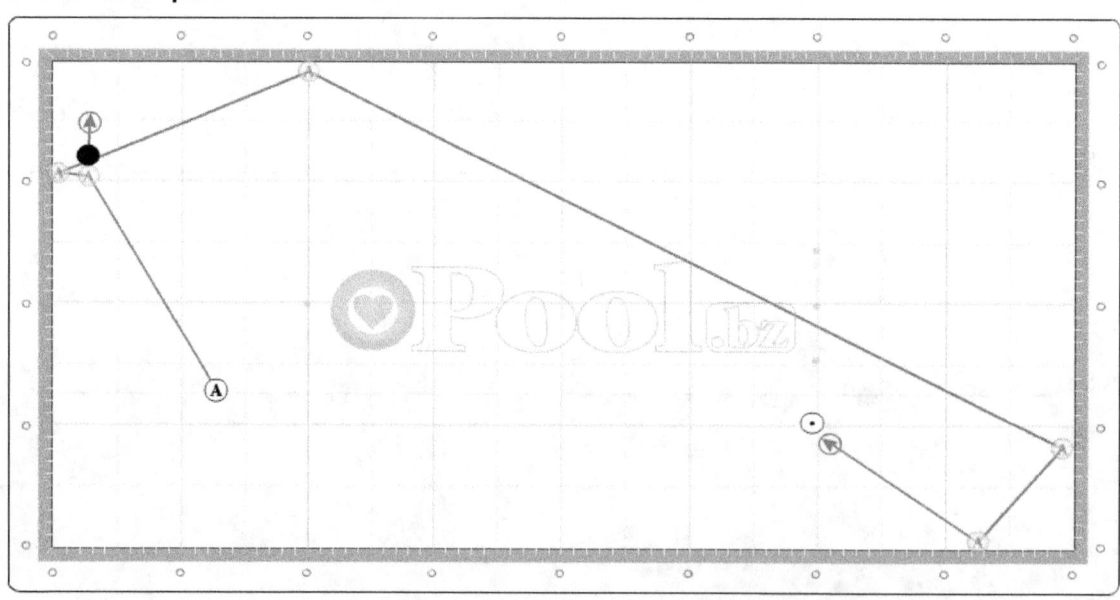

A:5b – Preparar

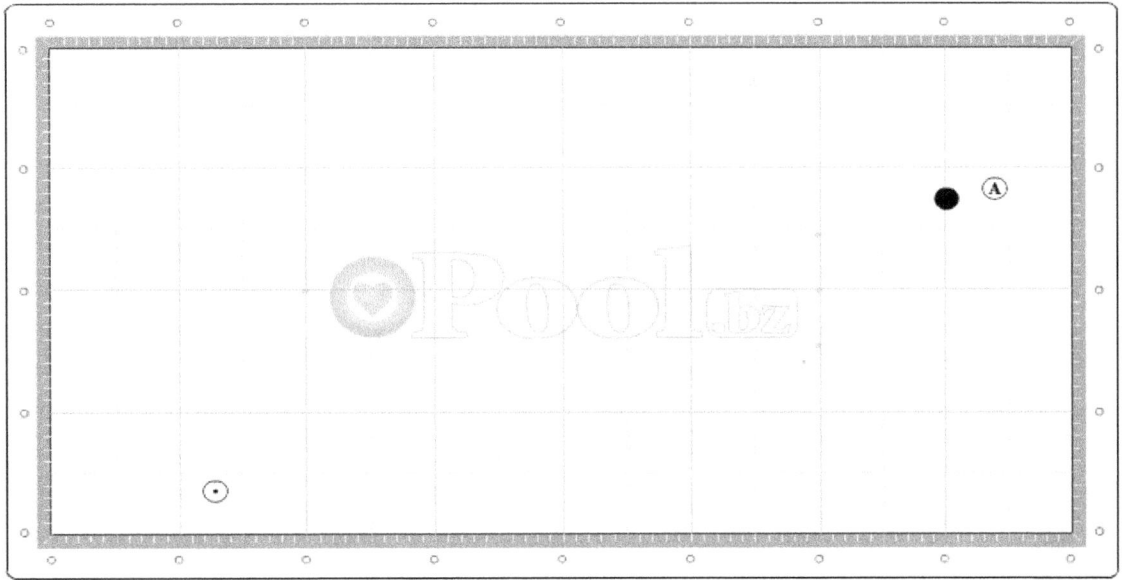

Notas e ideas:

Patrón de disparo

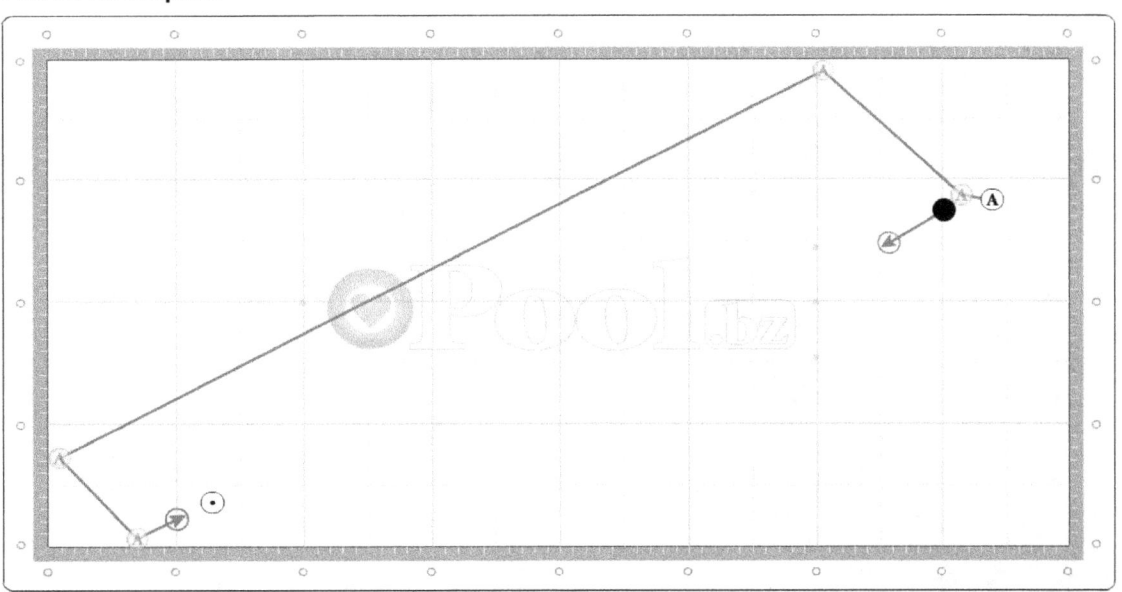

A:5c – Preparar

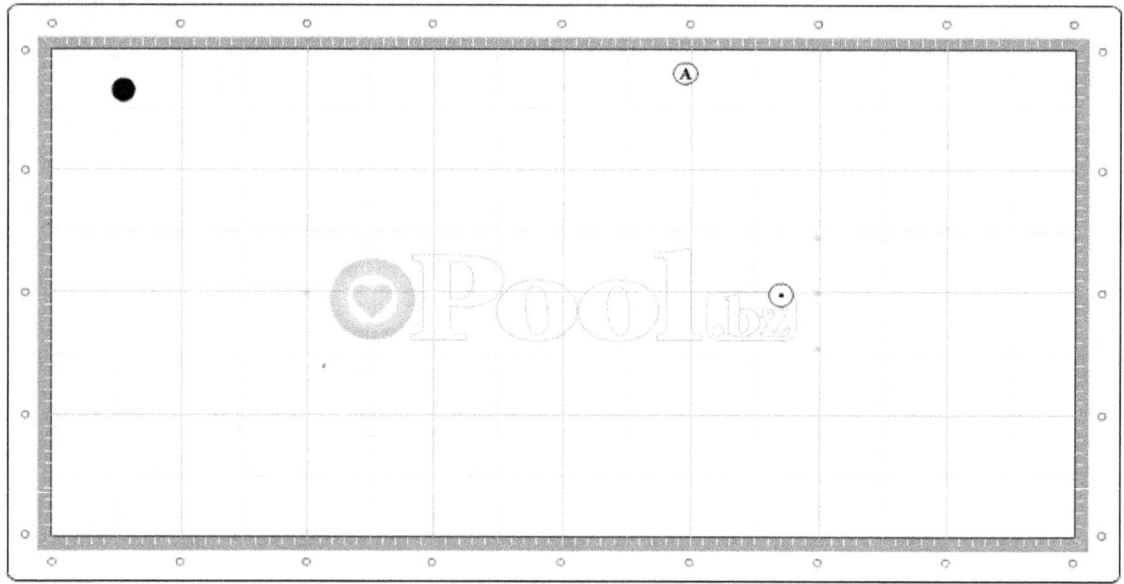

Notas e ideas:

Patrón de disparo

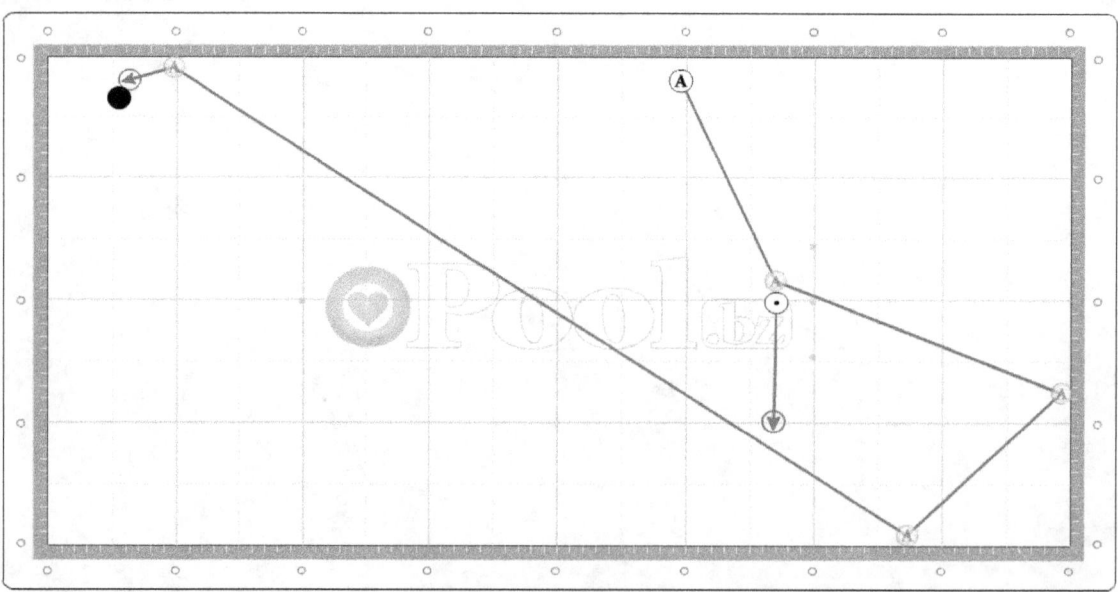

A:5d – Preparar

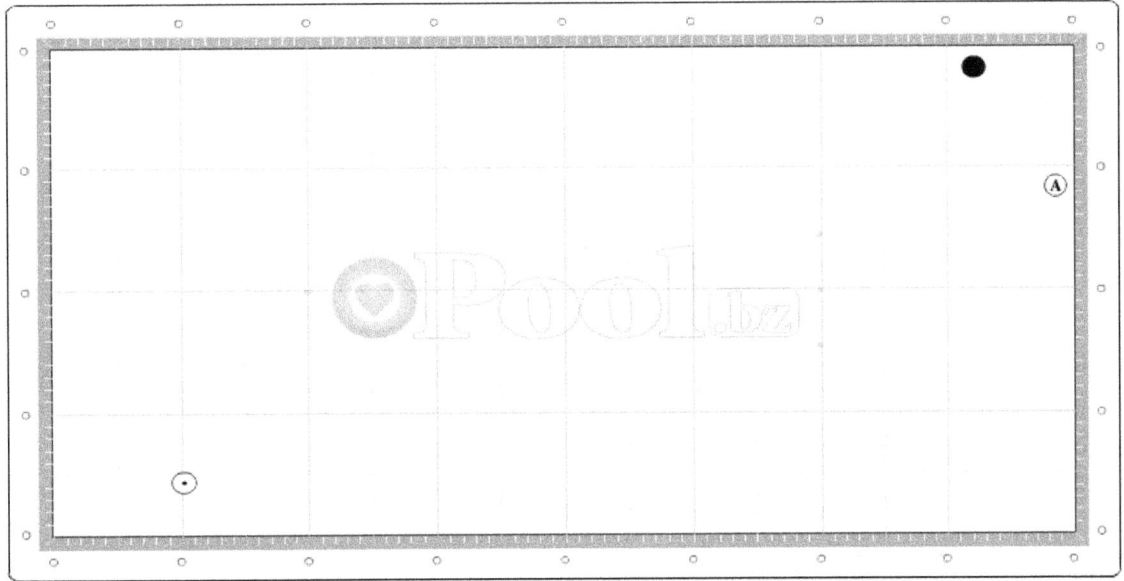

Notas e ideas:

Patrón de disparo

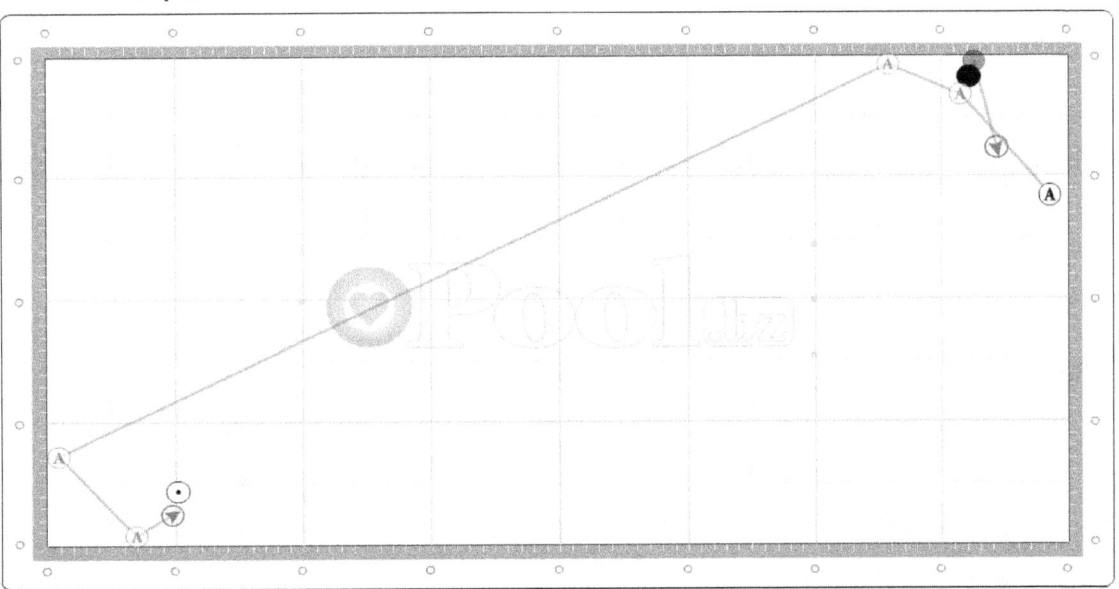

A: Grupo 6

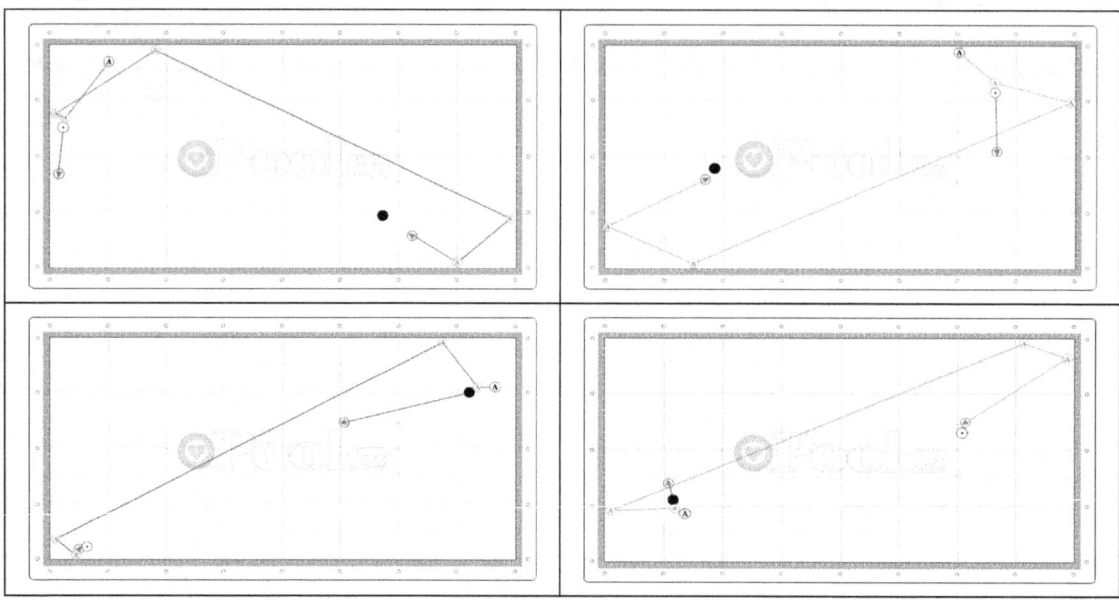

Análisis:

A:6a. _____

A:6b. _____

A:6c. _____

A:6d. _____

A:6a – Preparar

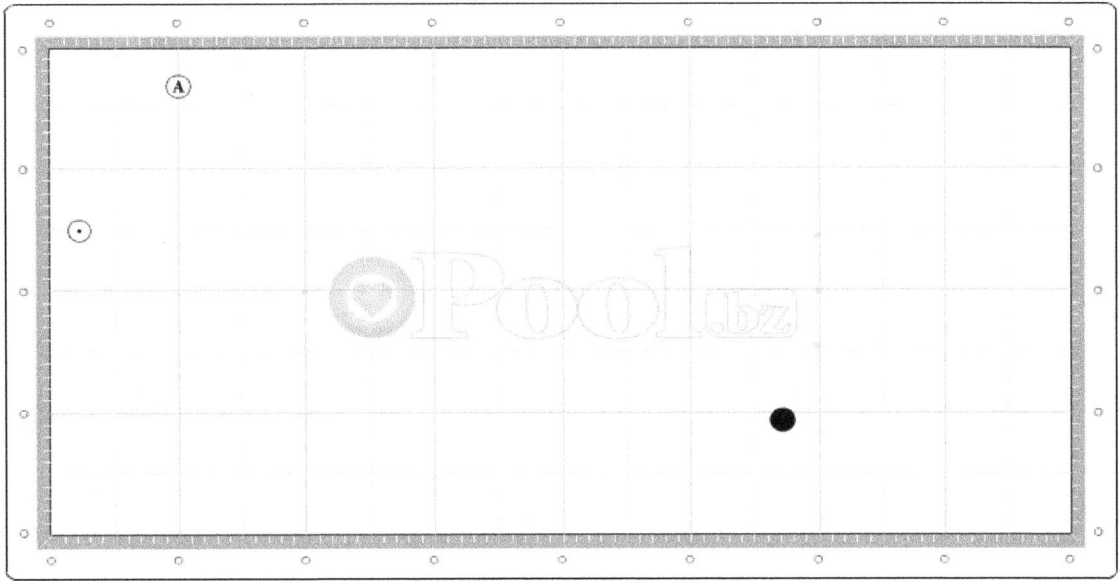

Notas e ideas:

Patrón de disparo

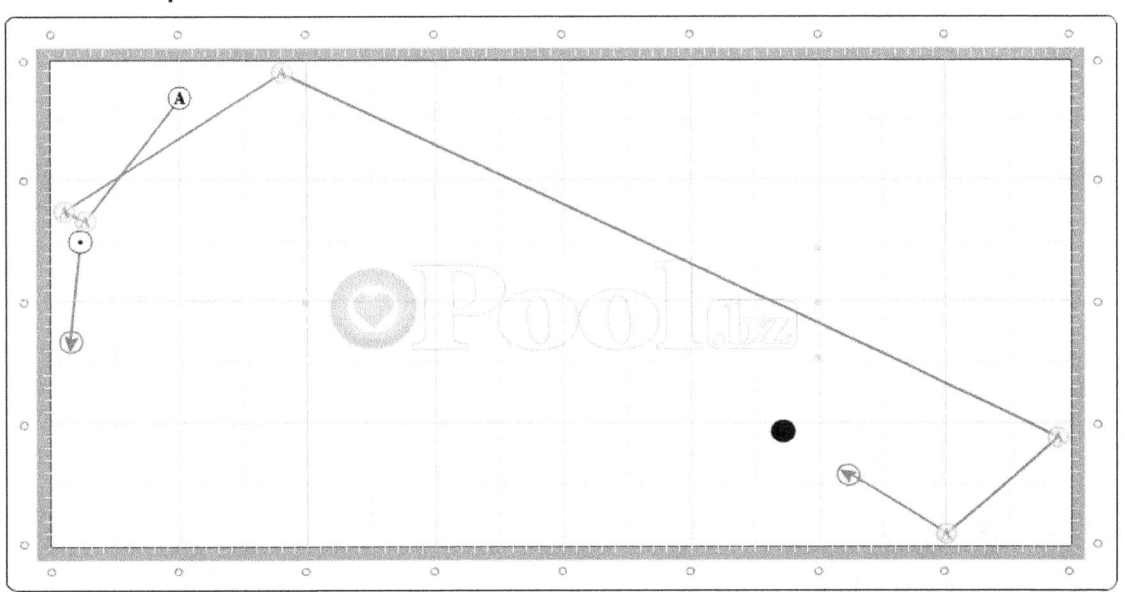

A:6b – Preparar

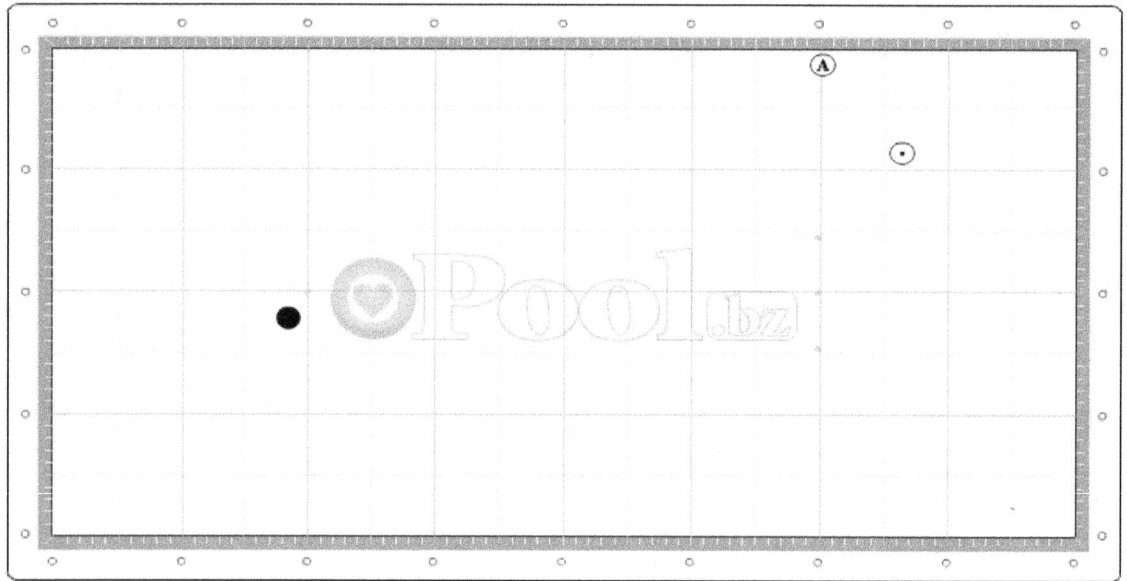

Notas e ideas:

Patrón de disparo

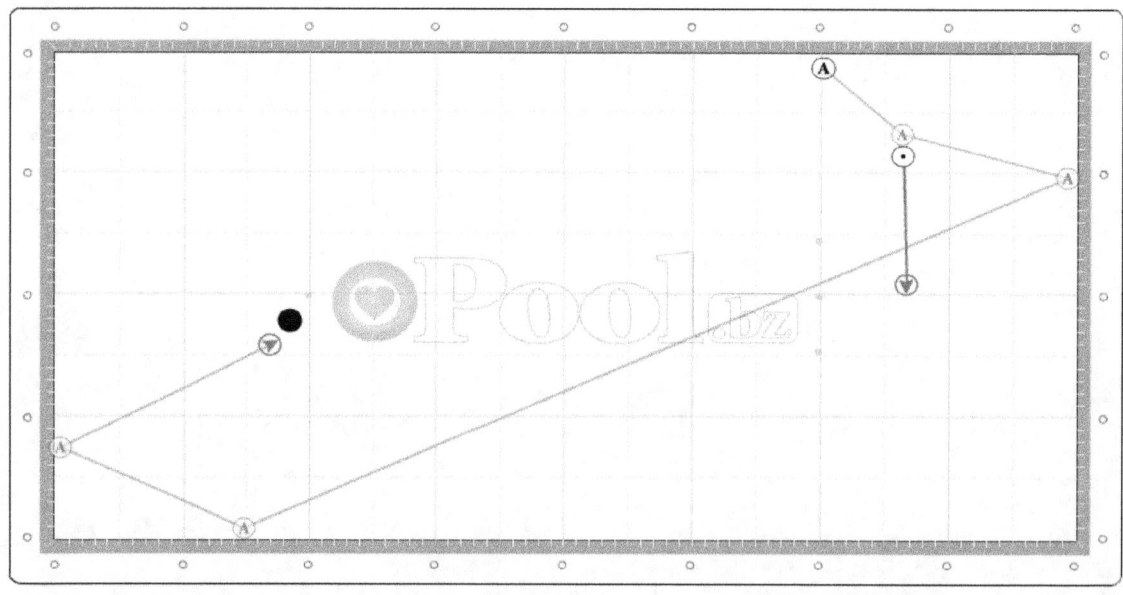

A:6c – Preparar

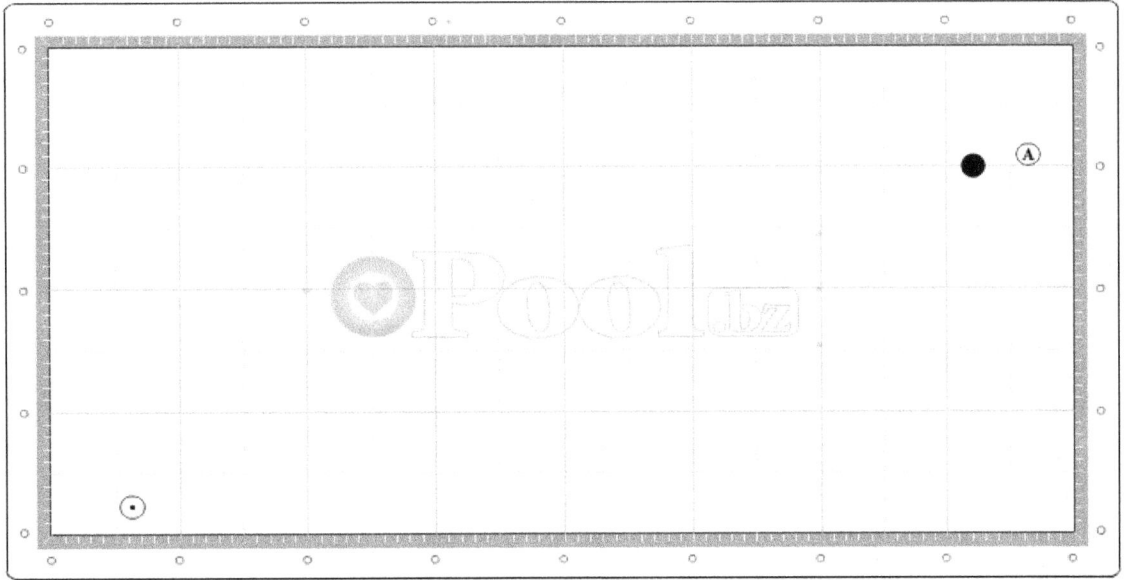

Notas e ideas:

Patrón de disparo

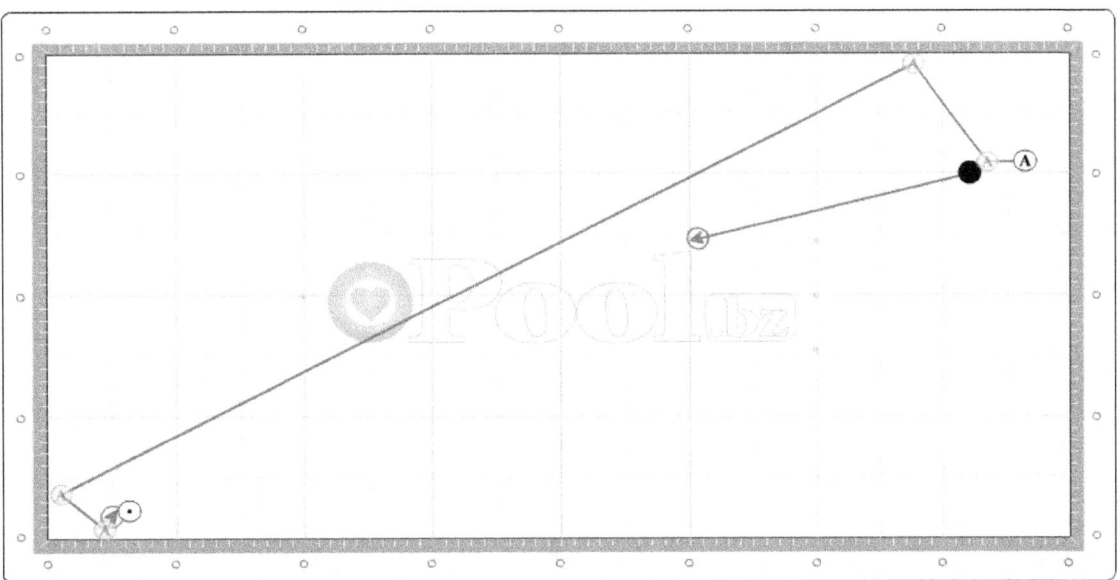

A:6d – Preparar

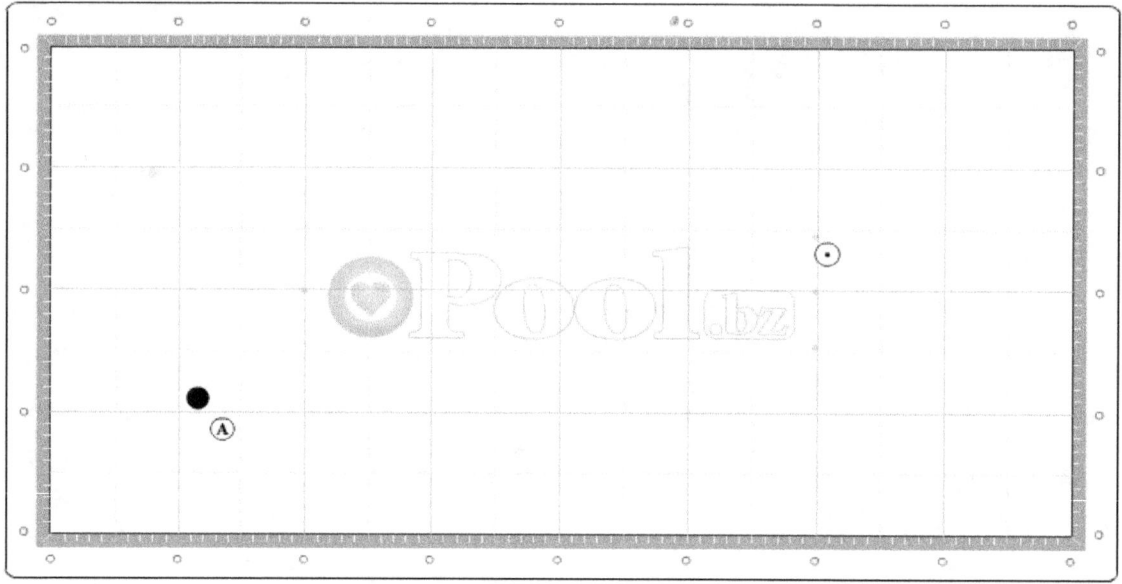

Notas e ideas:

Patrón de disparo

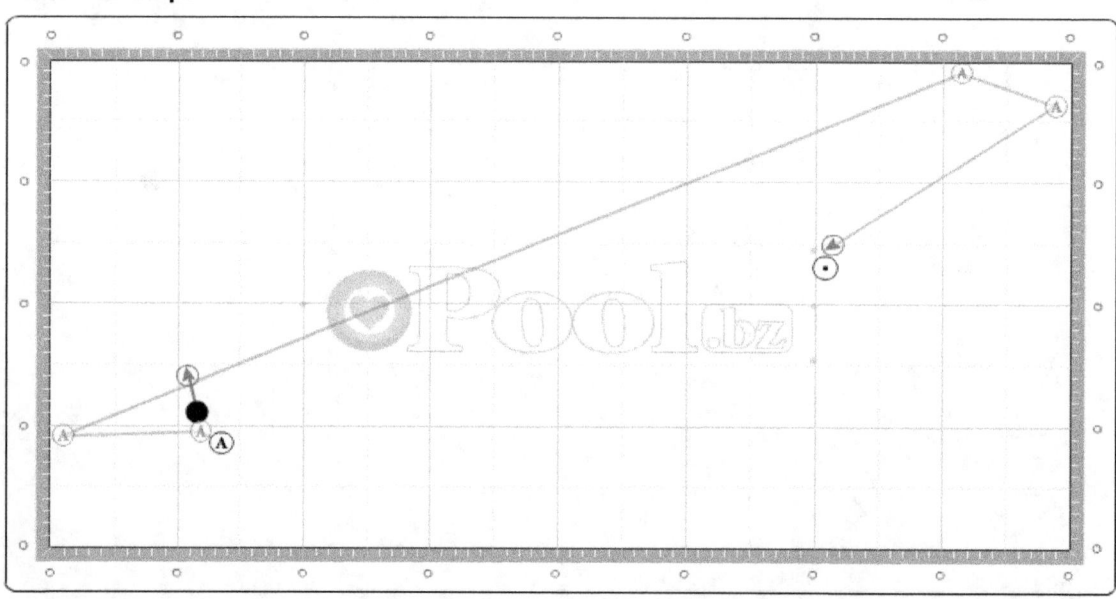

B: Diagonal simple (modificada)

En estos diseños, la bola viaja en una esquina ligeramente modificada a la ruta de la esquina. Estas soluciones requieren un gancho de retorno antes de que la bola haga contacto con el segundo (OB) para el punto.

Ⓐ (CB) (su bola de billar) - ⊙ (OB) (bola de billar oponente) - ● (OB) (bola de billar roja)

B: Grupo 1

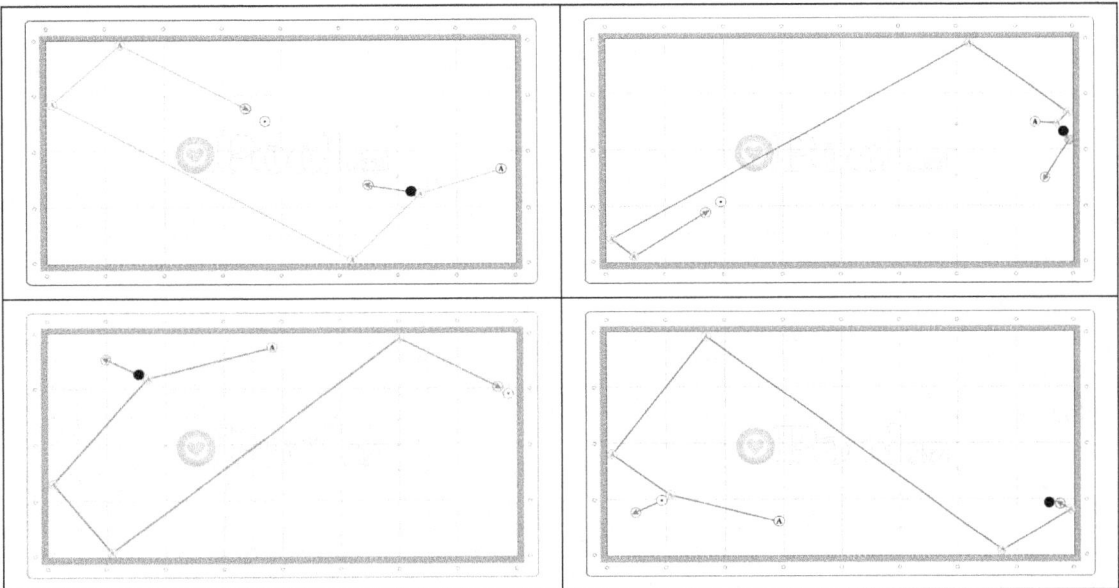

Análisis:

B:1a. _____

B:1b. _____

B:1c. _____

B:1d. _____

B:1a – Preparar

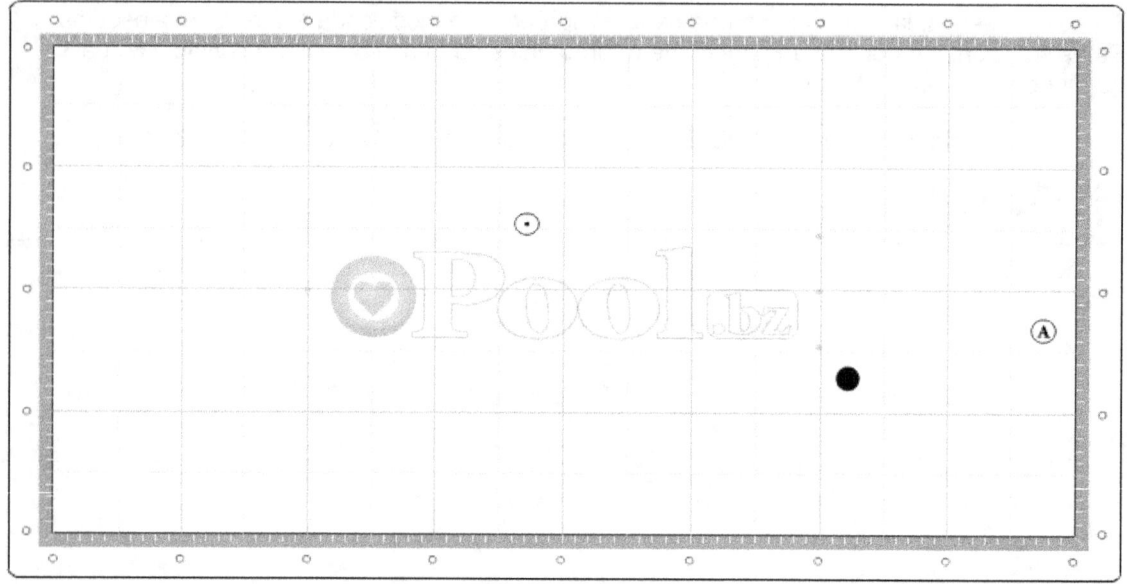

Notas e ideas:

Patrón de disparo

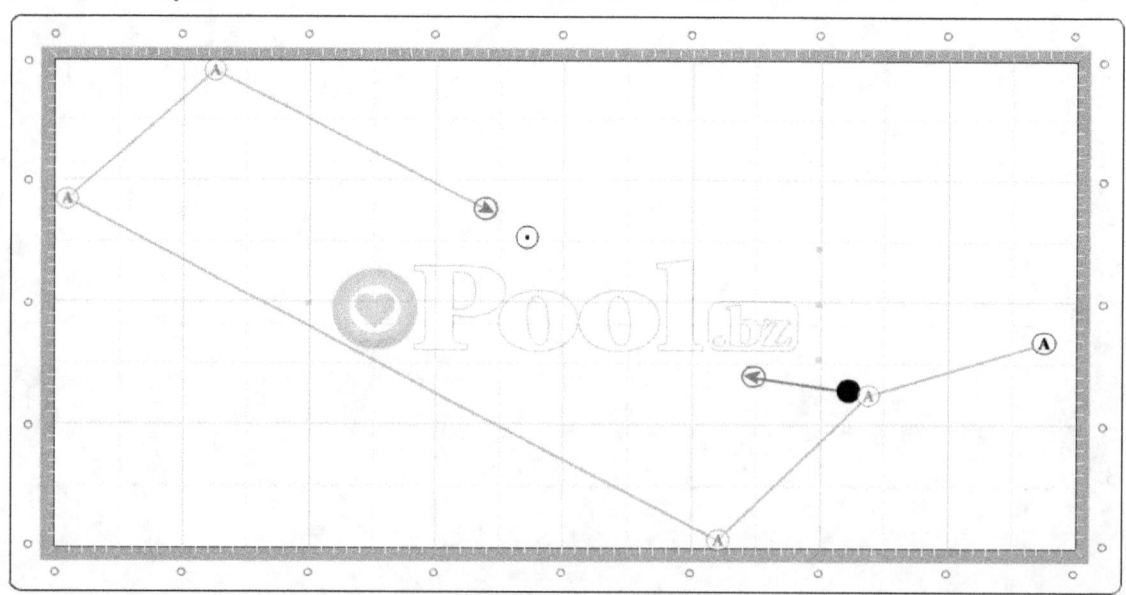

B:1b – Preparar

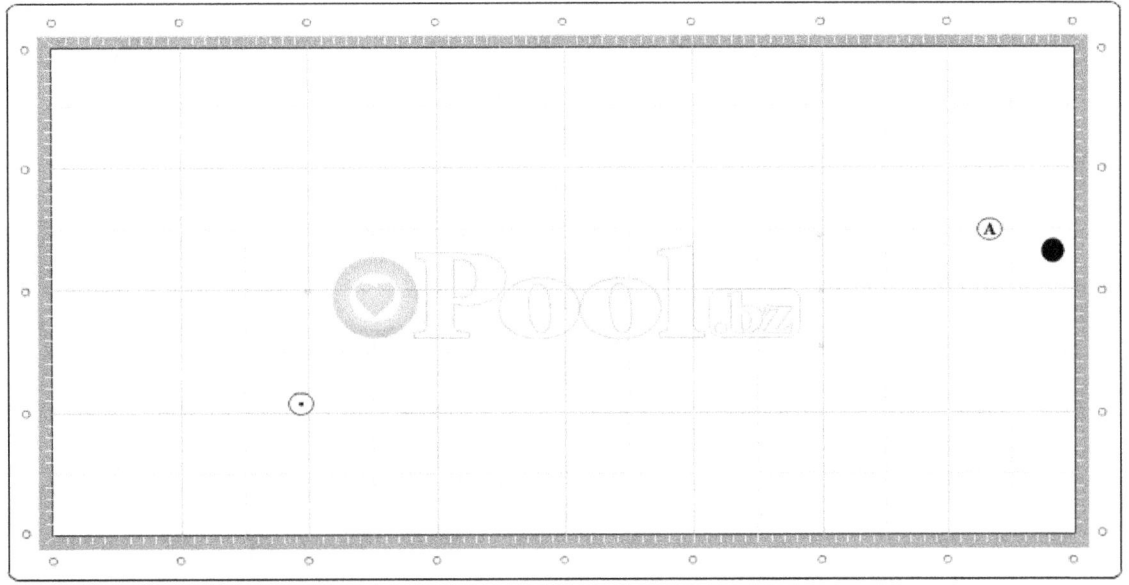

Notas e ideas:

Patrón de disparo

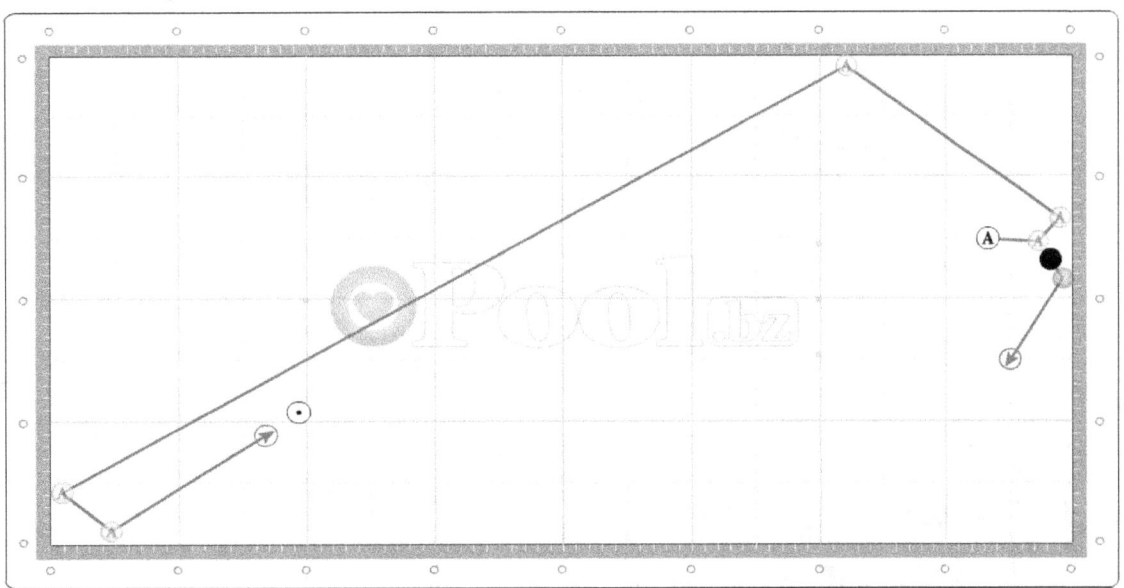

B:1c – Preparar

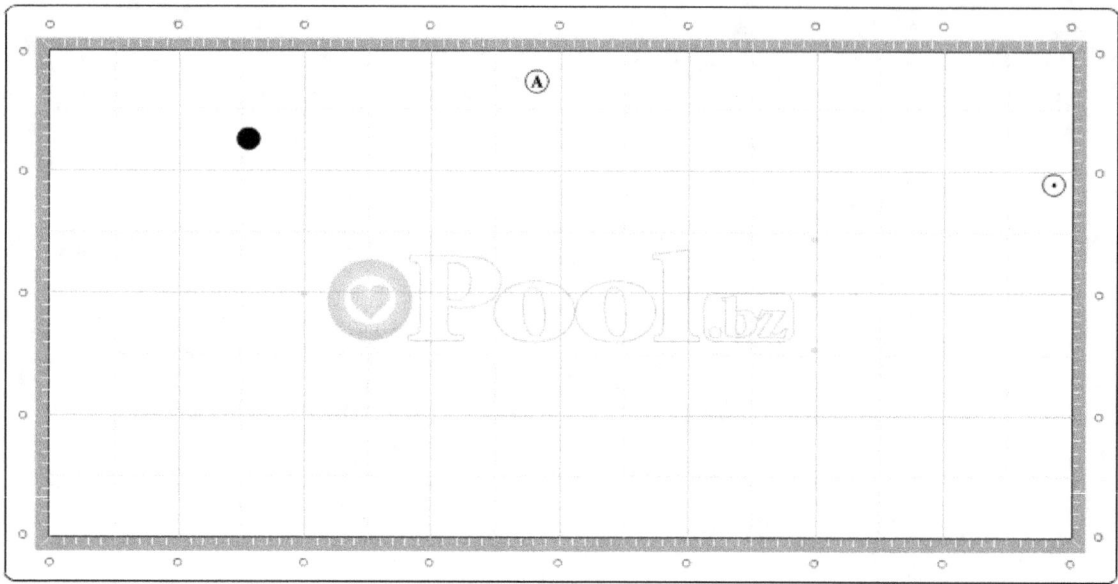

Notas e ideas:

Patrón de disparo

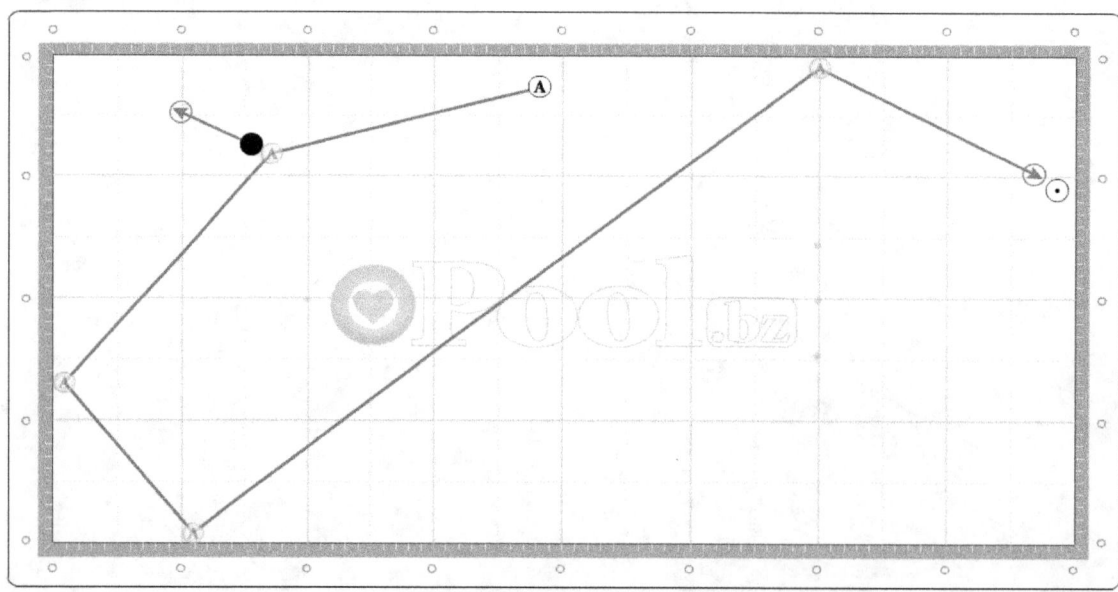

B:1d – Preparar

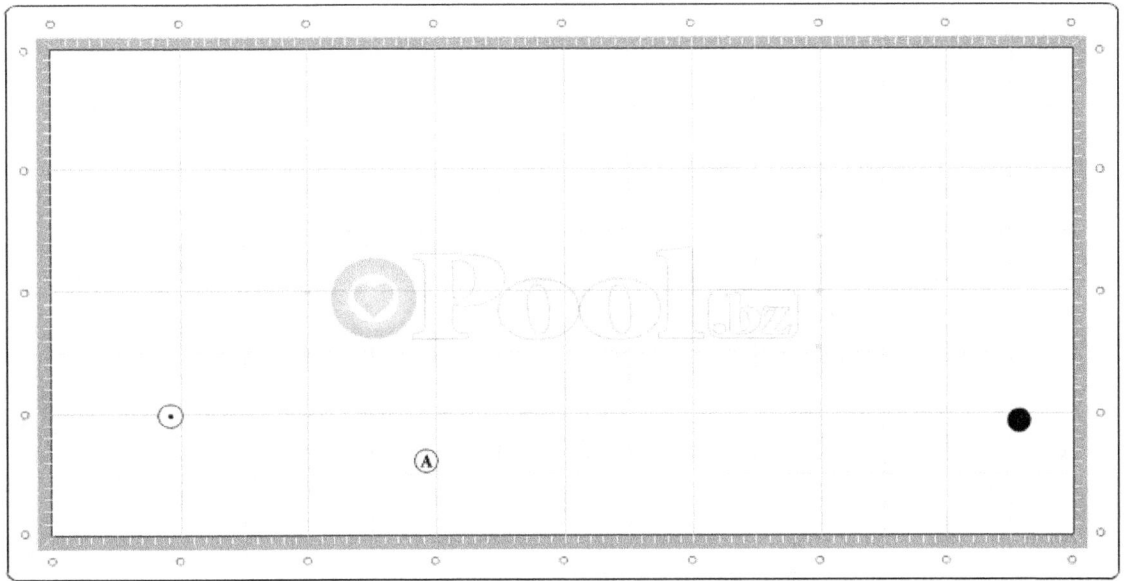

Notas e ideas:

Patrón de disparo

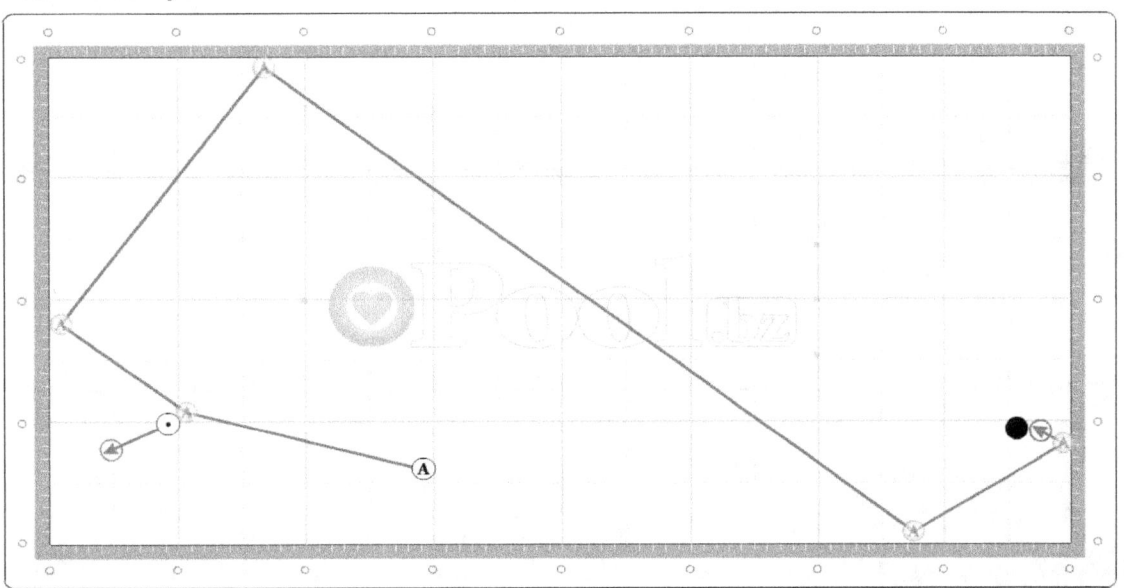

B: Grupo 2

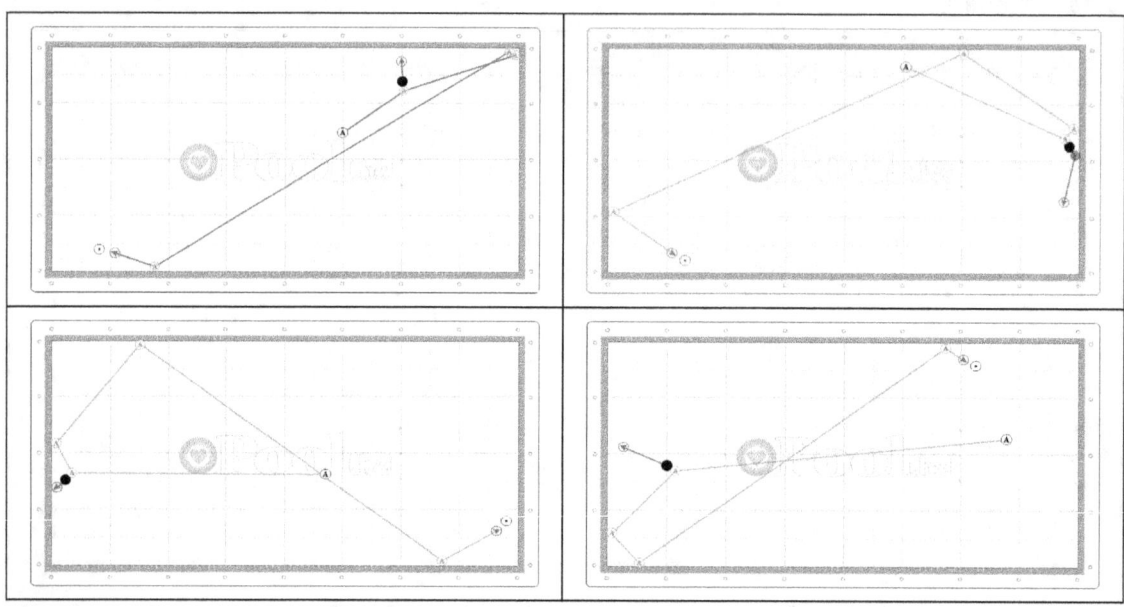

Análisis:

B:2a. _____

B:2b. _____

B:2c. _____

B:2d. _____

B:2a – Preparar

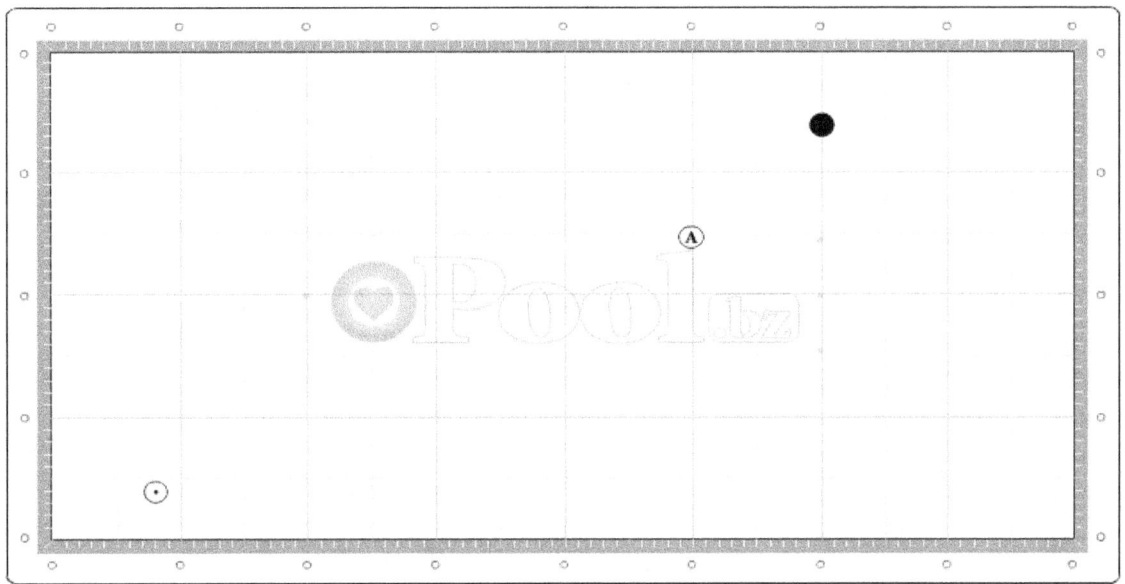

Notas e ideas:

Patrón de disparo

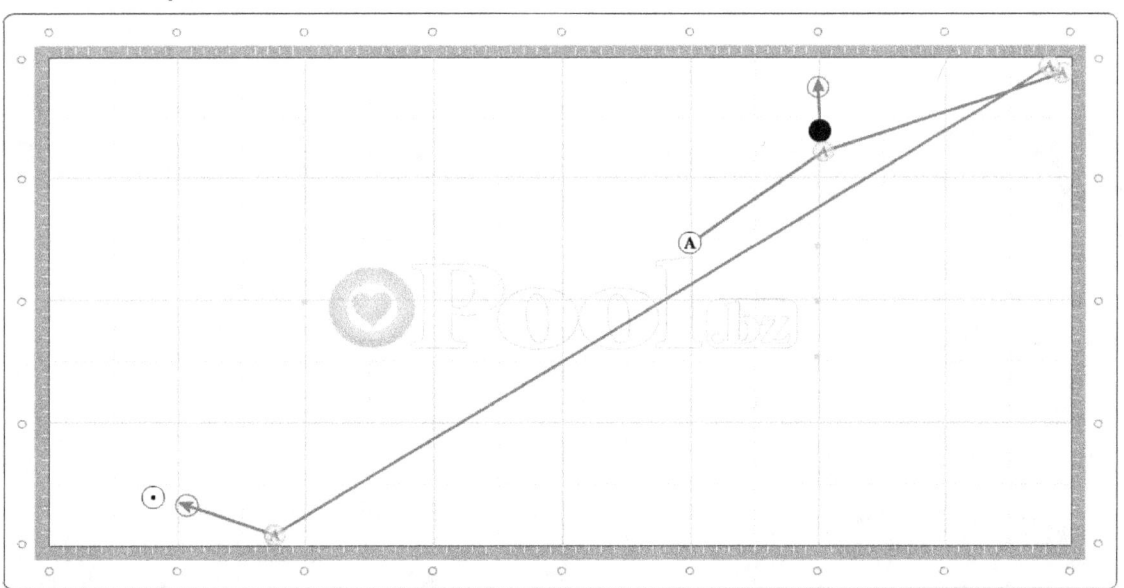

B:2b – Preparar

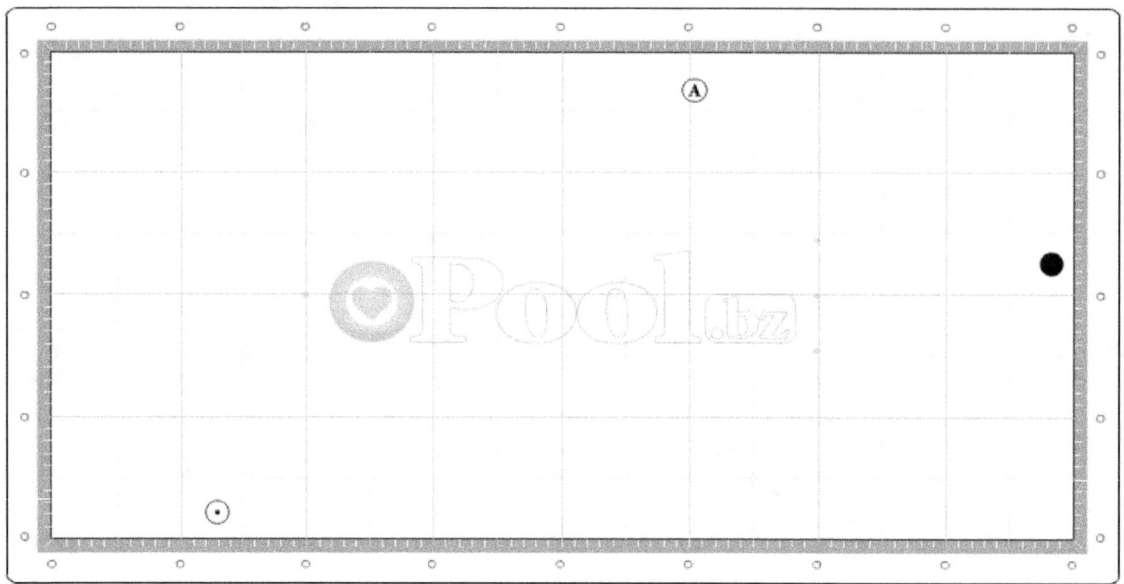

Notas e ideas:

Patrón de disparo

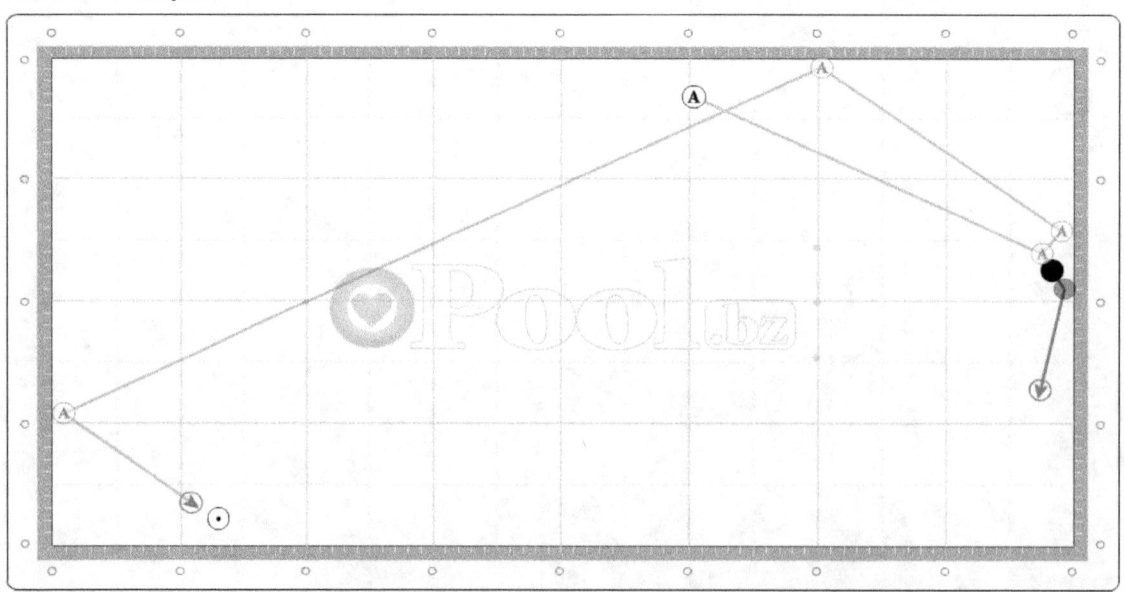

B:2c – Preparar

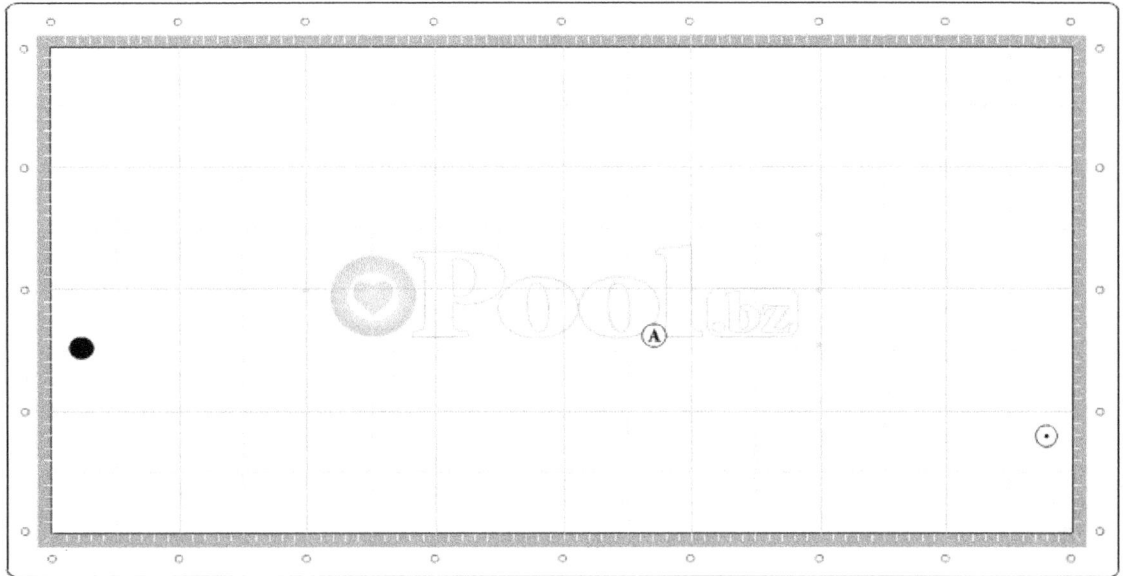

Notas e ideas:

Patrón de disparo

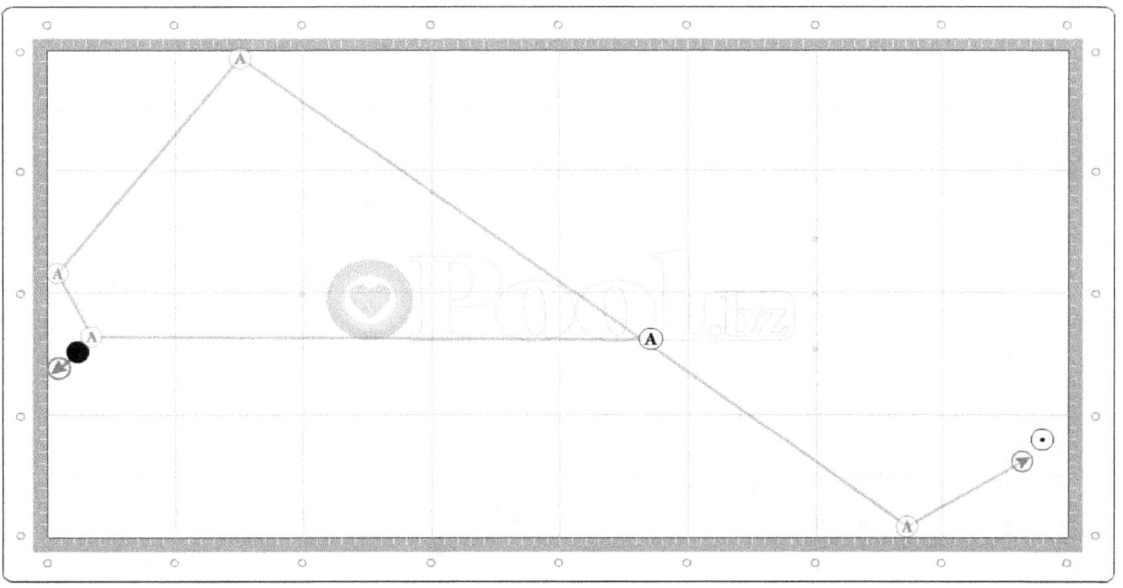

B:2d – Preparar

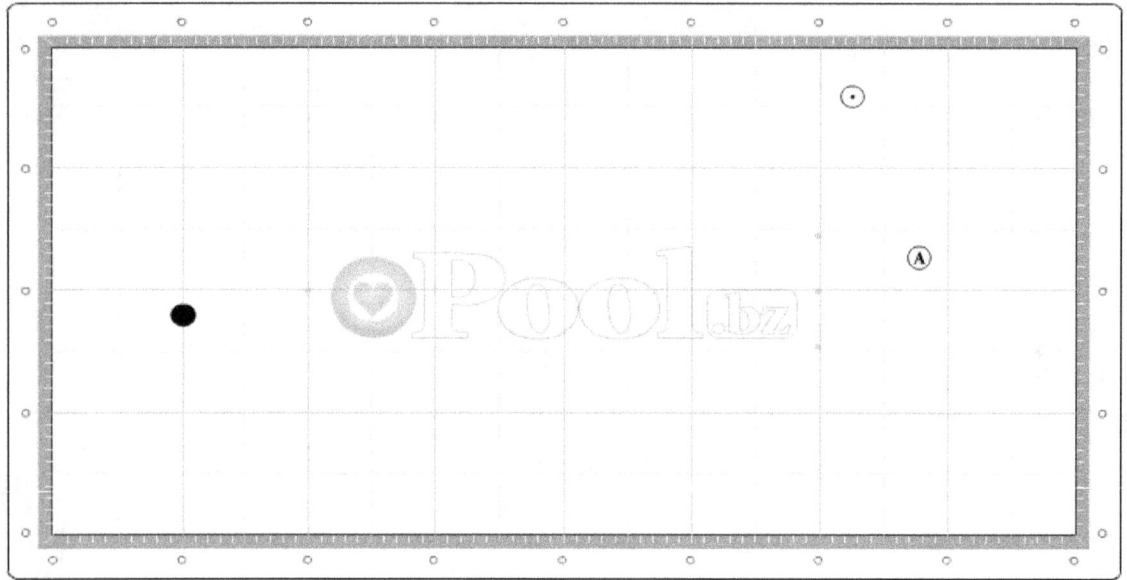

Notas e ideas:

Patrón de disparo

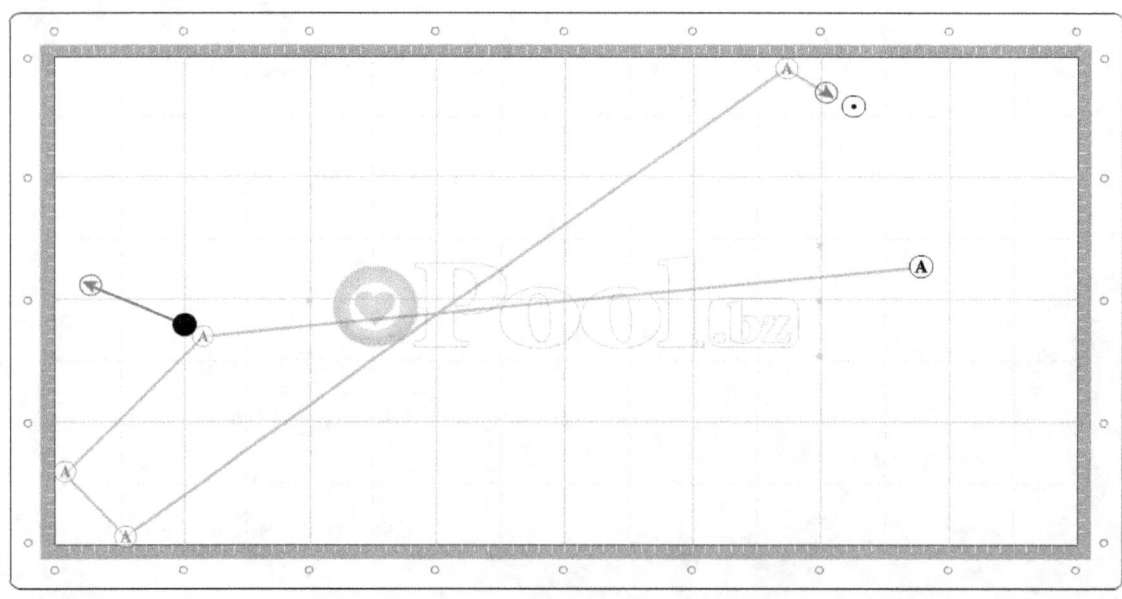

B: Grupo 3

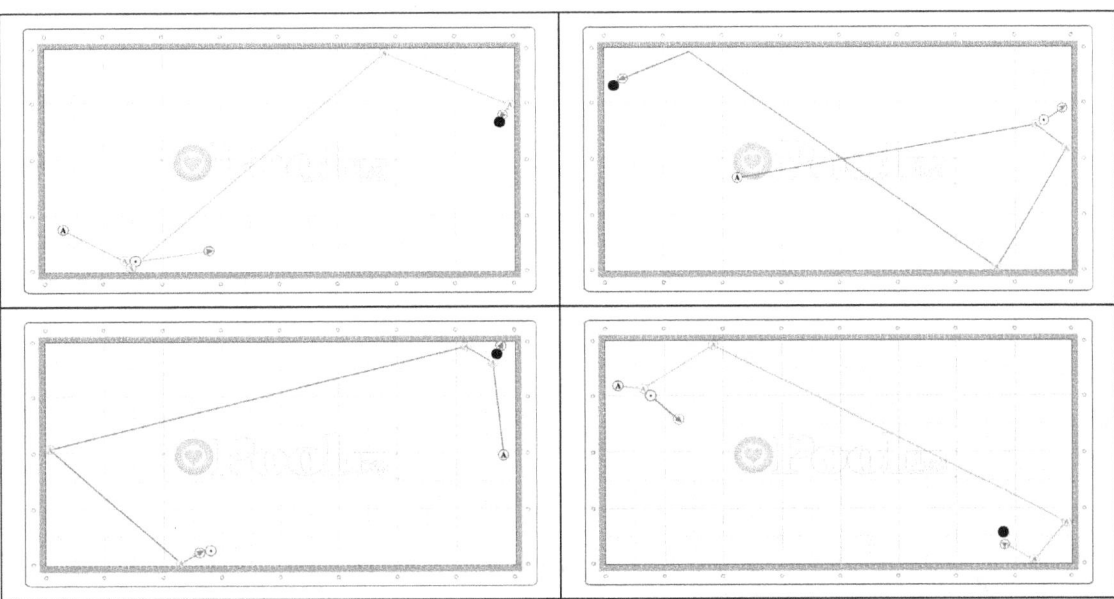

Análisis:

B:3a. _____

B:3b. _____

B:3c. _____

B:3d. _____

B:3a – Preparar

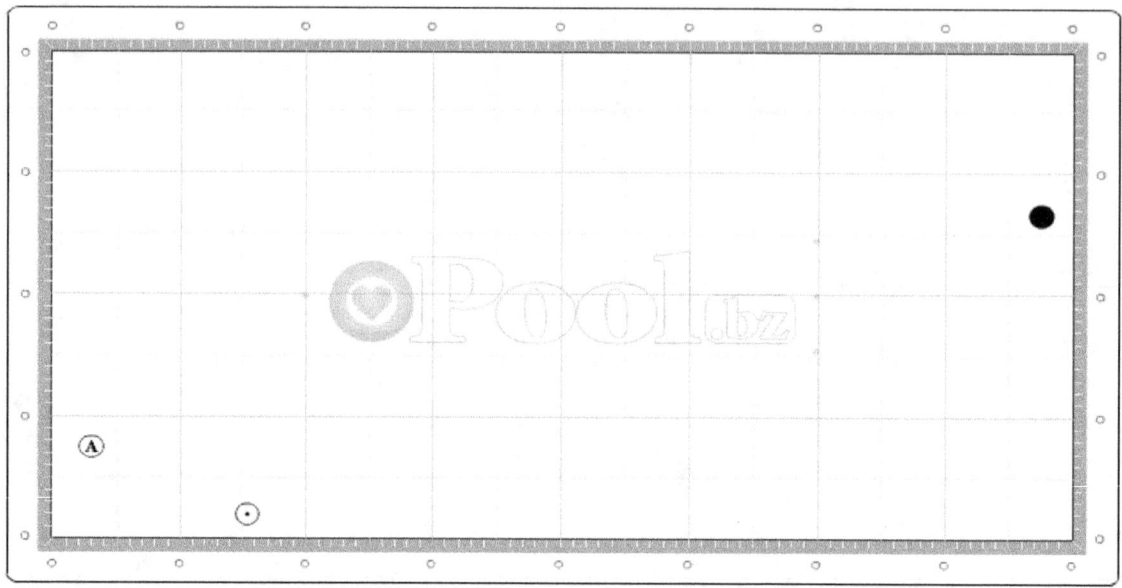

Notas e ideas:

Patrón de disparo

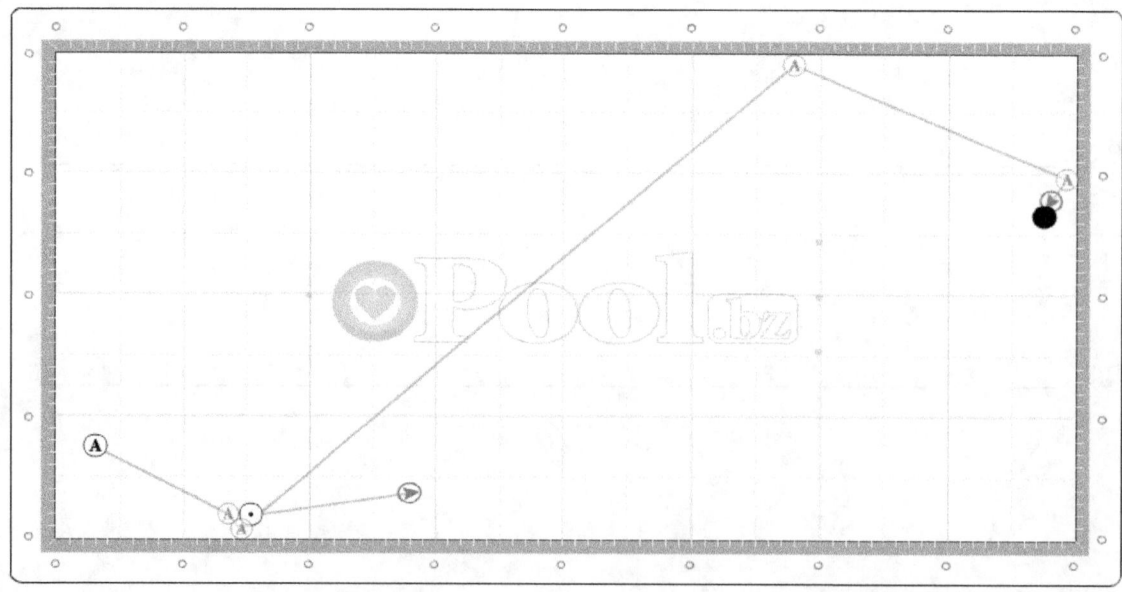

B:3b – Preparar

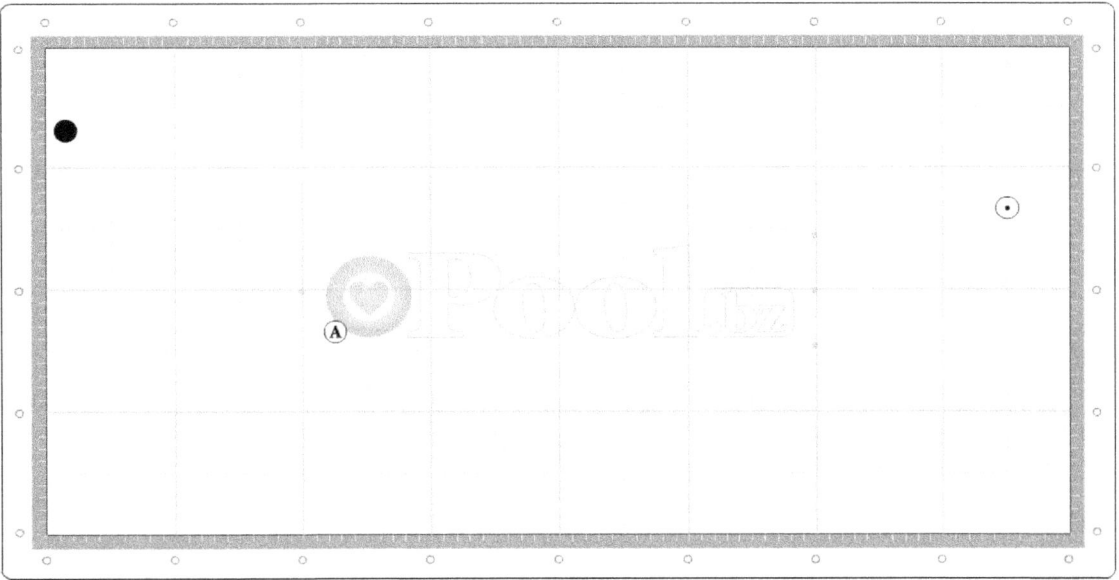

Notas e ideas:

Patrón de disparo

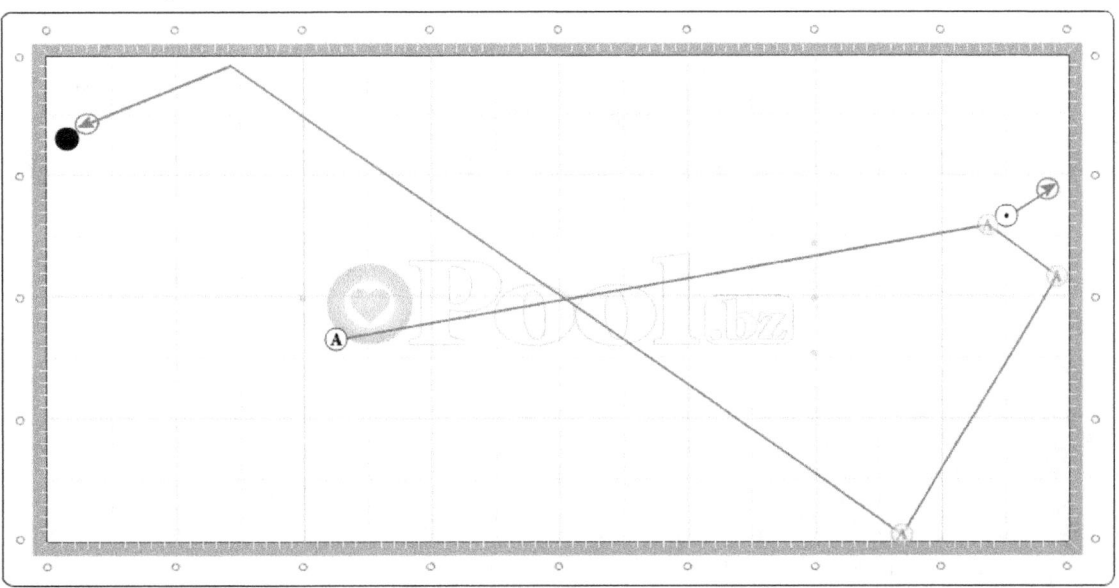

B:3c – Preparar

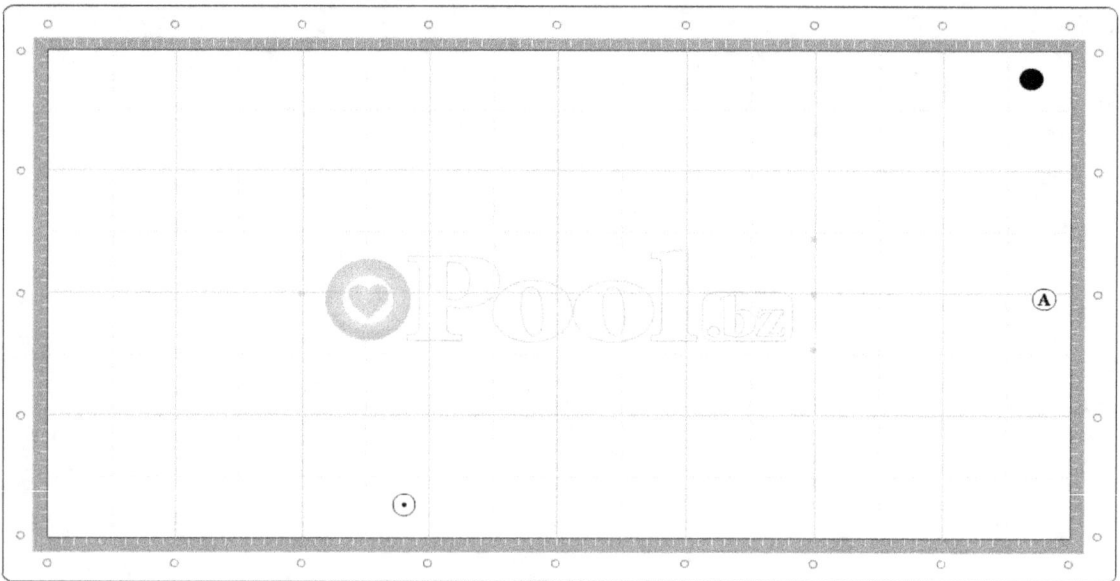

Notas e ideas:

Patrón de disparo

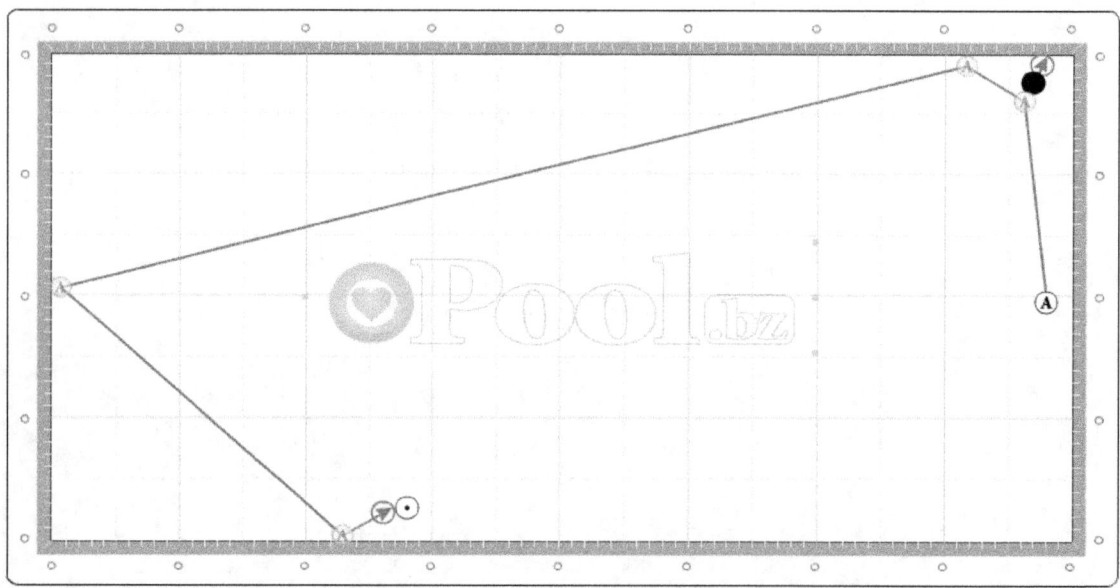

B:3d – Preparar

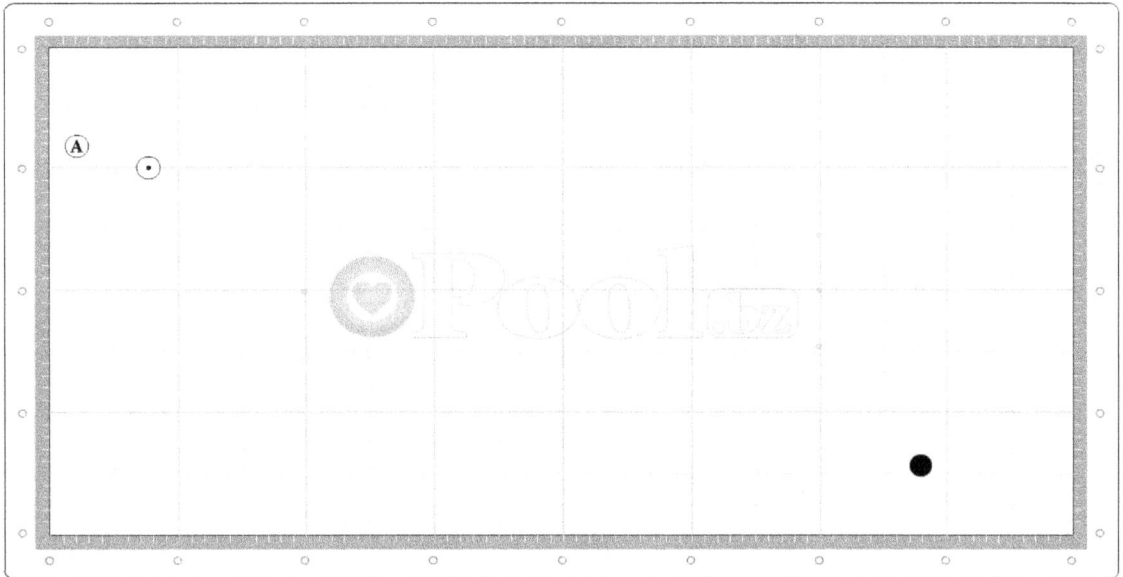

Notas e ideas:

Patrón de disparo

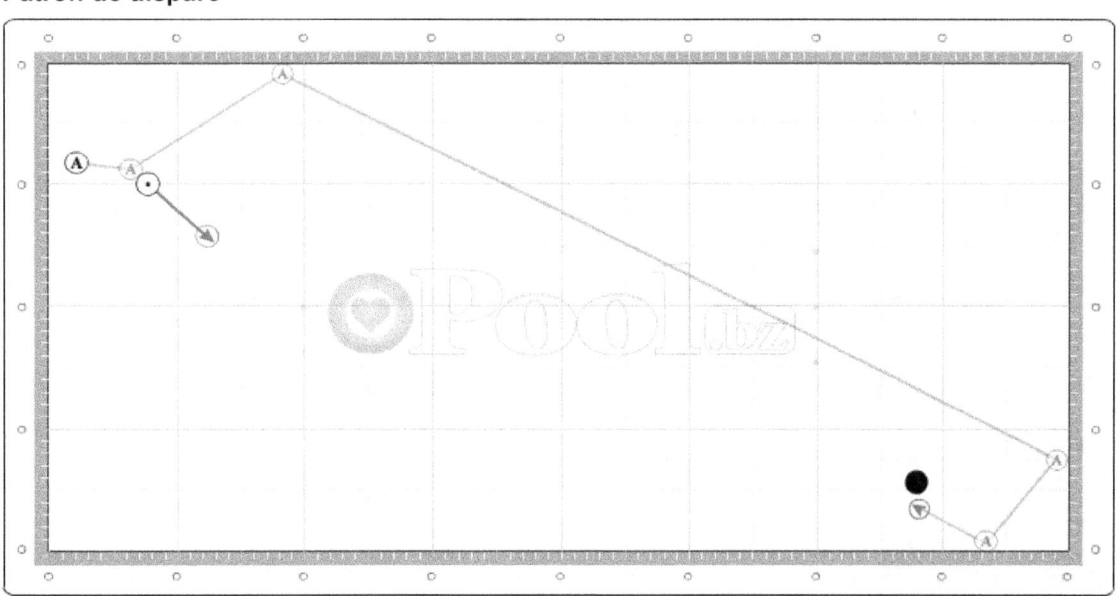

C: Diagonal paralela

El (CB) sale del primero (OB) y viaja a la esquina opuesta y luego regresa en un camino paralelo hacia atrás para hacer contacto con el otro (OB) y un punto.

Ⓐ (CB) (su bola de billar) - ⊙ (OB) (bola de billar oponente) - ● (OB) (bola de billar roja)

C: Grupo 1

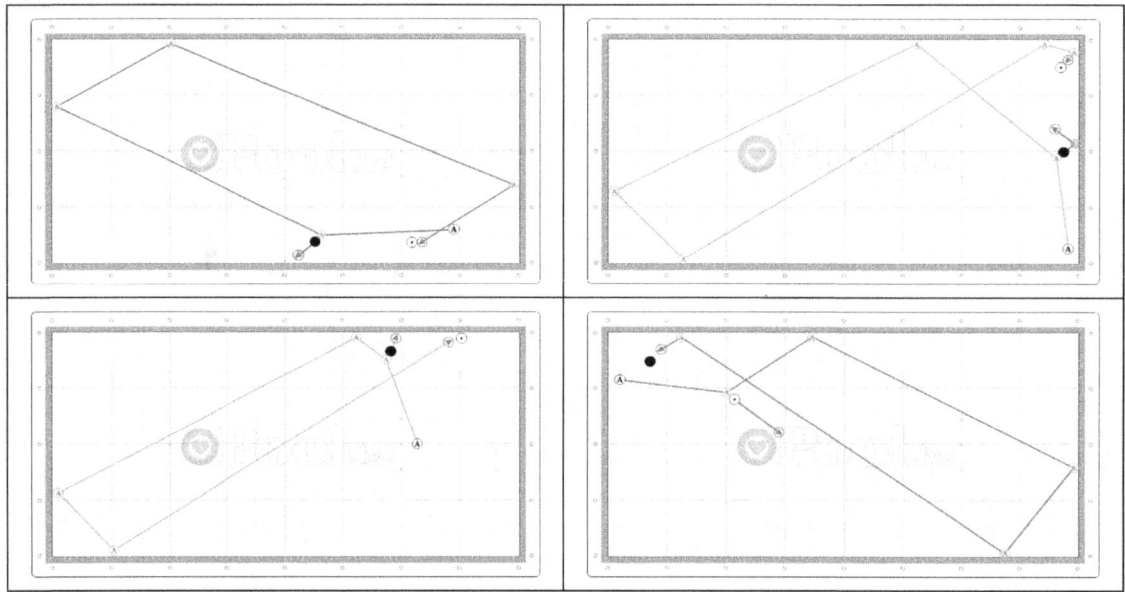

Análisis:

C:1a. _____

C:1b. _____

C:1c. _____

C:1d. _____

C:1a – Preparar

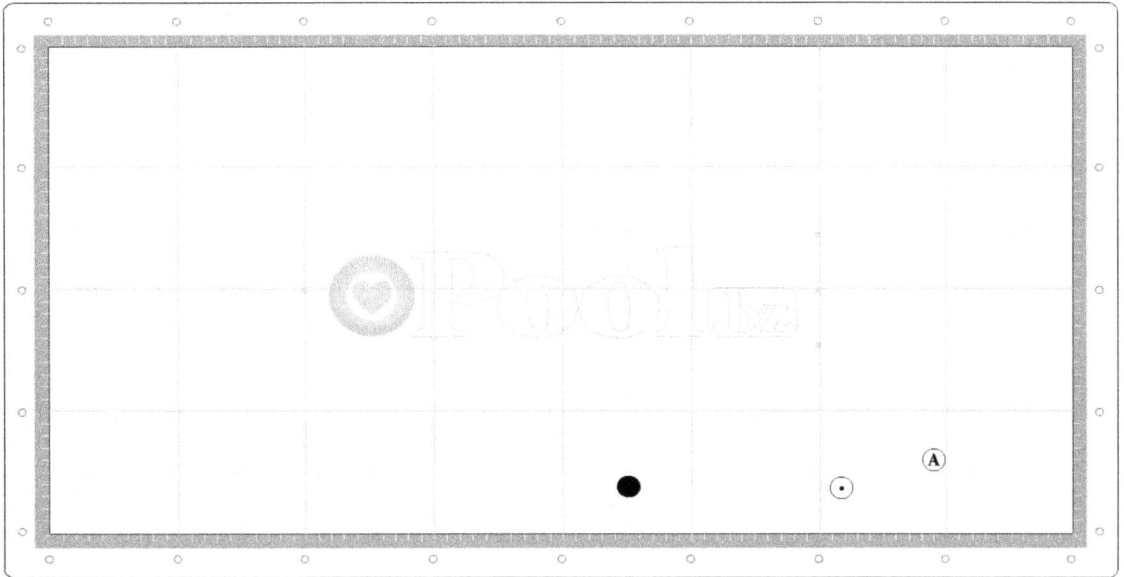

Notas e ideas:

Patrón de disparo

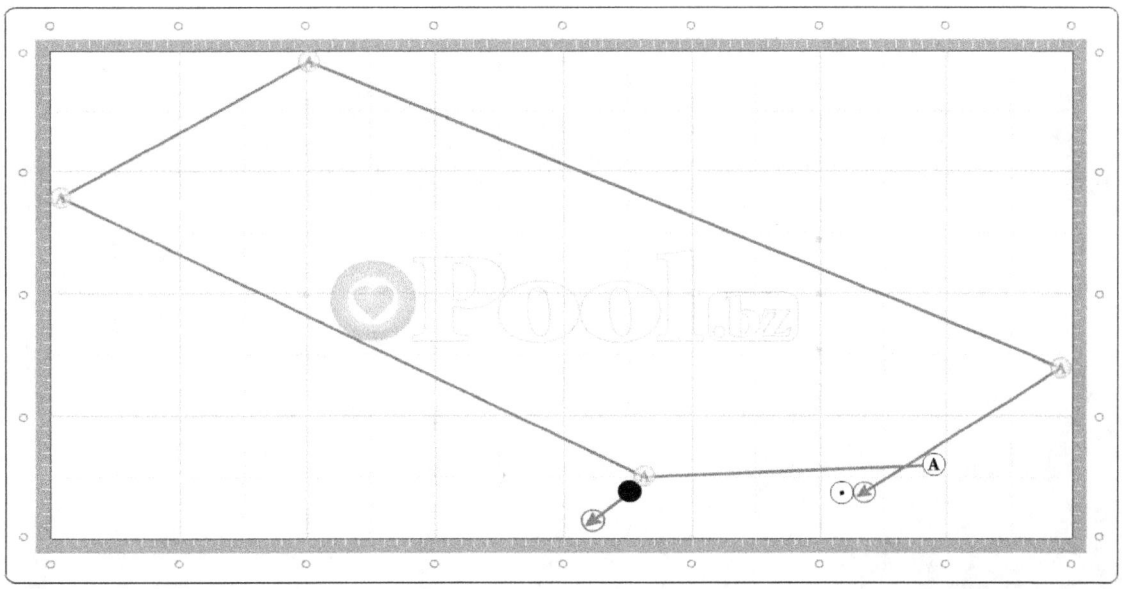

C:1b – Preparar

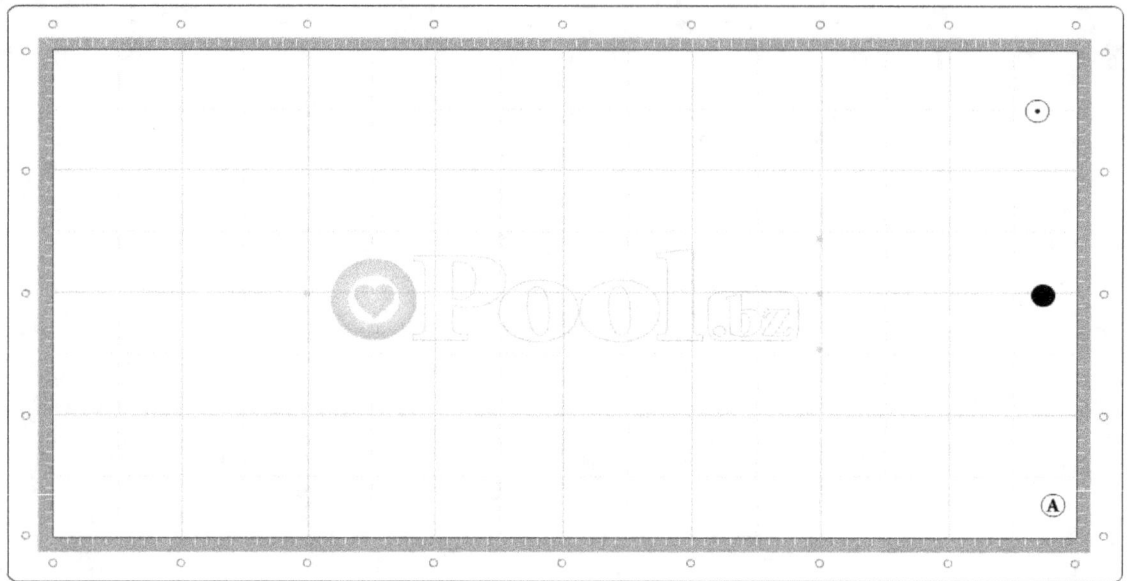

Notas e ideas:

Patrón de disparo

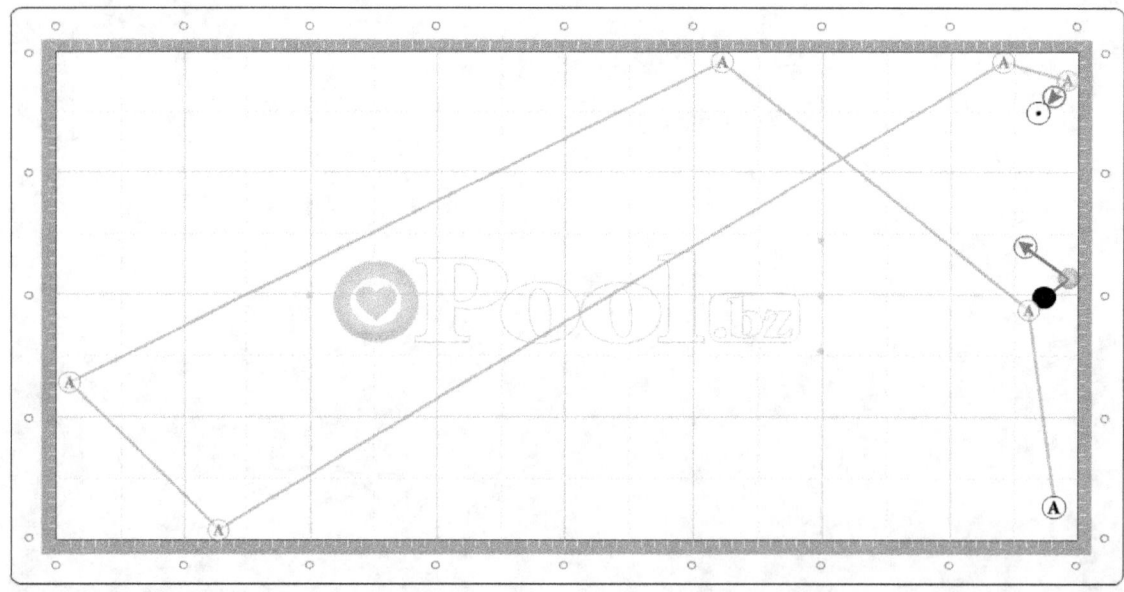

C:1c – Preparar

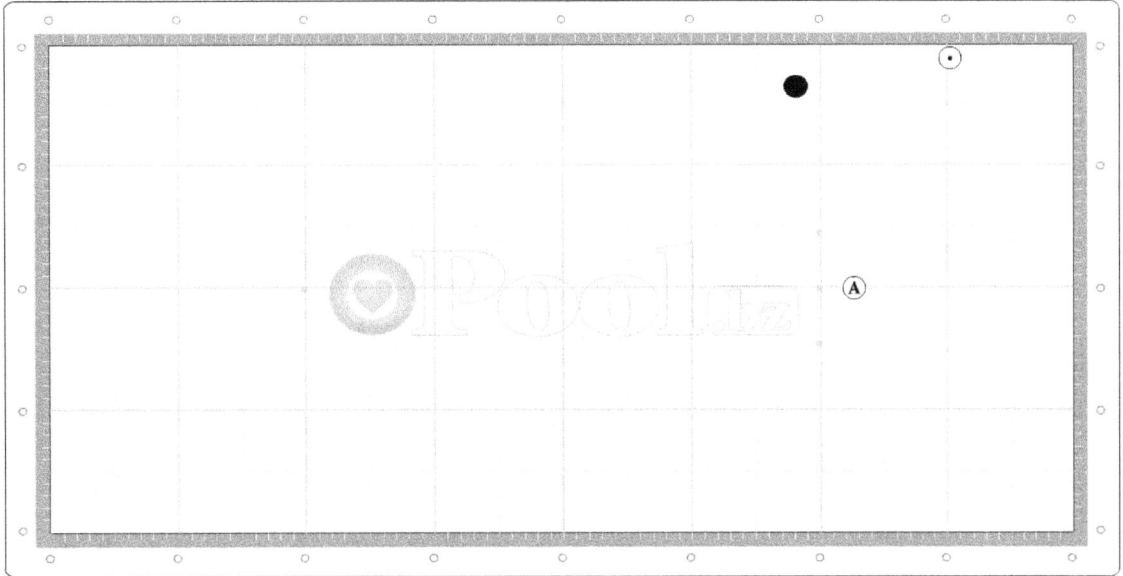

Notas e ideas:

Patrón de disparo

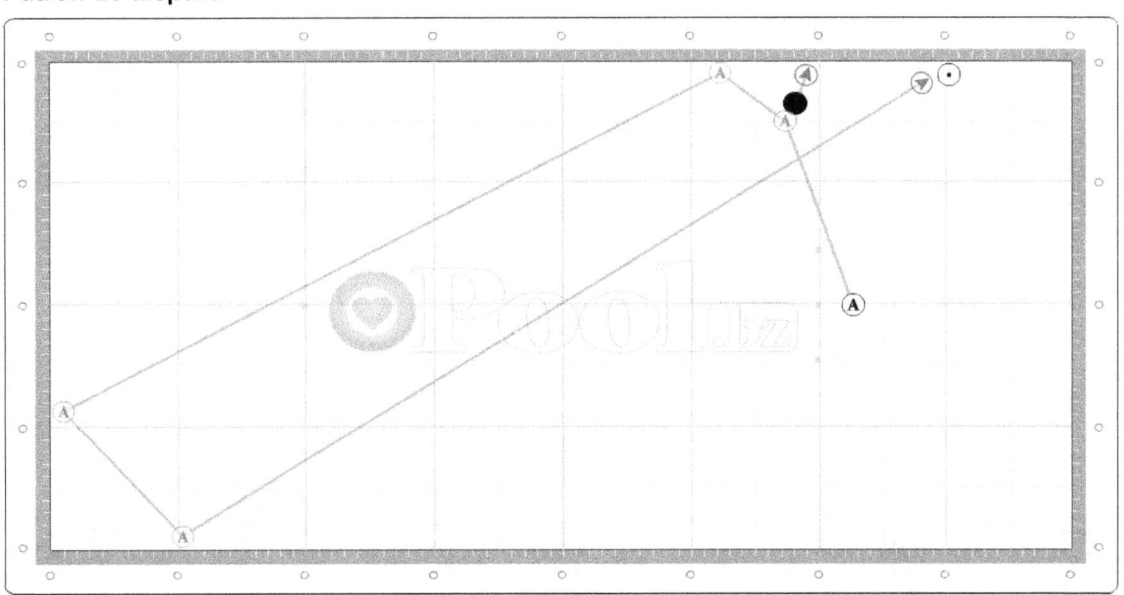

C:1d – Preparar

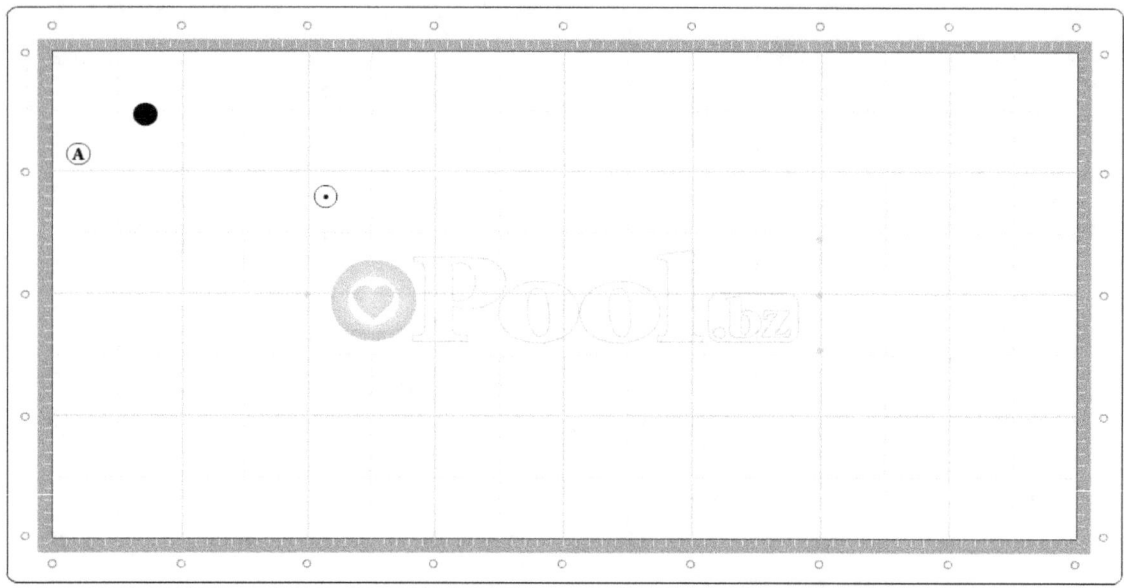

Notas e ideas:

Patrón de disparo

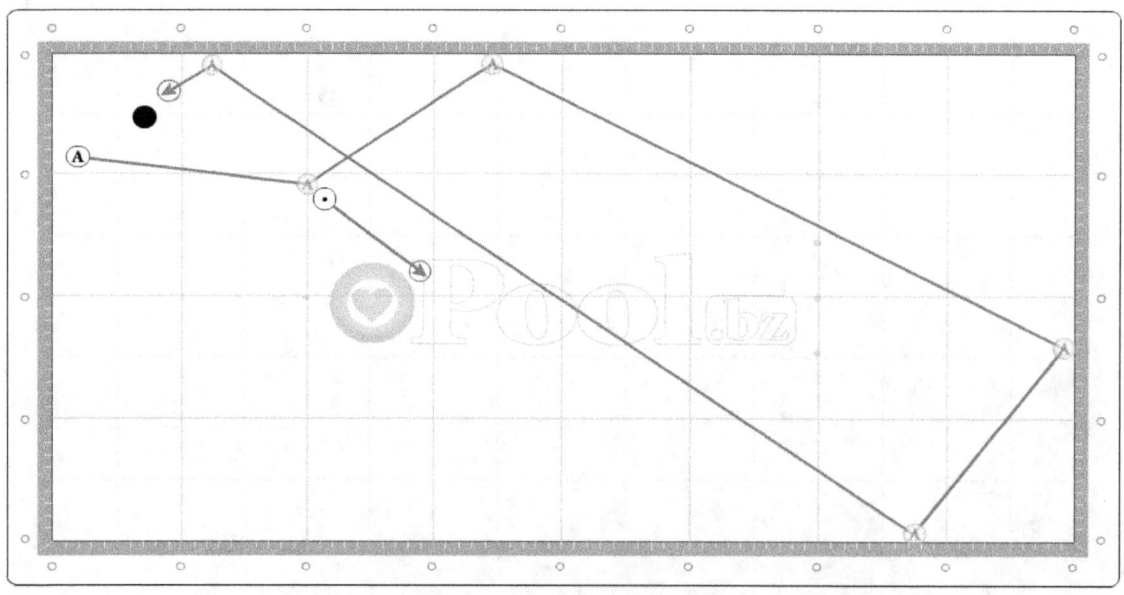

C: Grupo 2

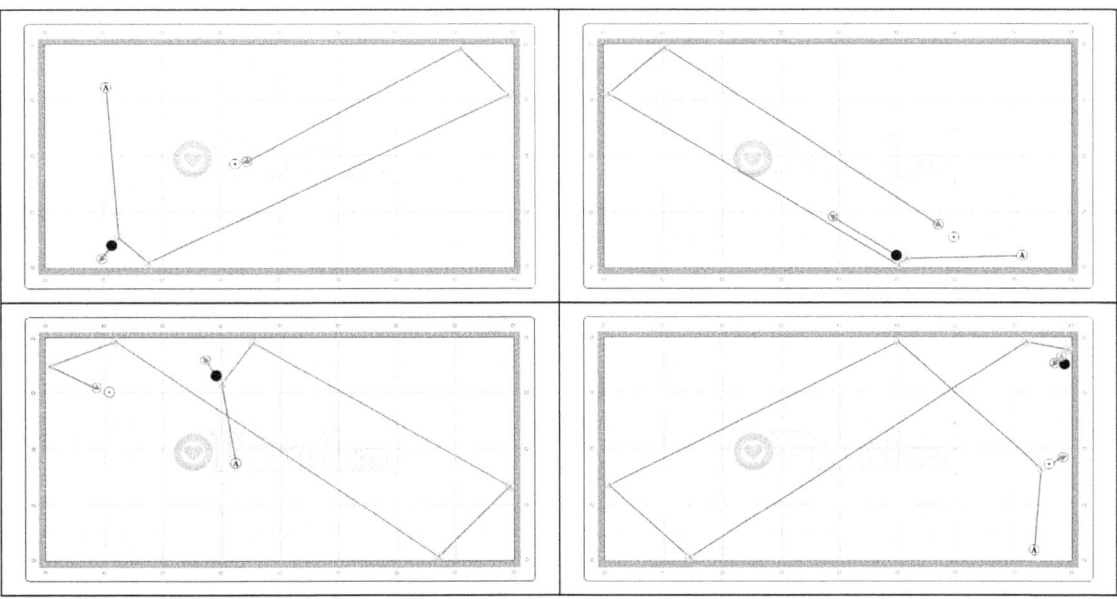

Análisis:

C:2a. _____

C:2b. _____

C:2c. _____

C:2d. _____

C:2a – Preparar

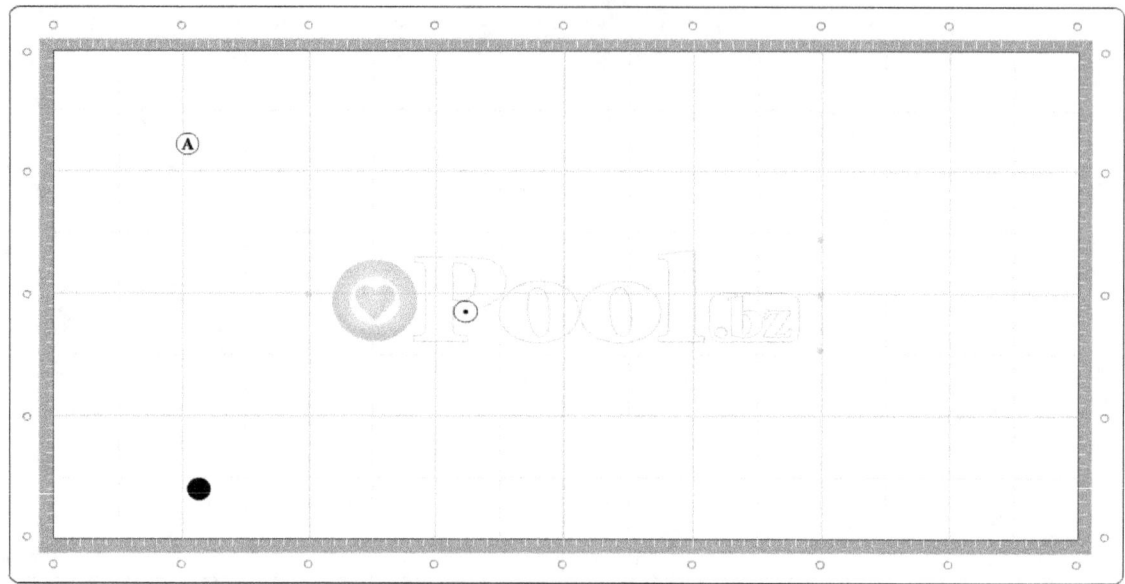

Notas e ideas:

Patrón de disparo

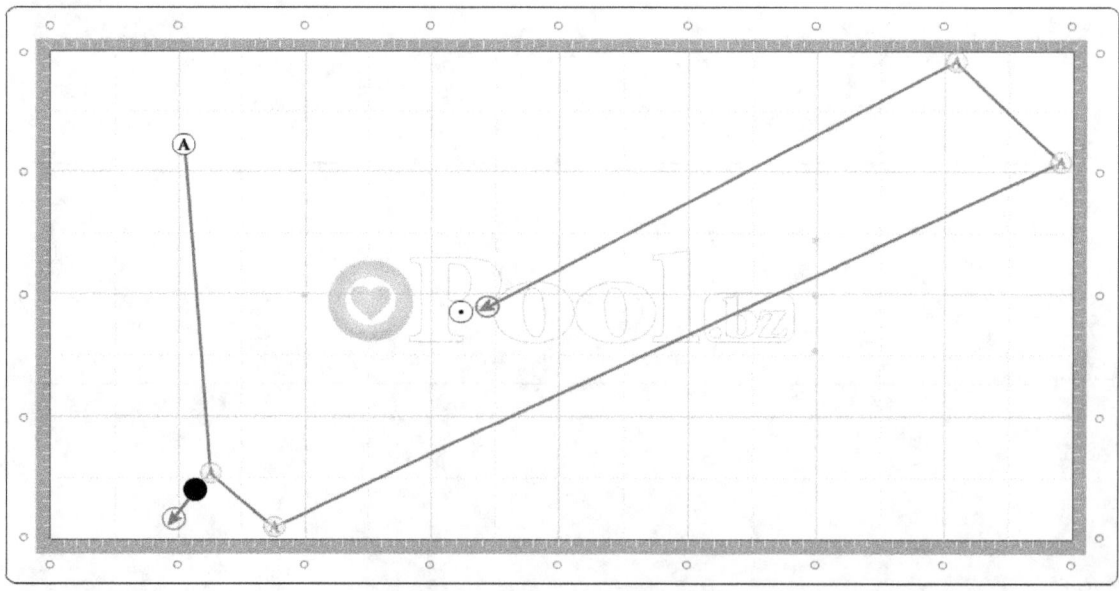

C:2b – Preparar

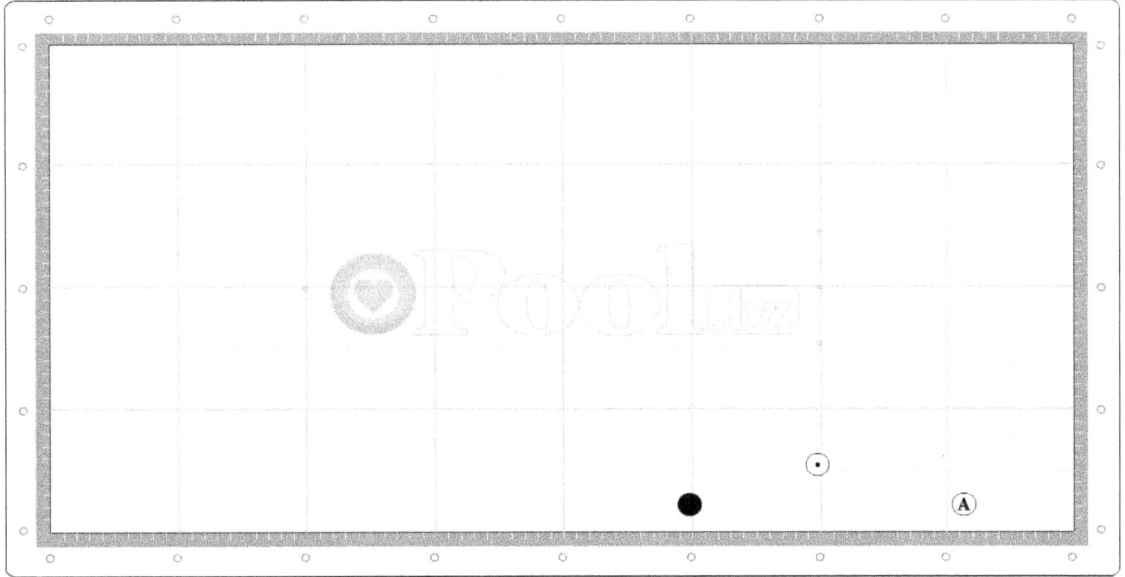

Notas e ideas:

Patrón de disparo

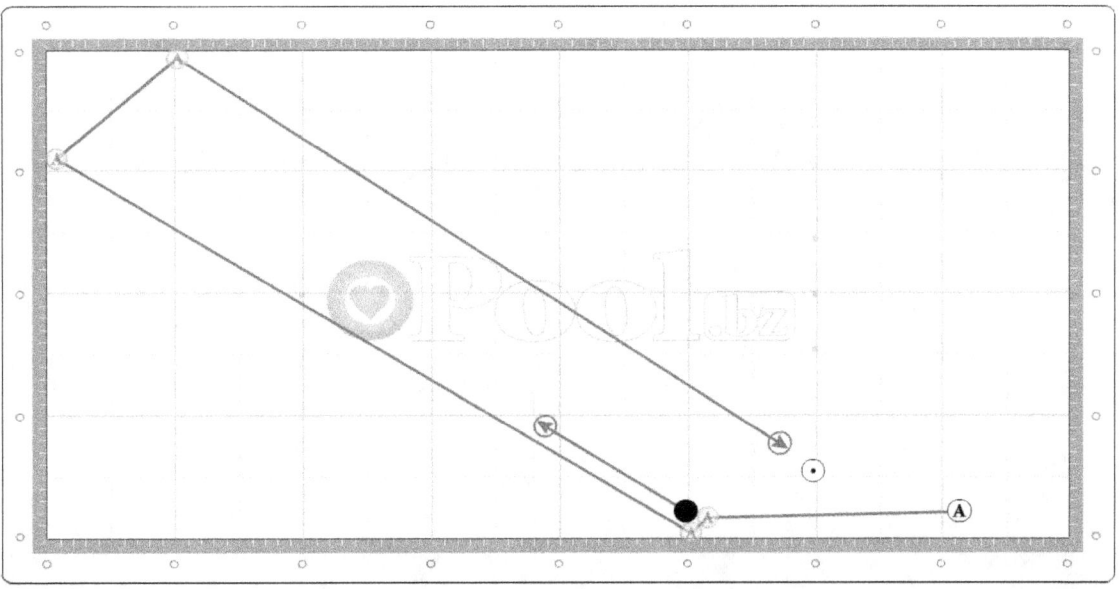

C:2c – Preparar

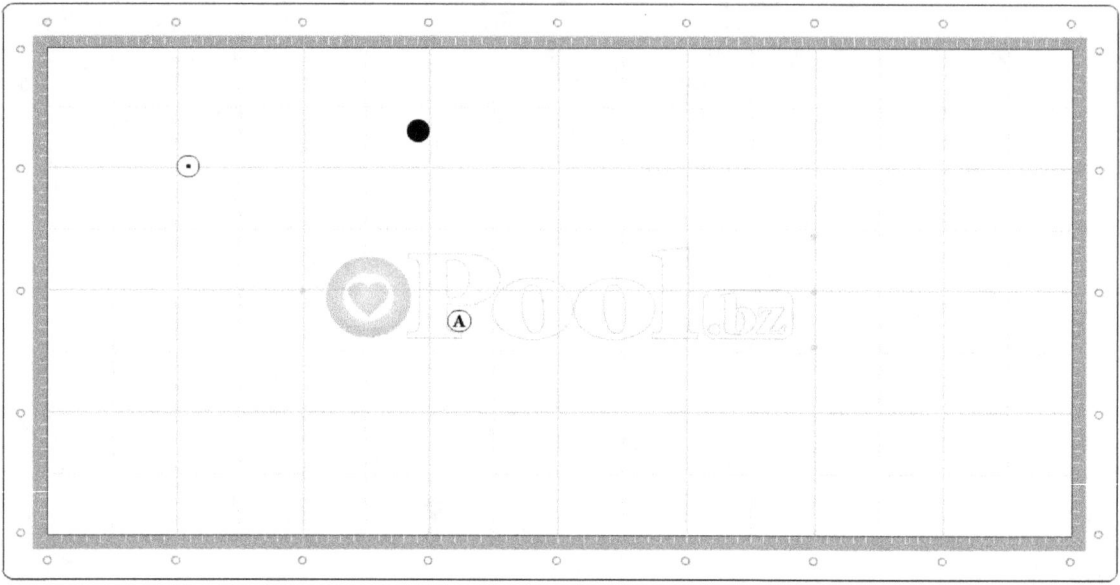

Notas e ideas:

Patrón de disparo

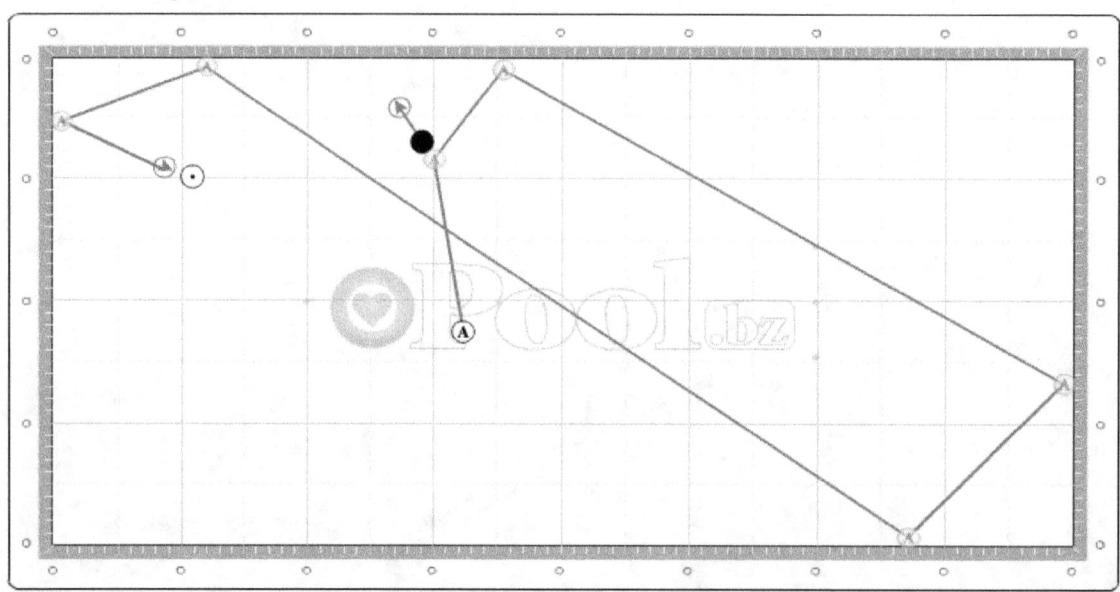

C:2d – Preparar

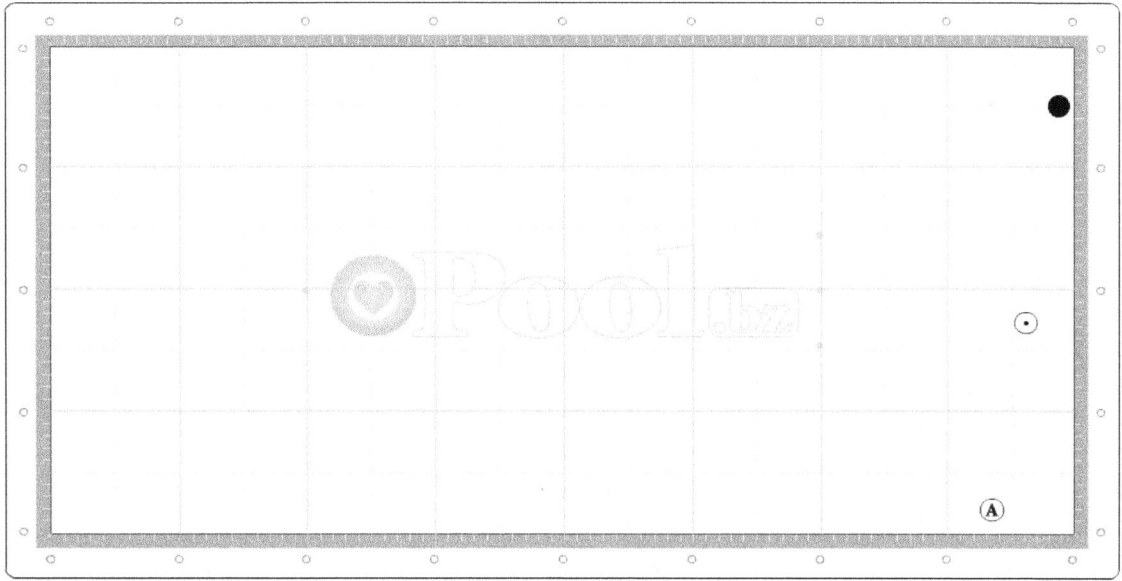

Notas e ideas:

Patrón de disparo

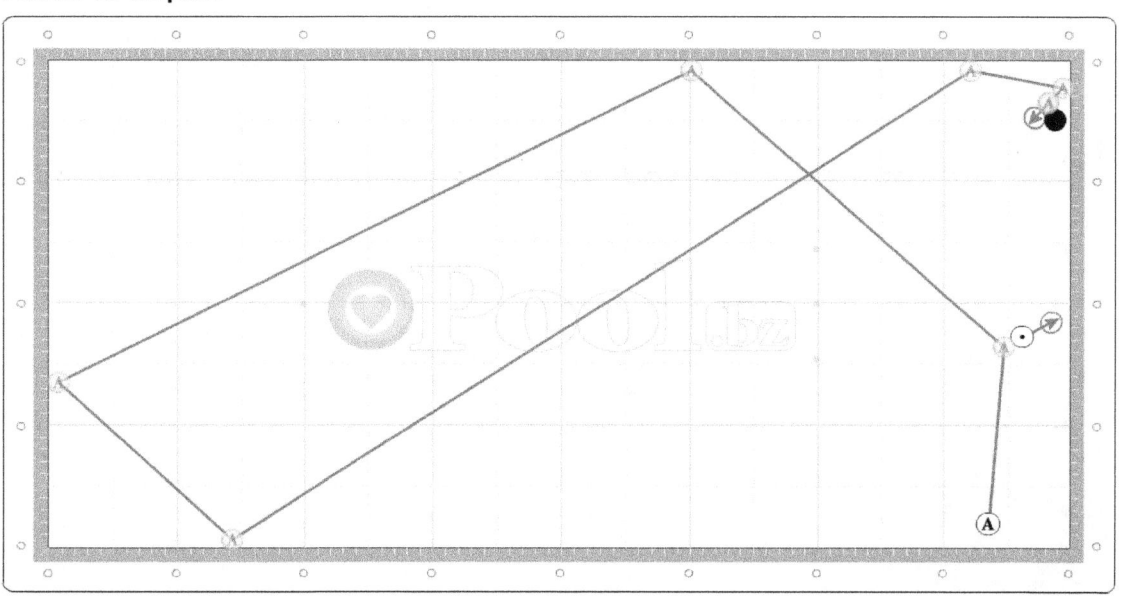

C: Grupo 3

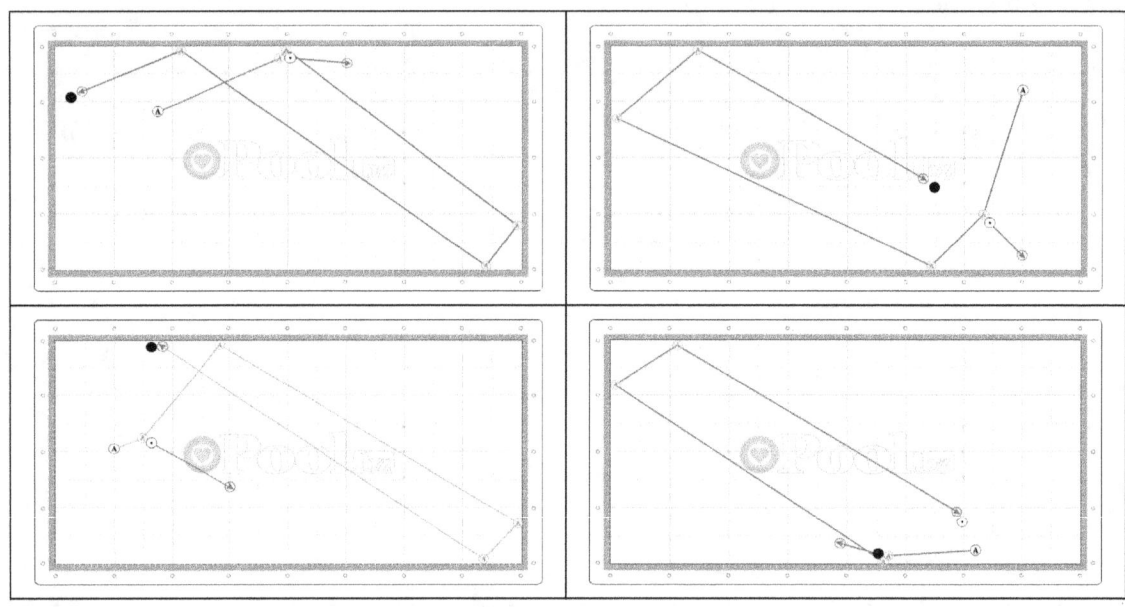

Análisis:

C:3a. _____

C:3b. _____

C:3c. _____

C:3d. _____

C:3a – Preparar

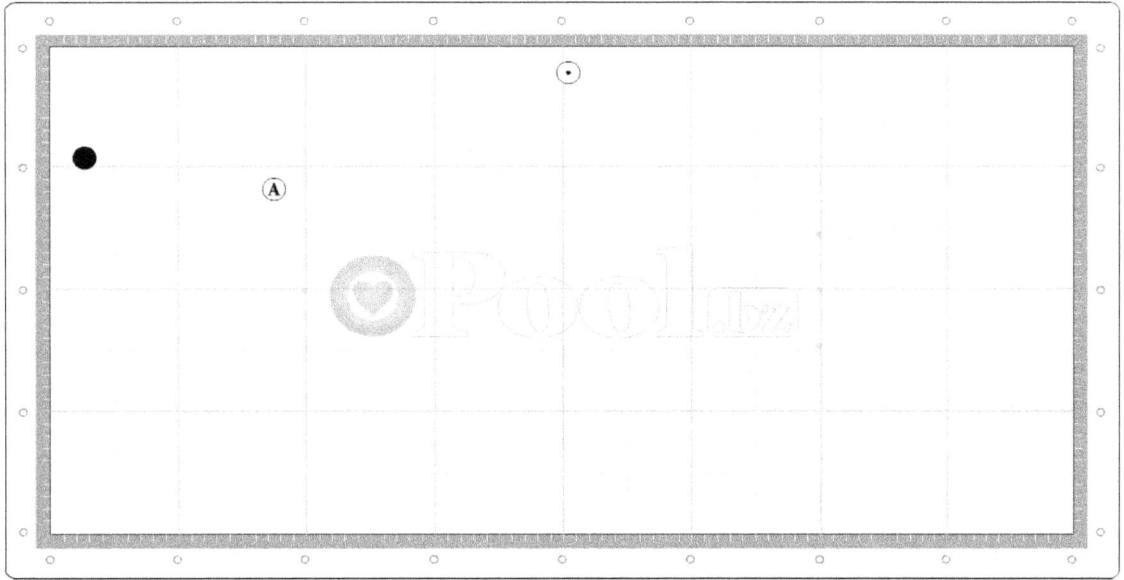

Notas e ideas:

Patrón de disparo

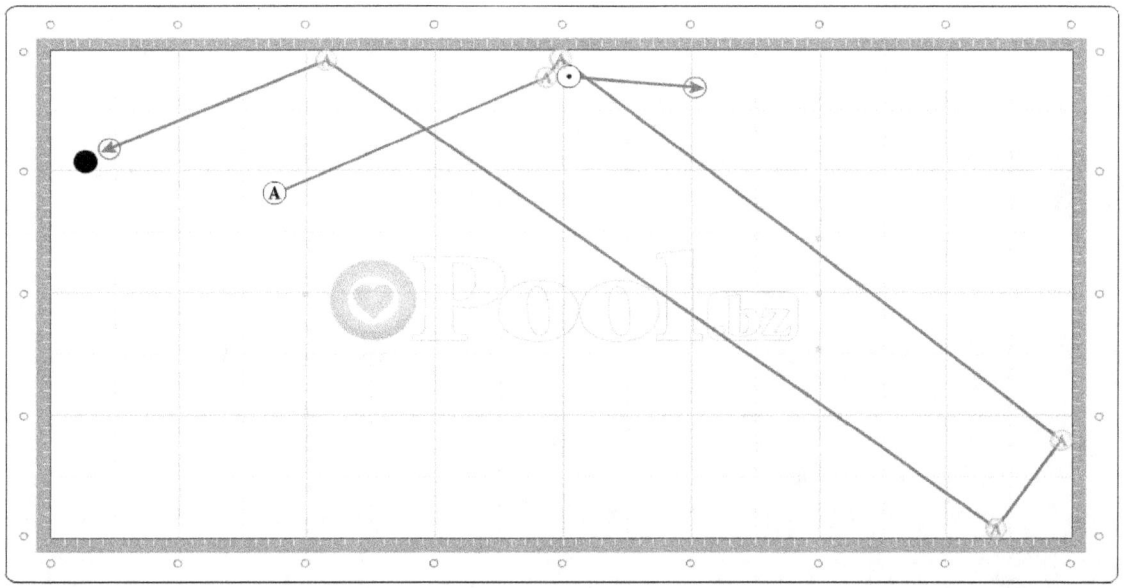

C:3b – Preparar

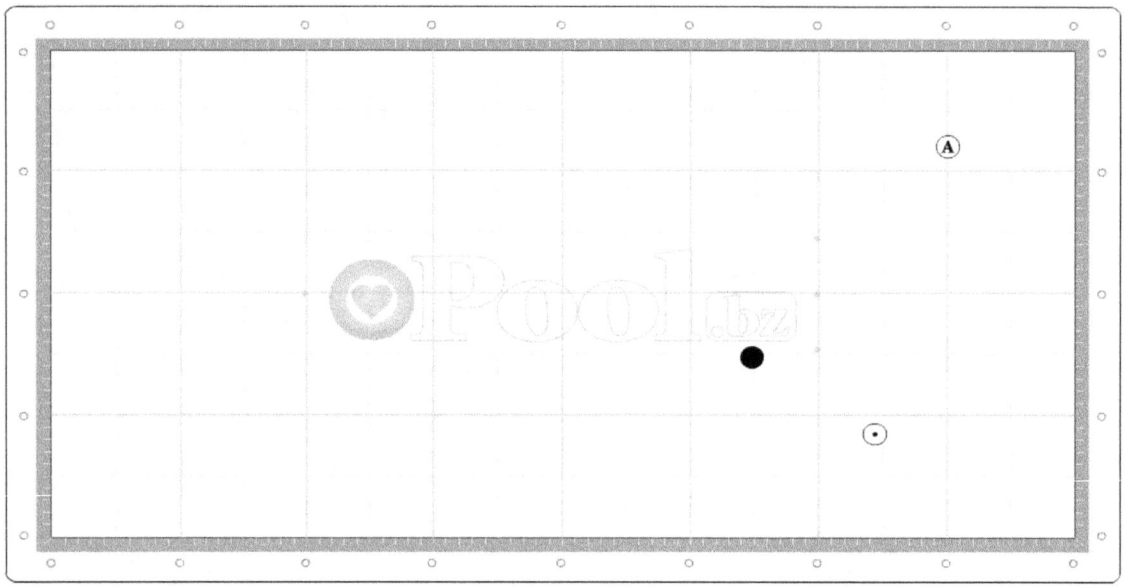

Notas e ideas:

Patrón de disparo

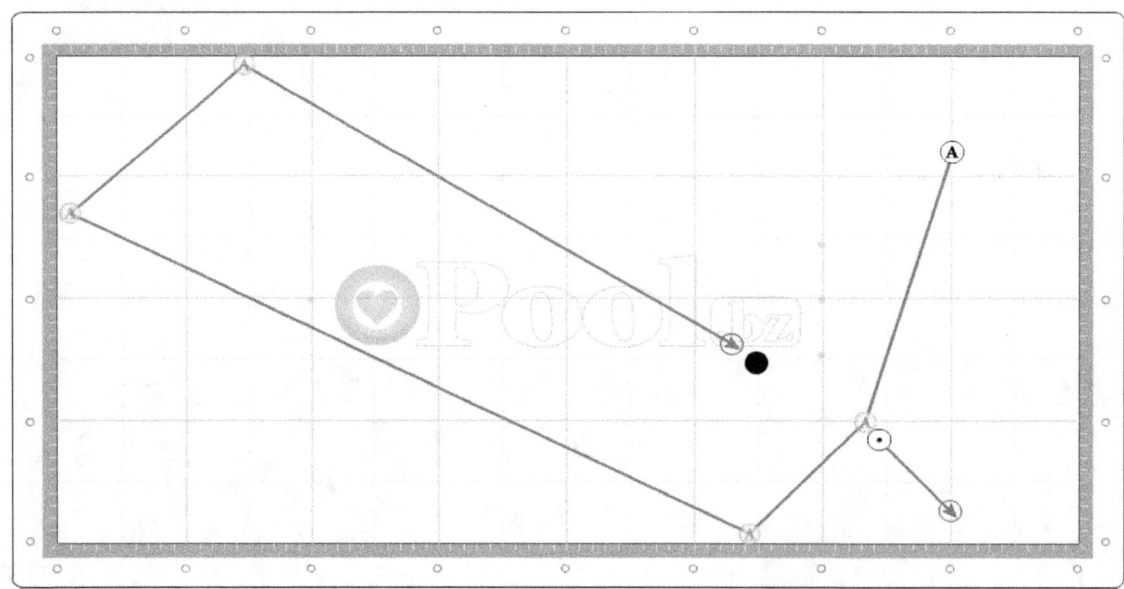

C:3c – Preparar

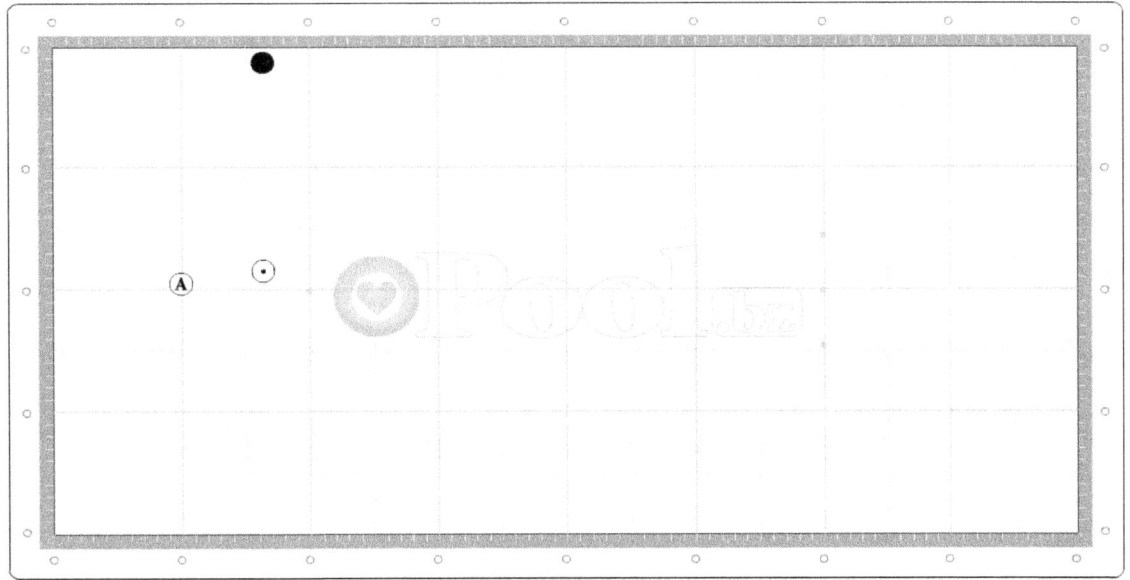

Notas e ideas:

Patrón de disparo

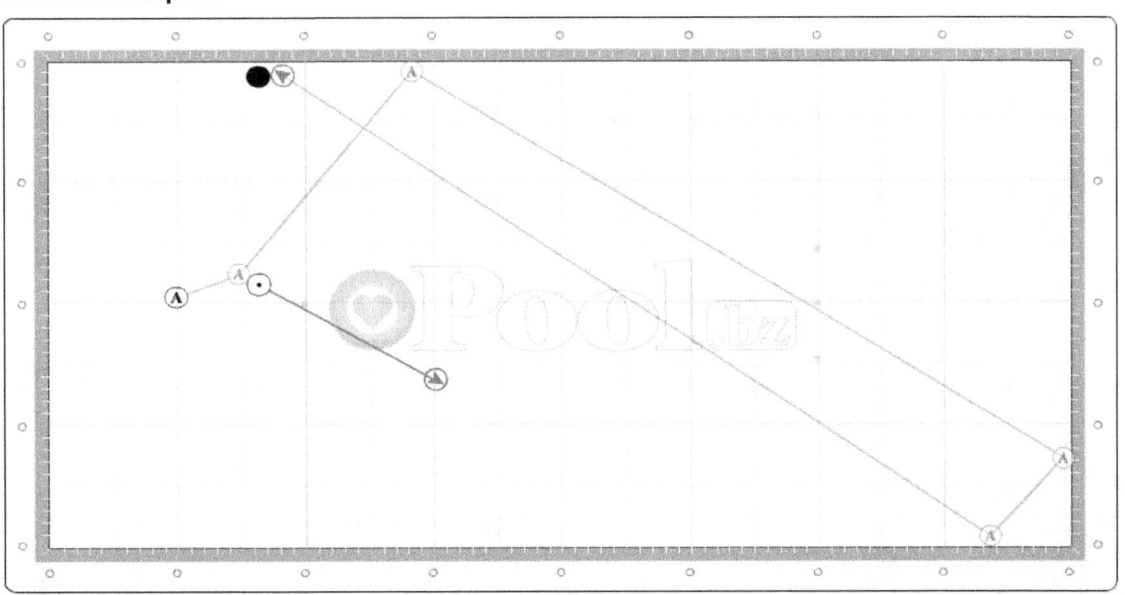

C:3d – Preparar

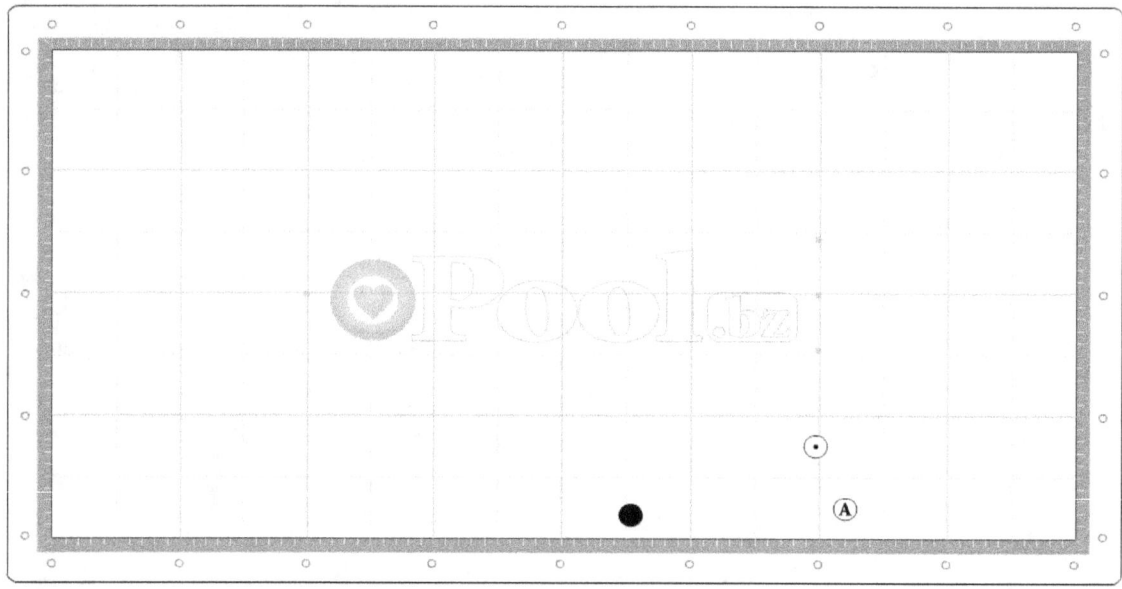

Notas e ideas:

Patrón de disparo

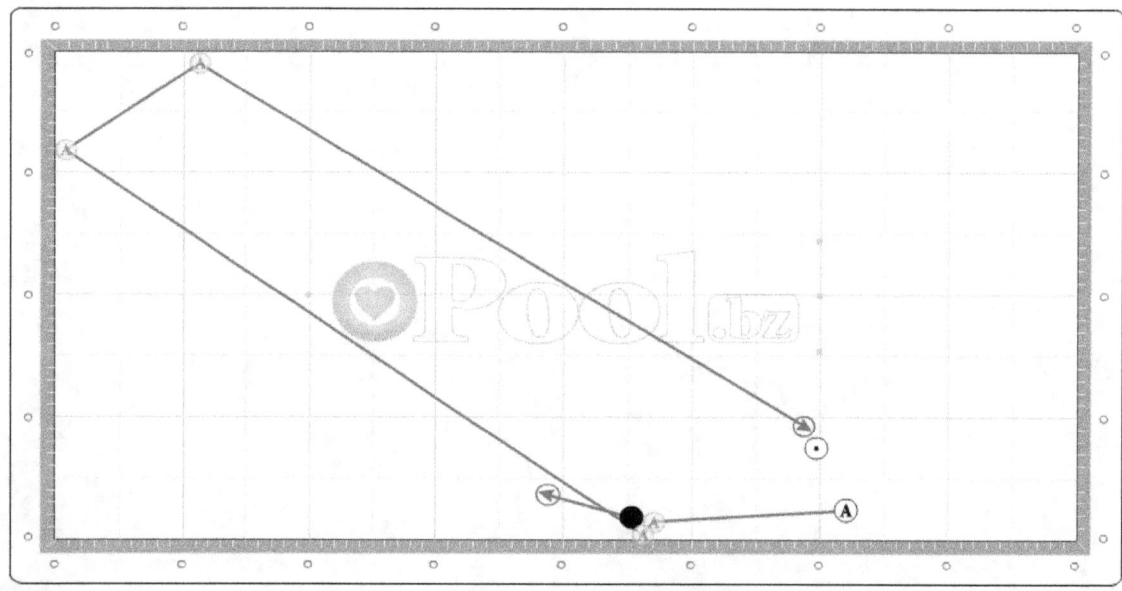

C: Grupo 4

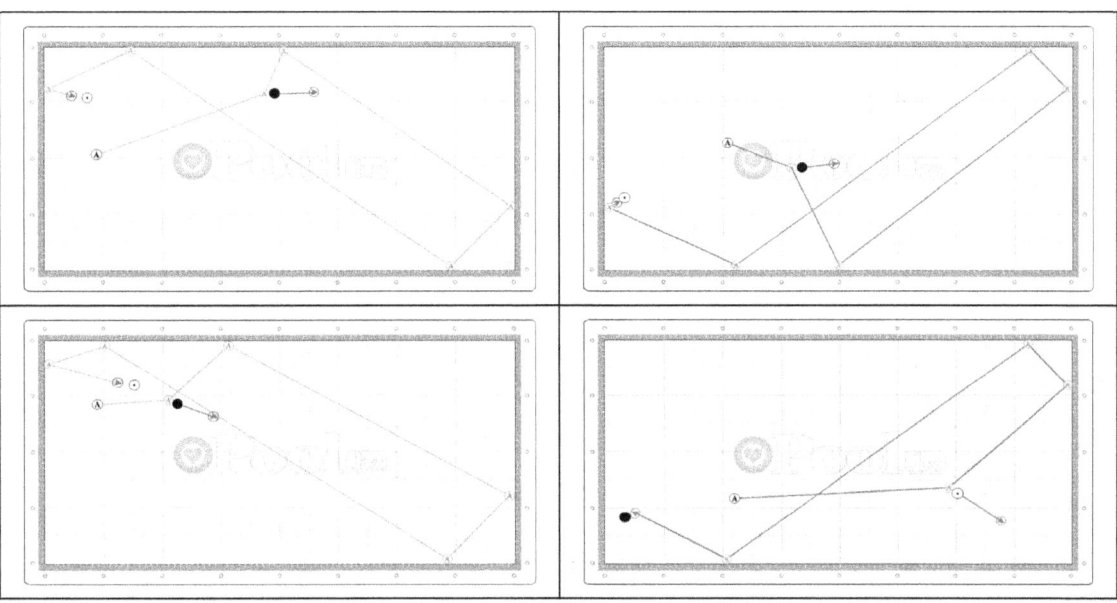

Análisis:

C:4a. _____

C:4b. _____

C:4c. _____

C:4d. _____

C:4a – Preparar

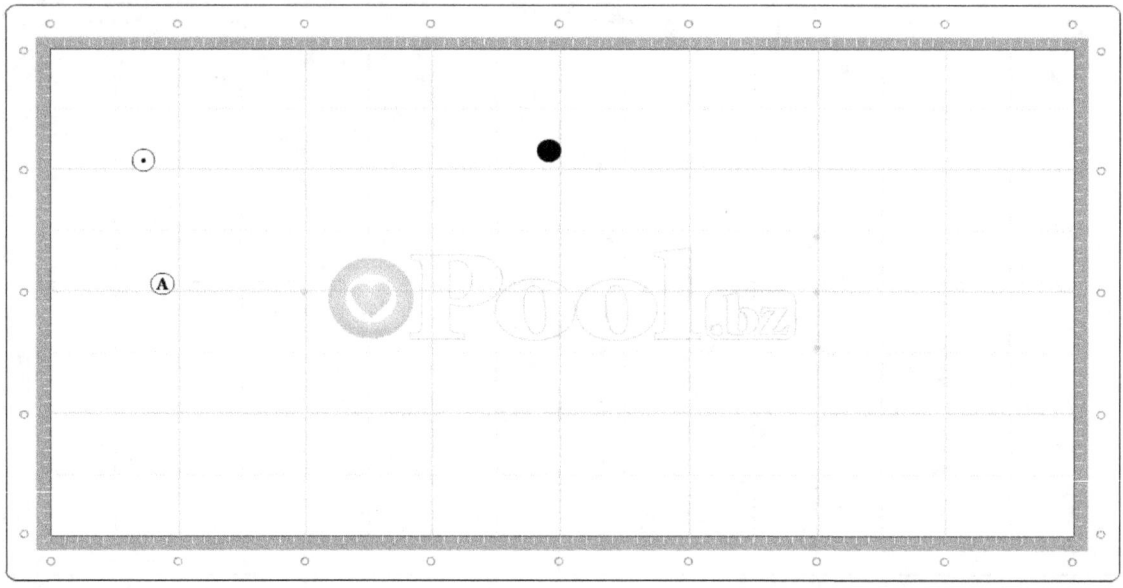

Notas e ideas:

Patrón de disparo

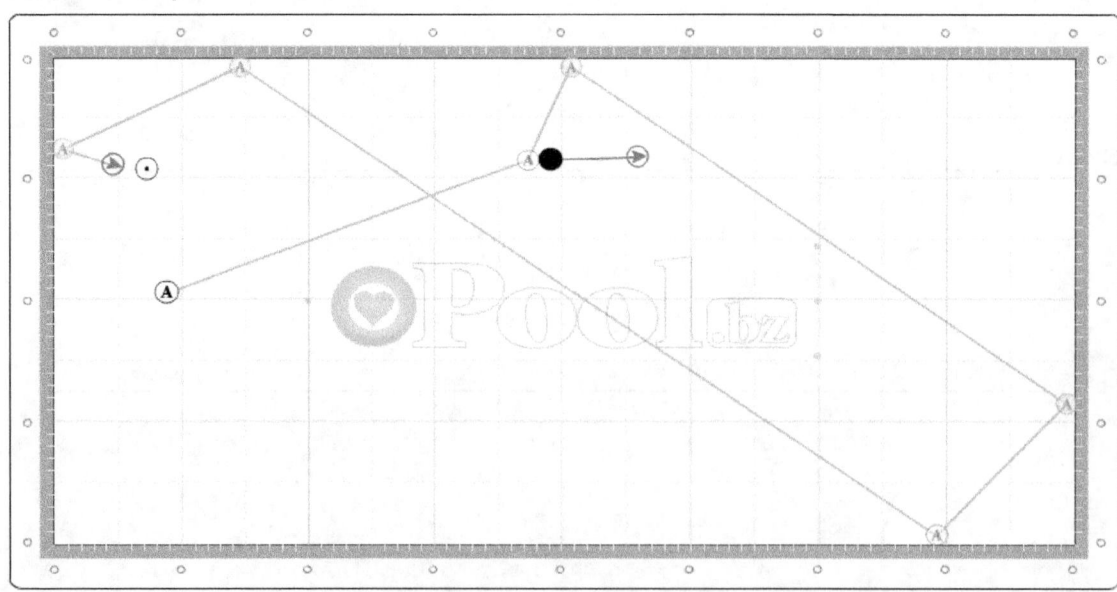

C:4b – Preparar

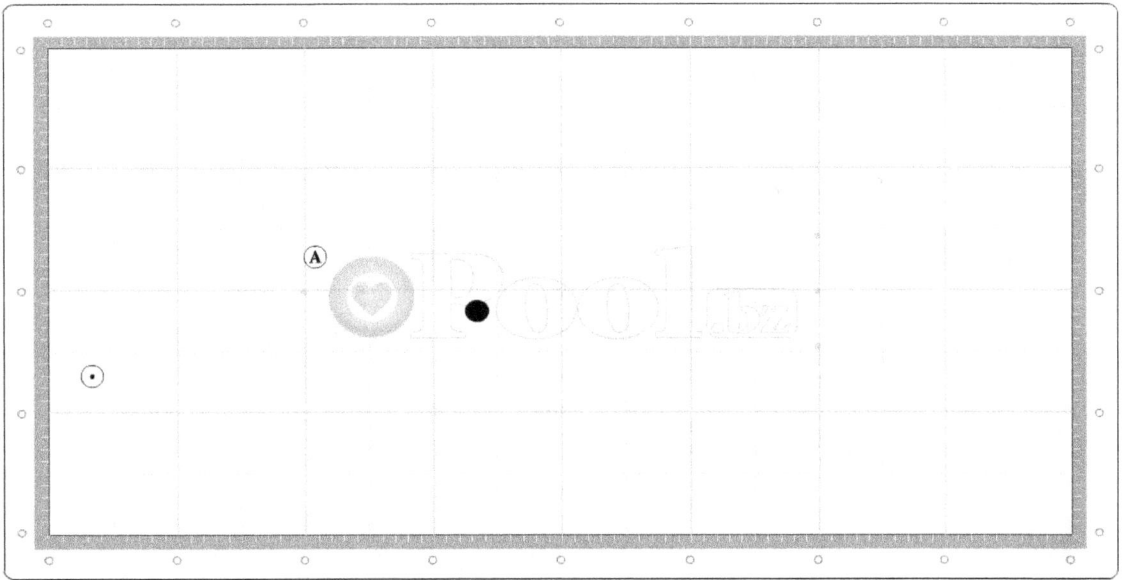

Notas e ideas:

Patrón de disparo

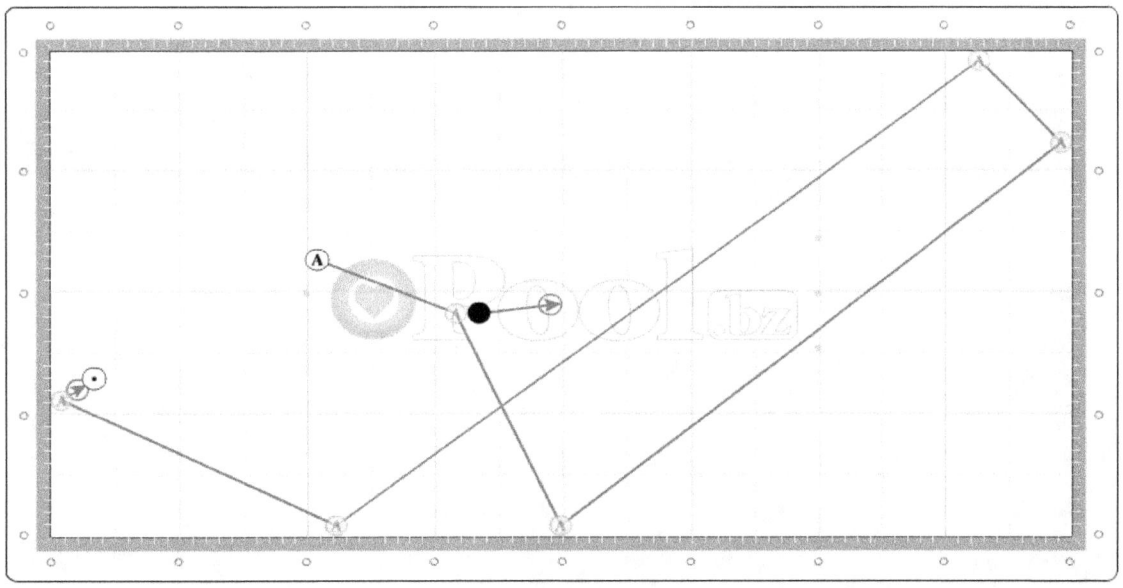

C:4c – Preparar

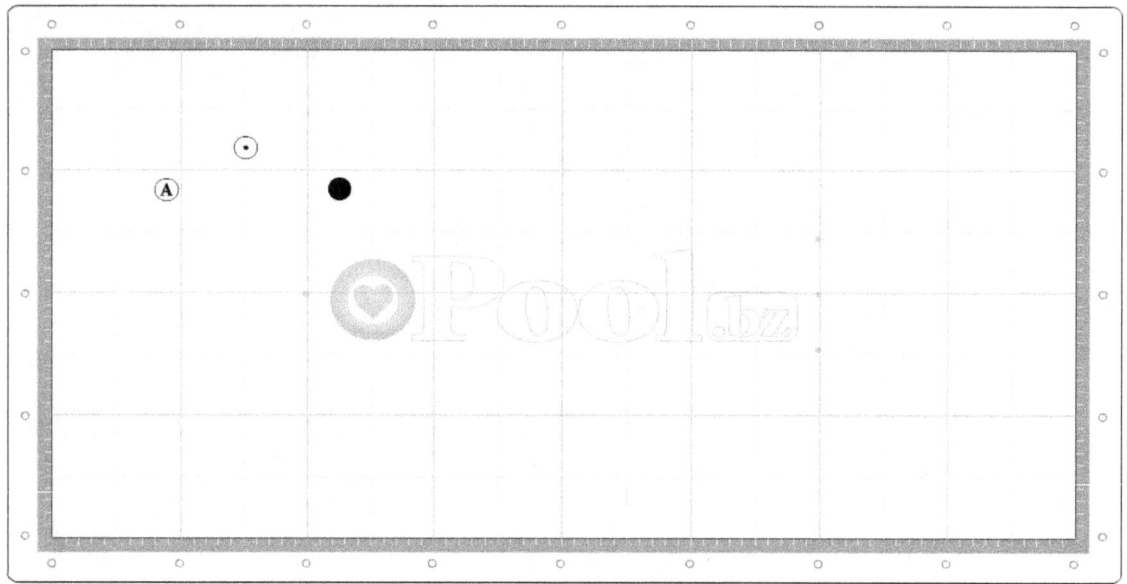

Notas e ideas:

Patrón de disparo

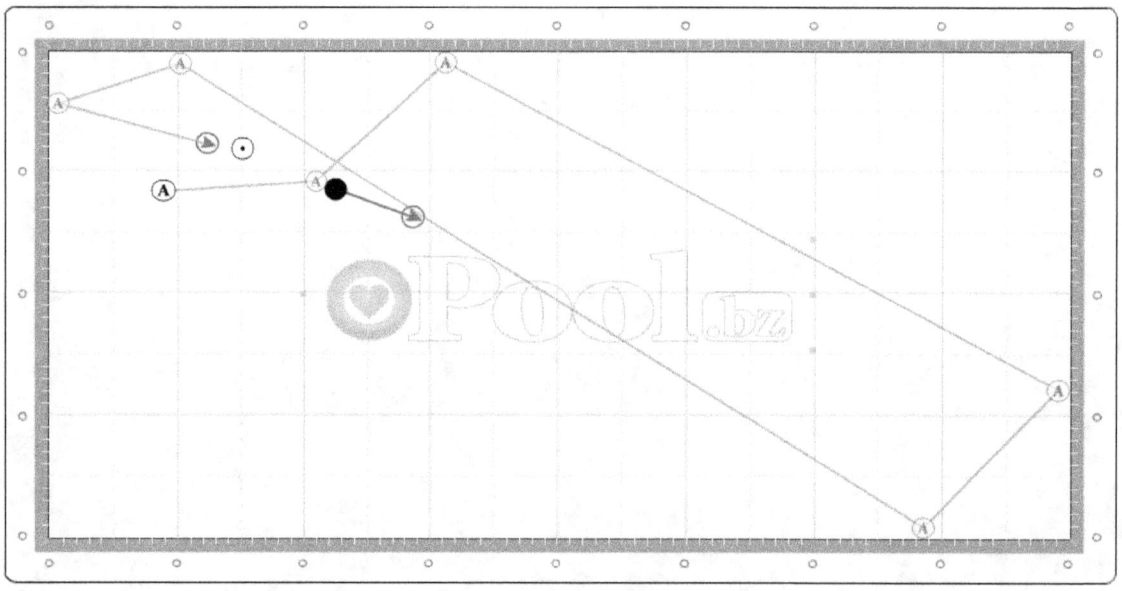

C:4d – Preparar

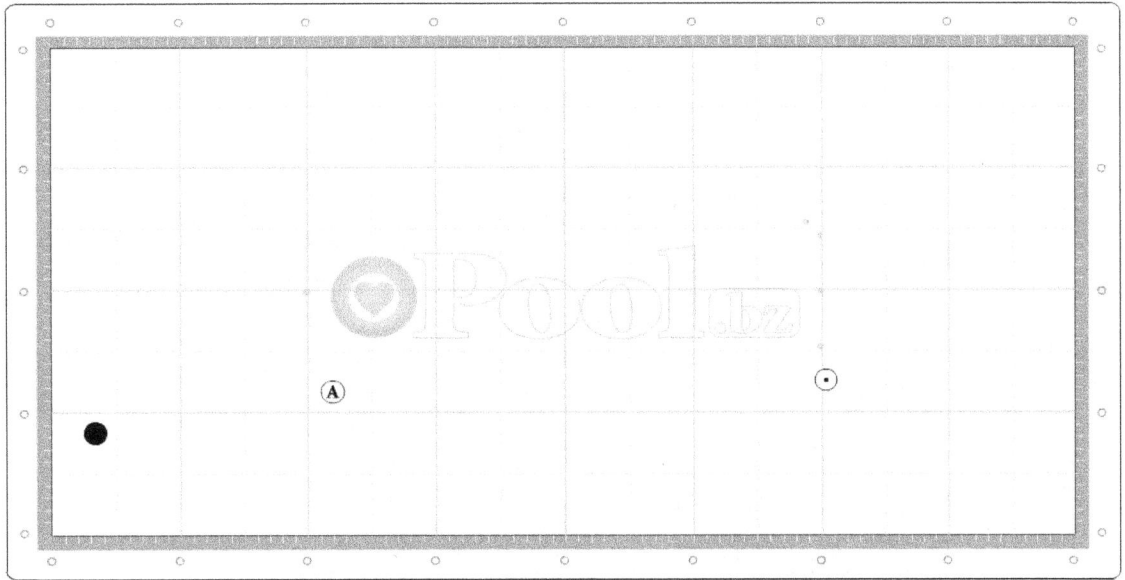

Notas e ideas:

Patrón de disparo

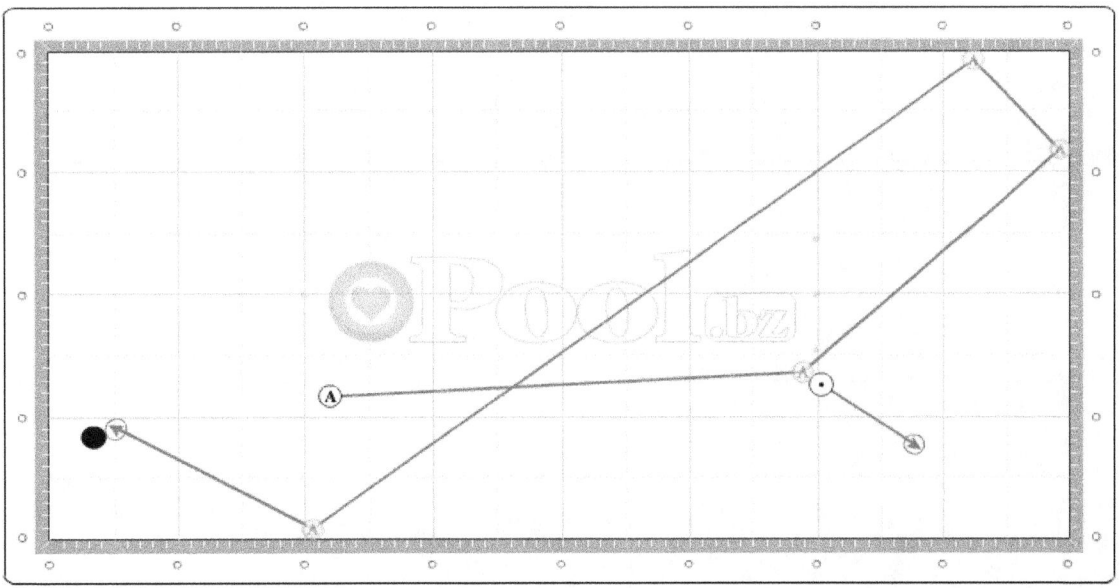

C: Grupo 5

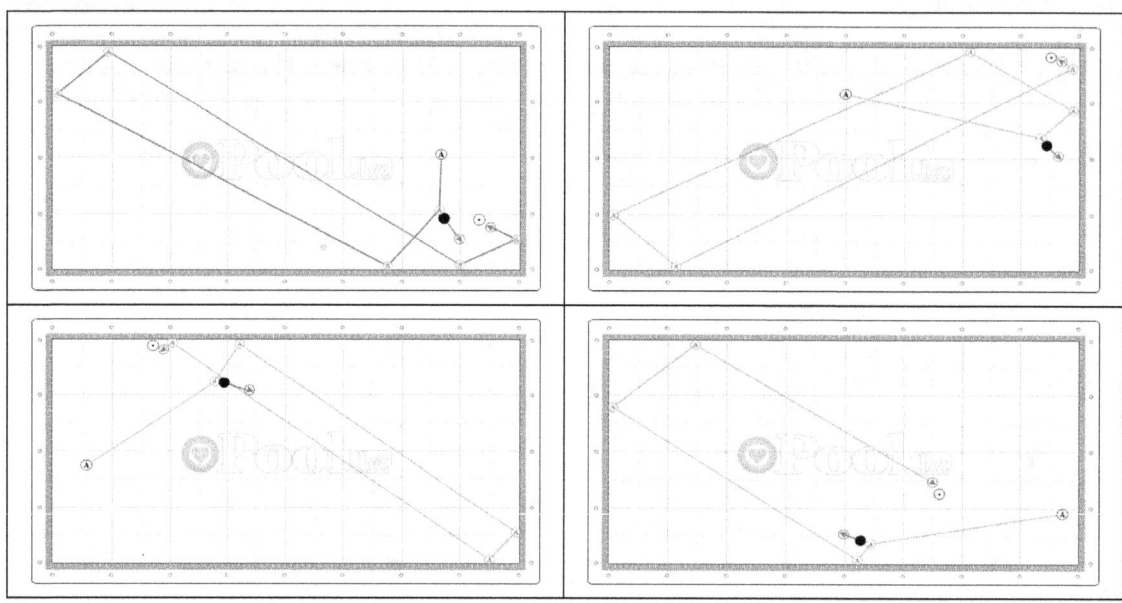

Análisis:

C:5a. _____

C:5b. _____

C:5c. _____

C:5d. _____

C:5a – Preparar

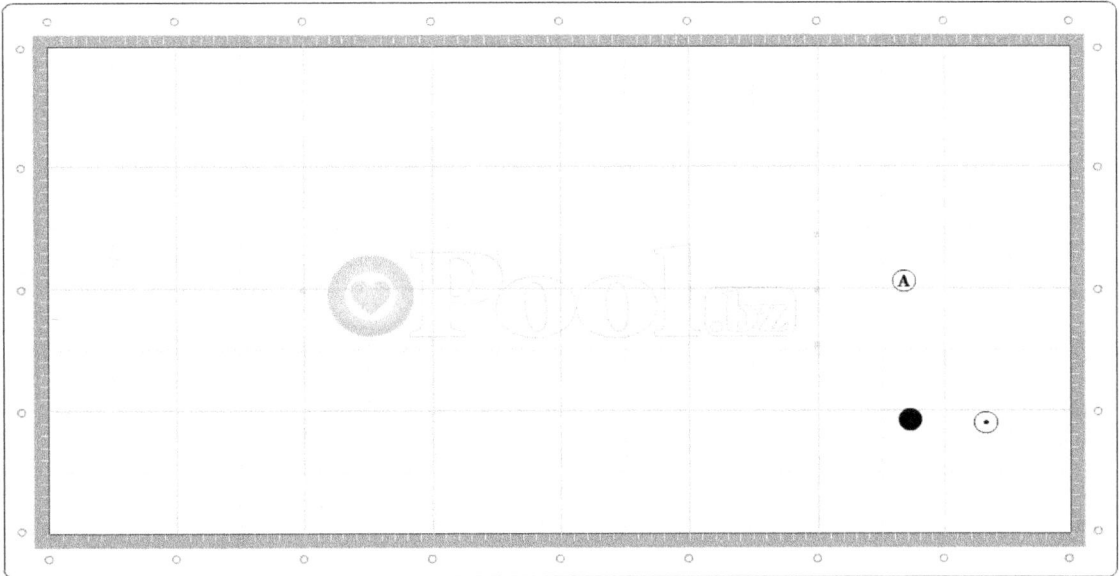

Notas e ideas:

Patrón de disparo

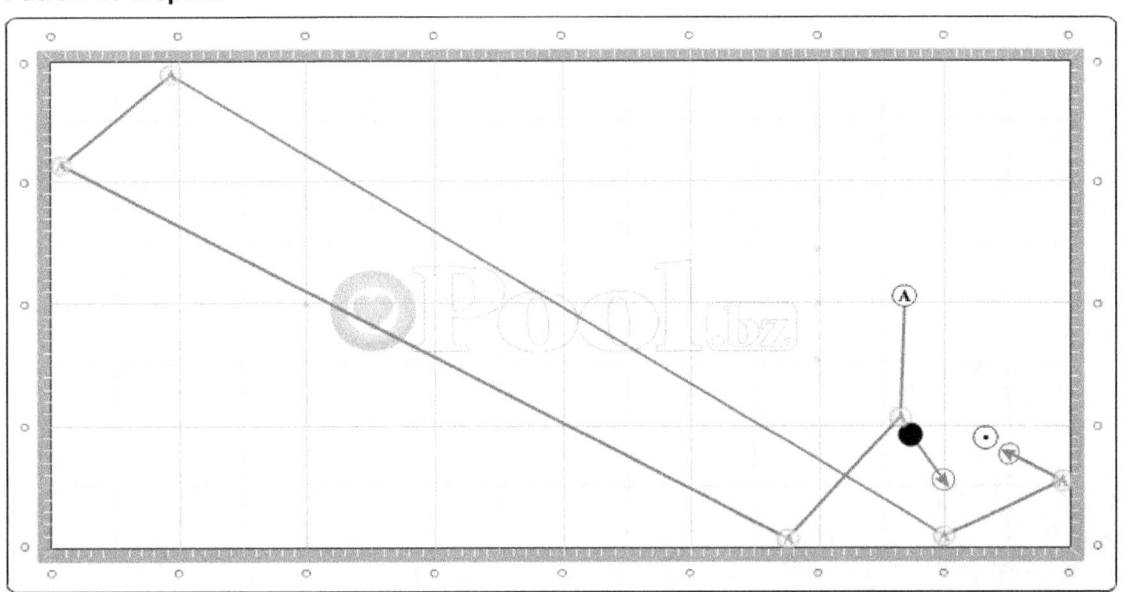

C:5b – Preparar

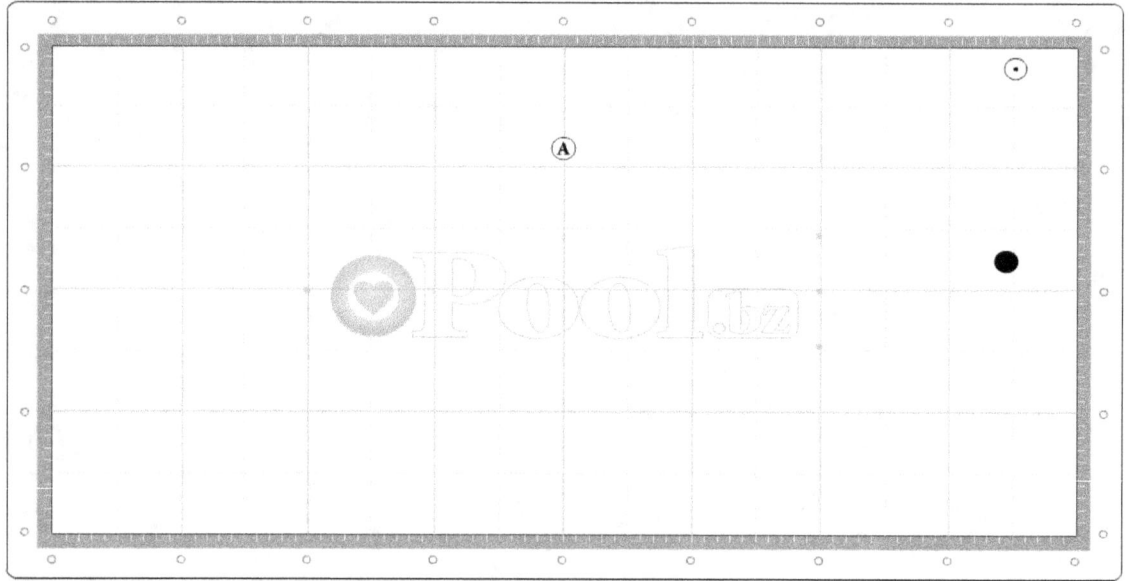

Notas e ideas:

Patrón de disparo

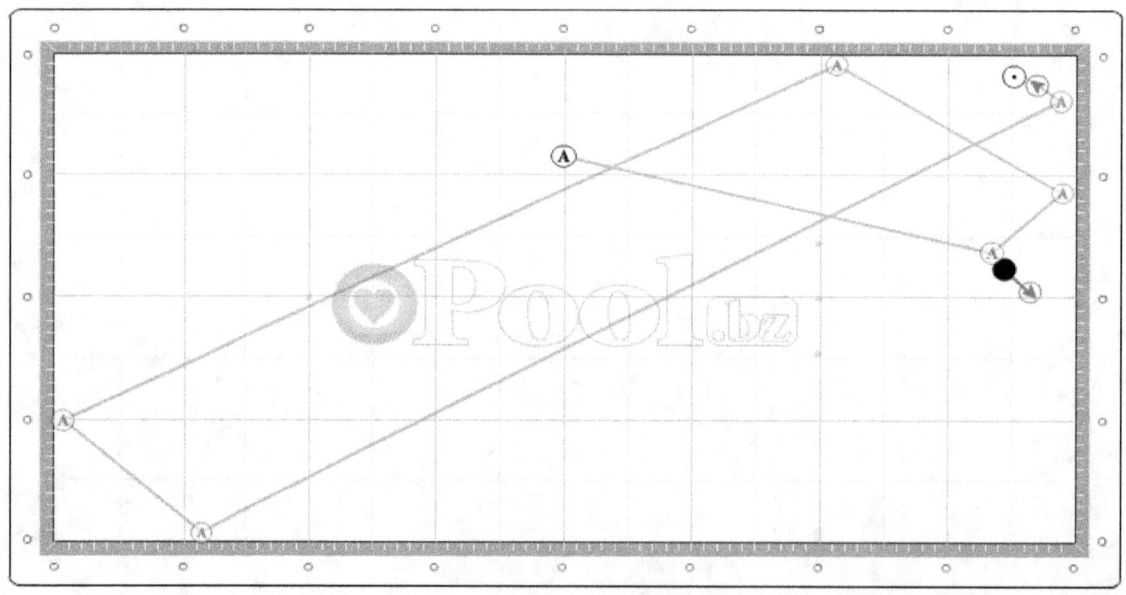

C:5c – Preparar

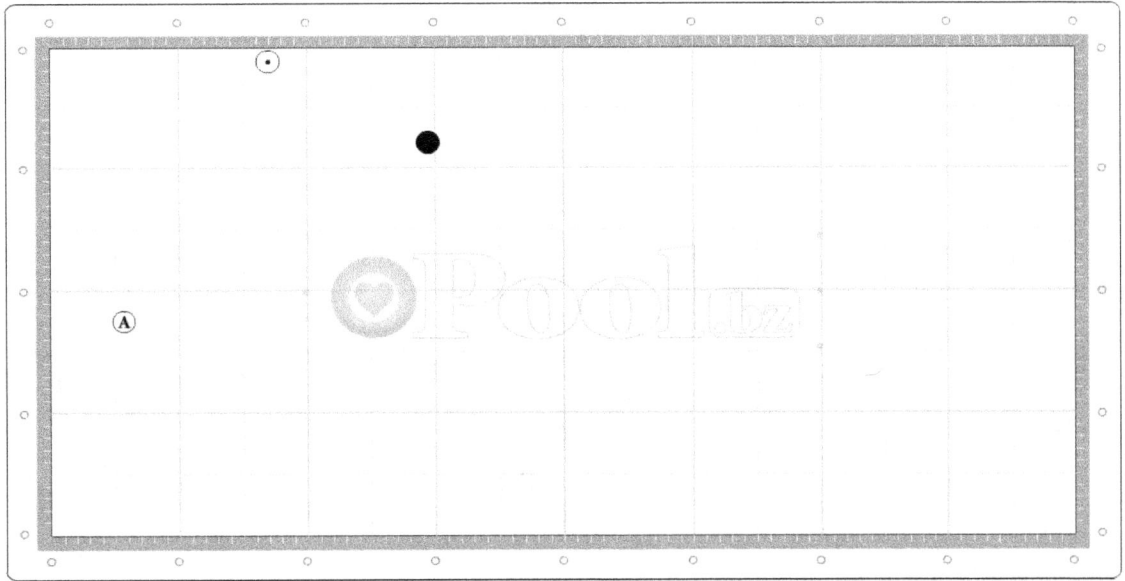

Notas e ideas:

Patrón de disparo

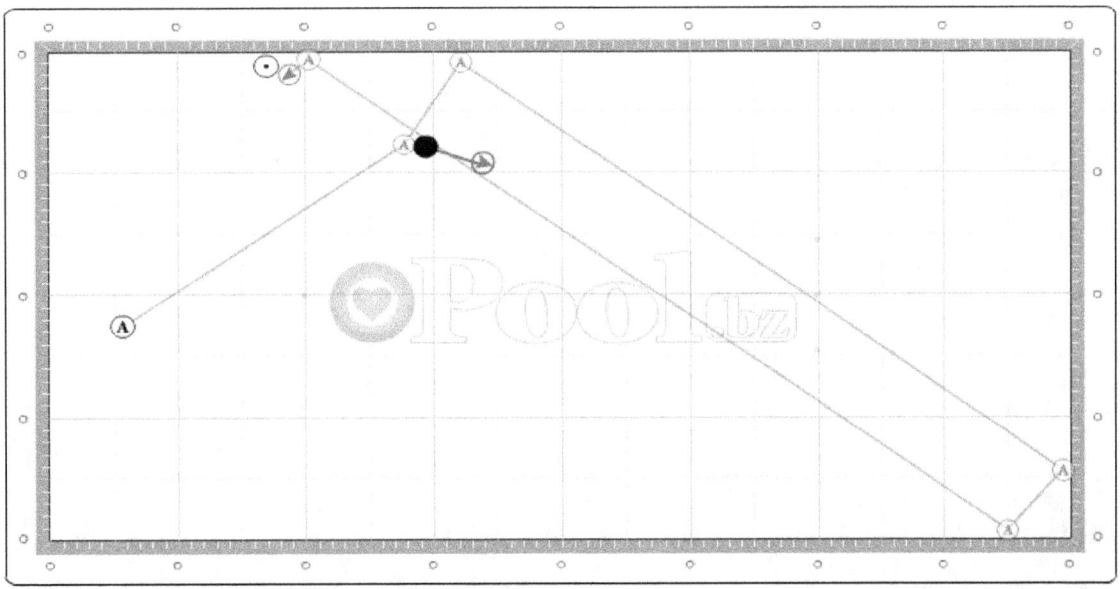

C:5d – Preparar

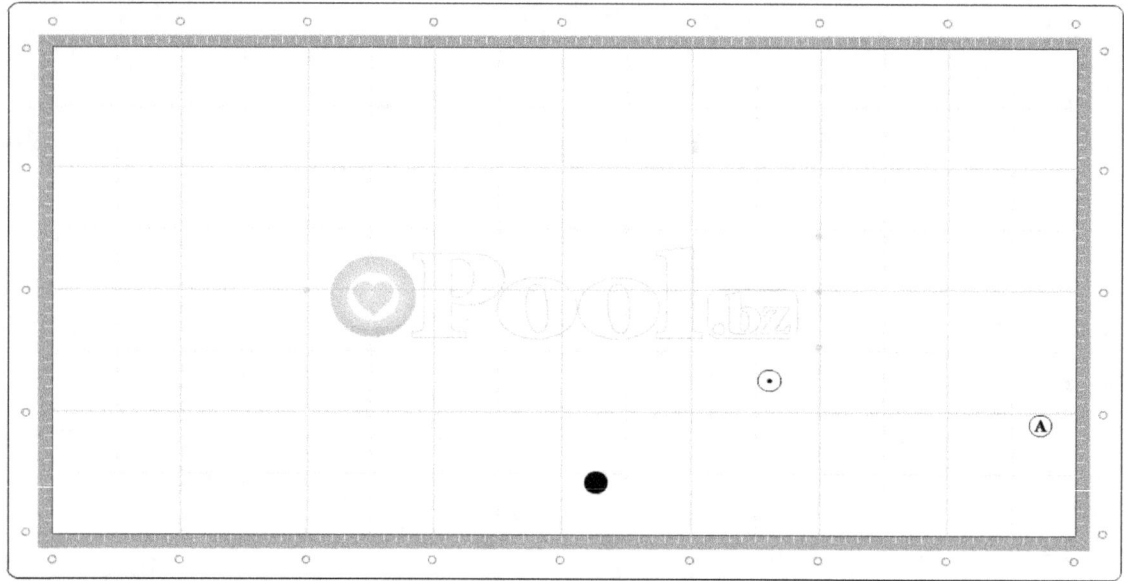

Notas e ideas:

Patrón de disparo

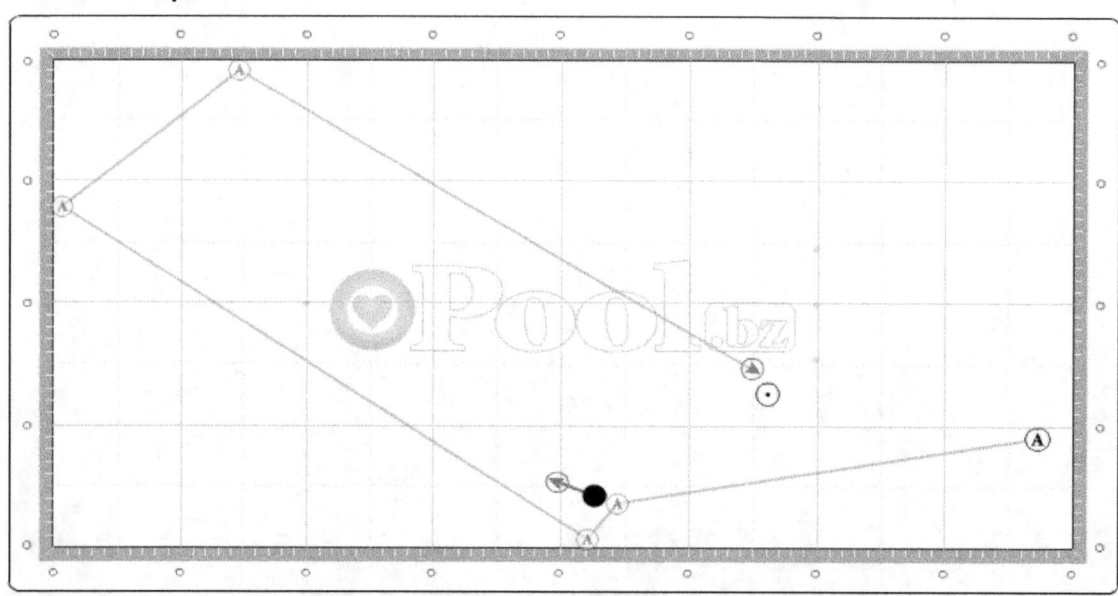

D: Doble diagonal

El (CB) sale del primero (OB) en una de las esquinas. Sale y se dirige a la esquina opuesta. Las rutas entrantes y salientes no son paralelas.

Ⓐ (CB) (su bola de billar) - ◉ (OB) (bola de billar oponente) - ● (OB) (bola de billar roja)

D: Grupo 1

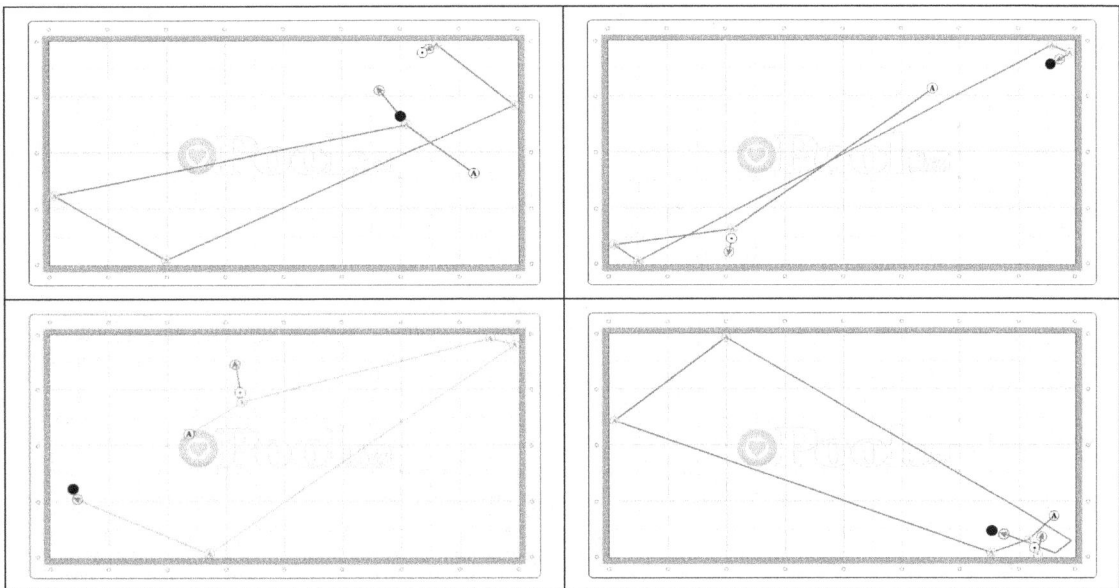

Análisis:

D:1a. _____

D:1b. _____

D:1c. _____

D:1d. _____

D:1a – Preparar

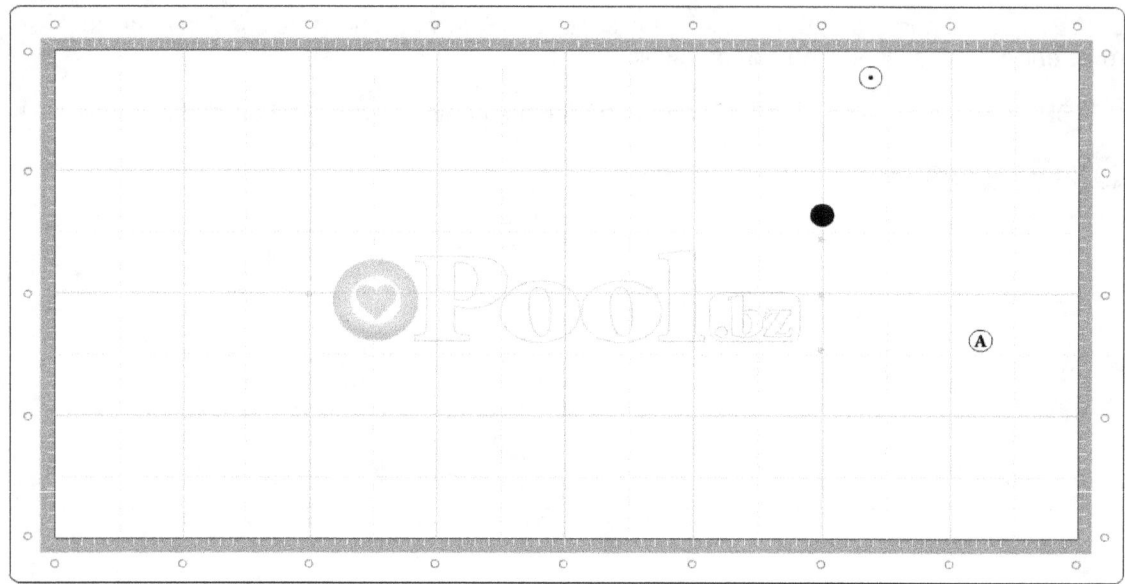

Notas e ideas:

Patrón de disparo

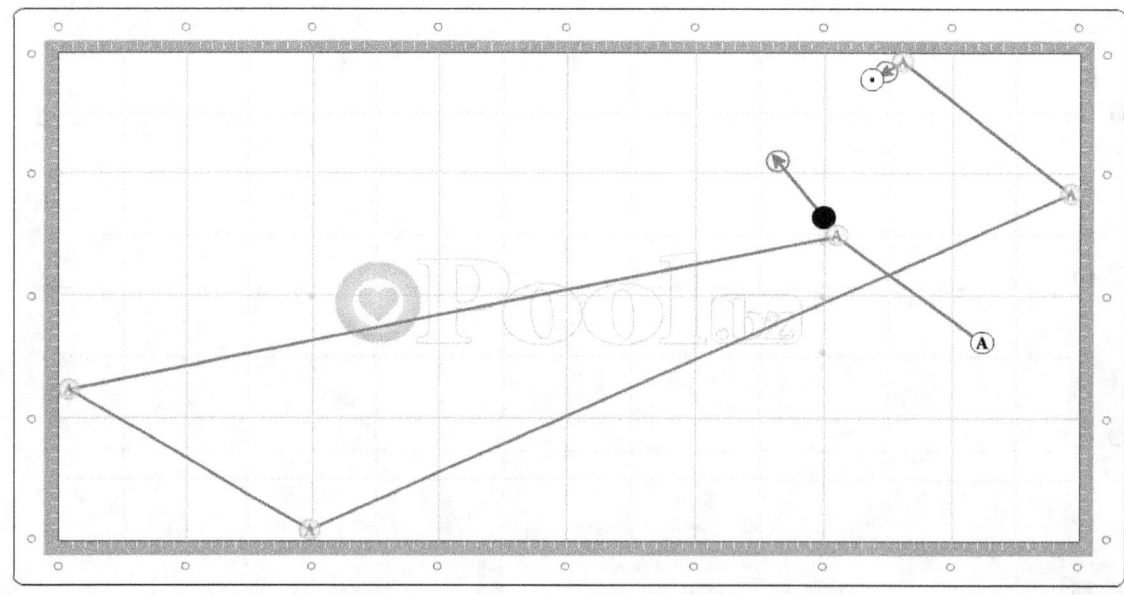

D:1b – Preparar

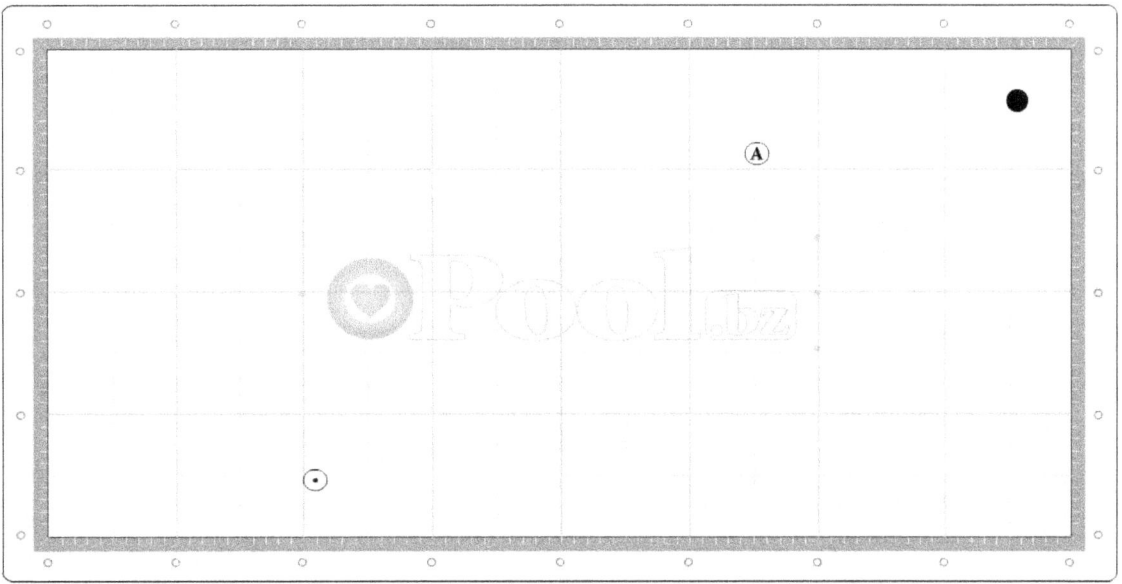

Notas e ideas:

Patrón de disparo

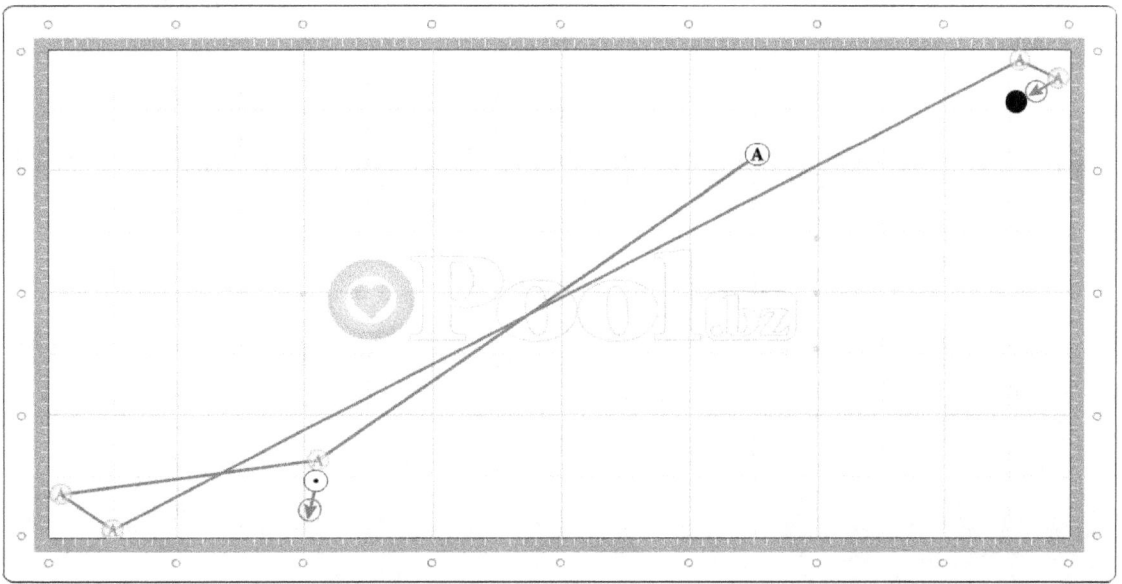

D:1c – Preparar

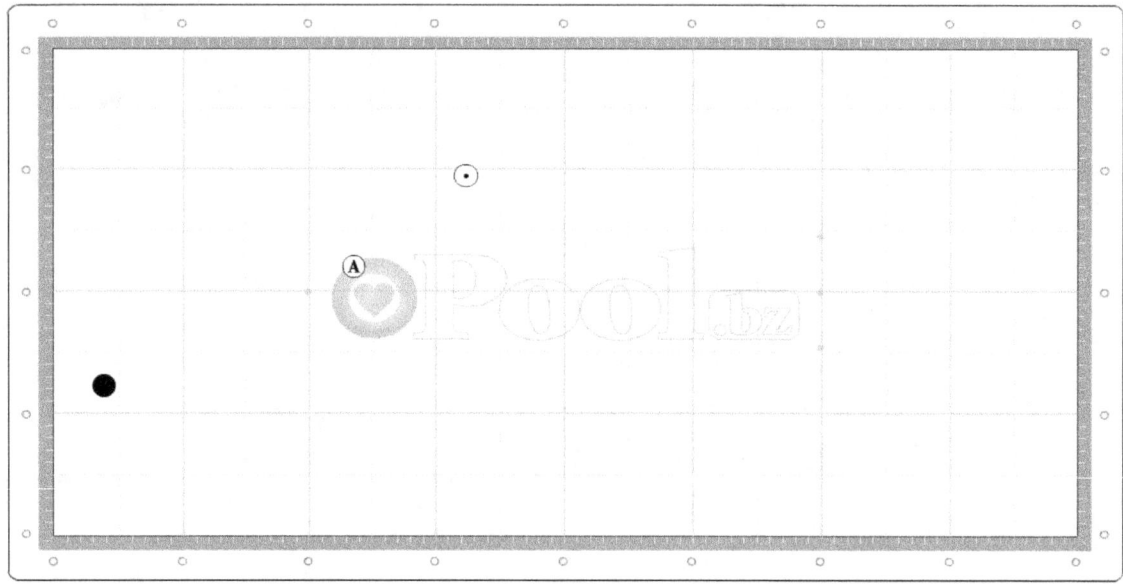

Notas e ideas:

Patrón de disparo

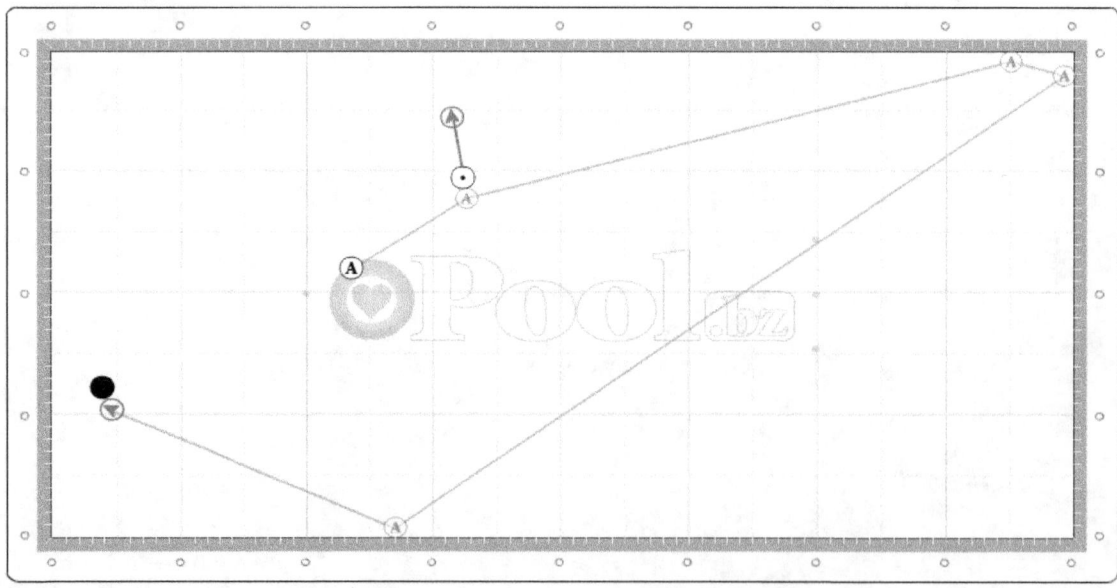

D:1d – Preparar

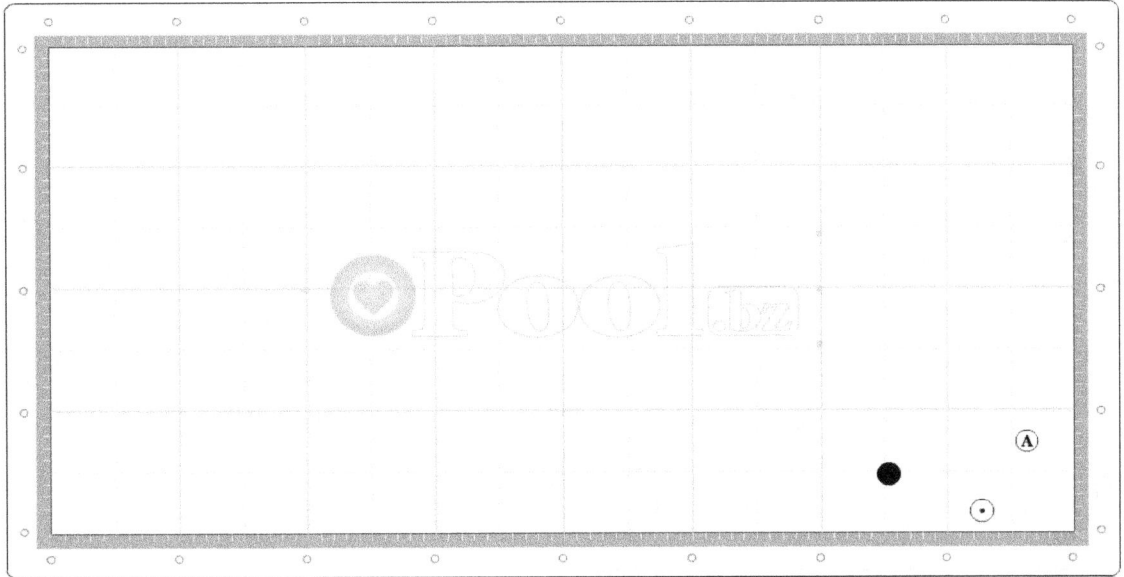

Notas e ideas:

Patrón de disparo

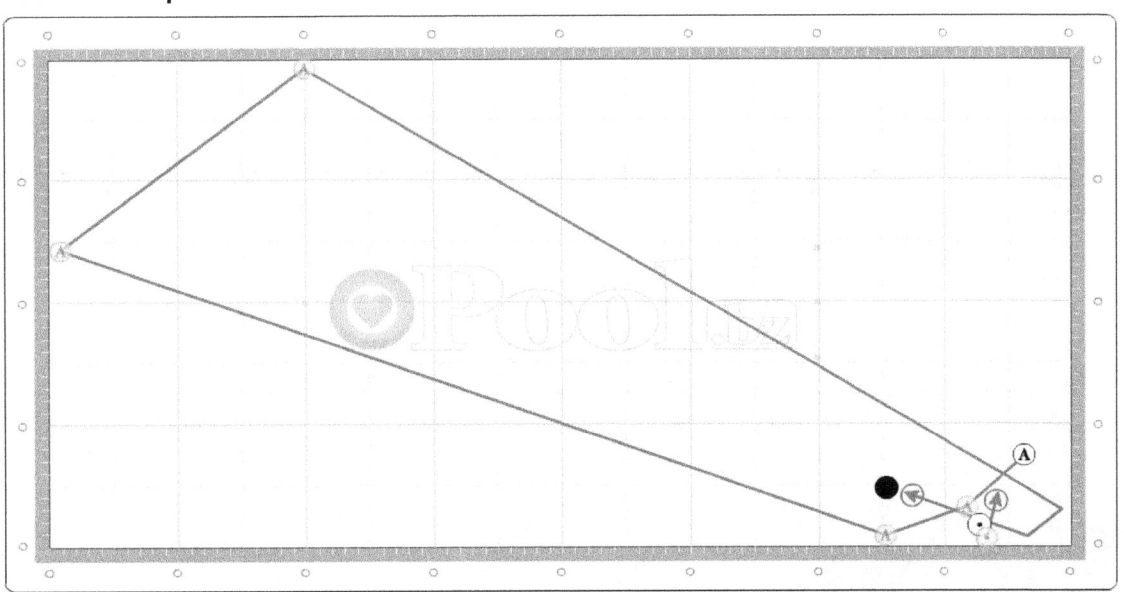

Billar 3 Bandas: Diagonales de esquina

D: Grupo 2

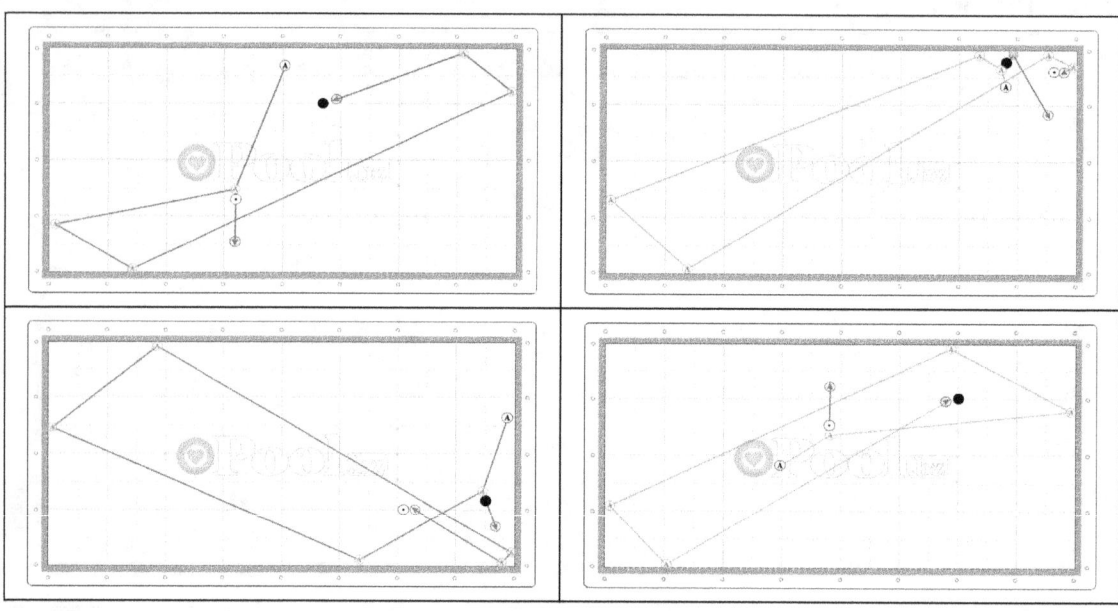

Análisis:

D:2a. _____

D:2b. _____

D:2c. _____

D:2d. _____

D:2a – Preparar

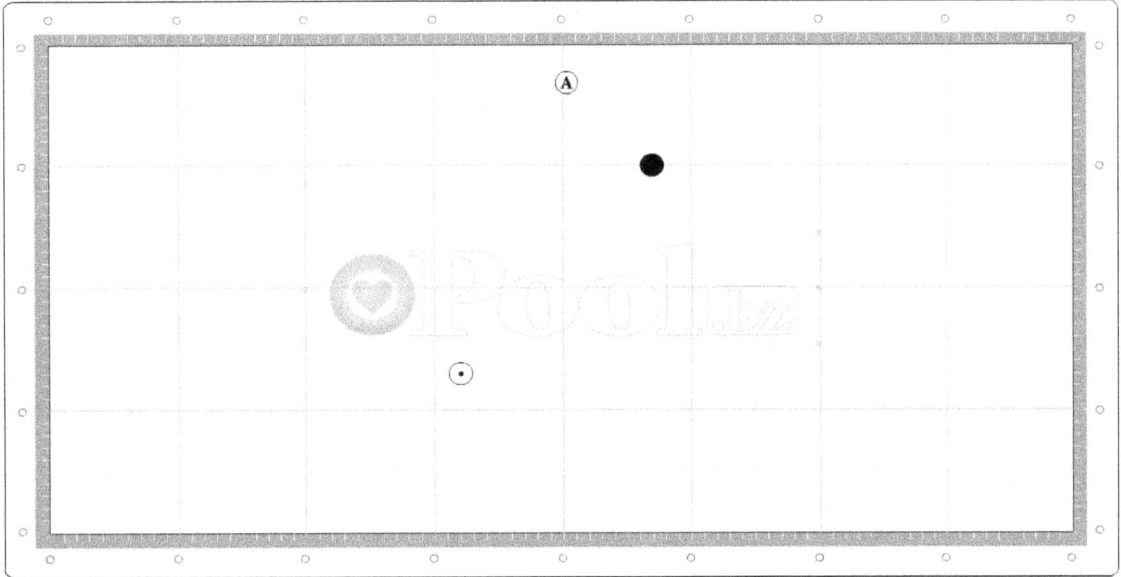

Notas e ideas:

Patrón de disparo

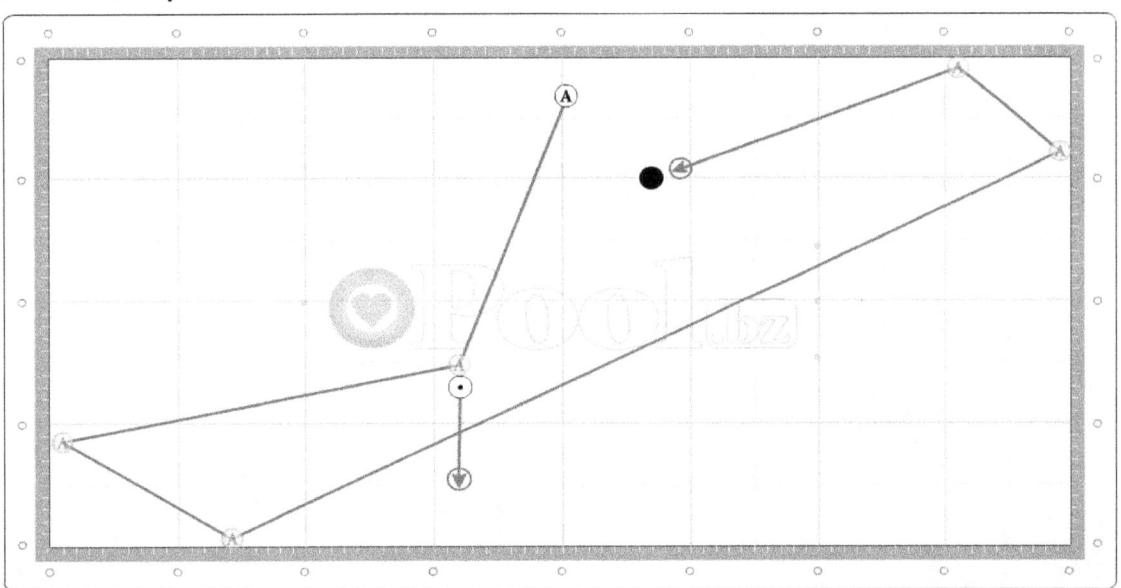

D:2b – Preparar

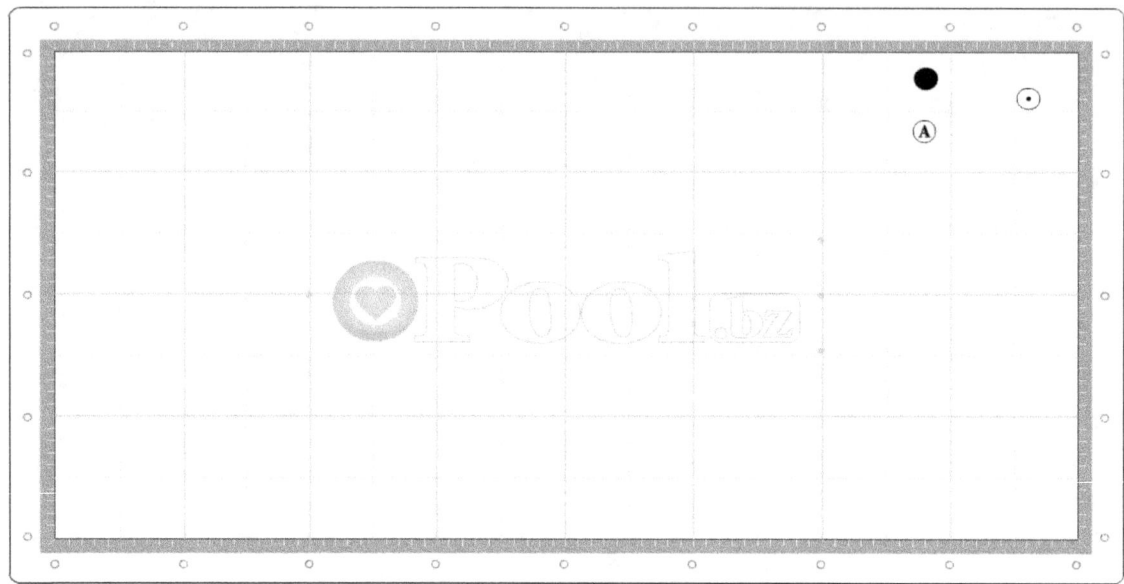

Notas e ideas:

Patrón de disparo

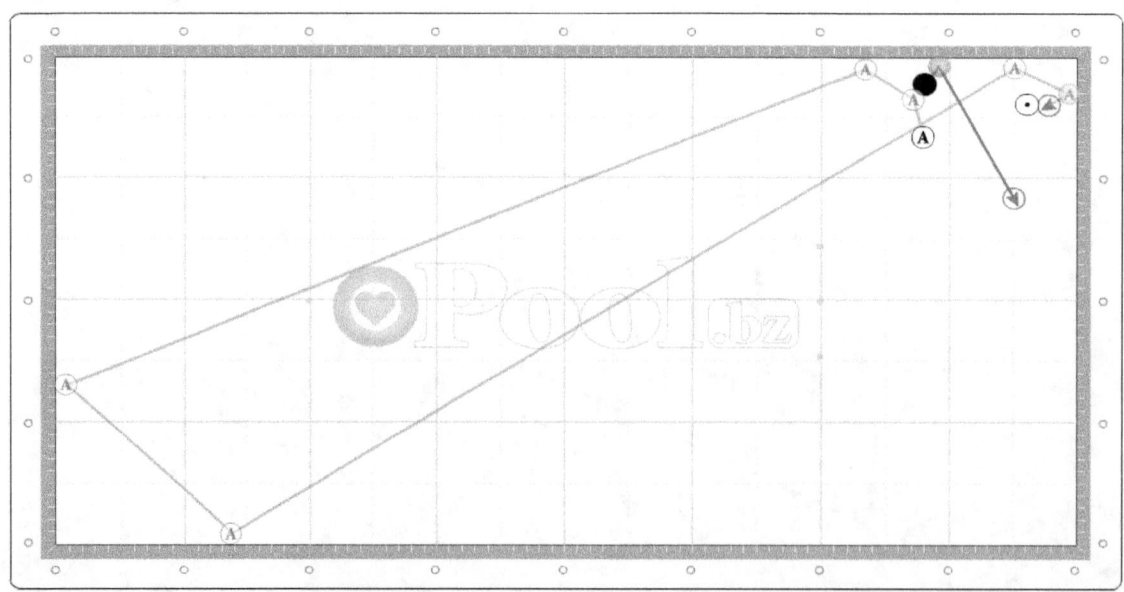

D:2c – Preparar

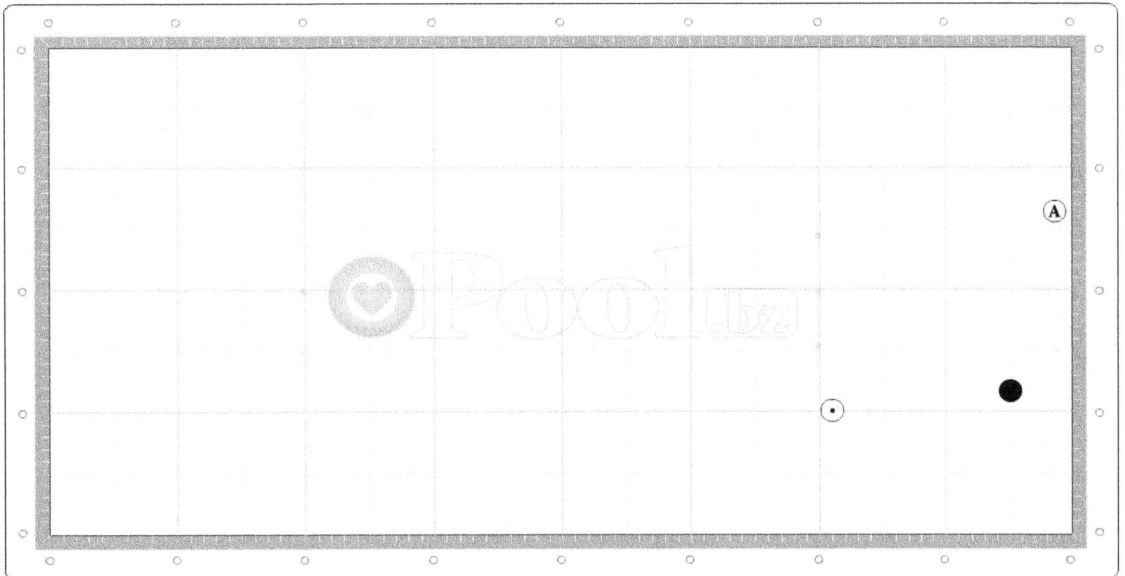

Notas e ideas:

Patrón de disparo

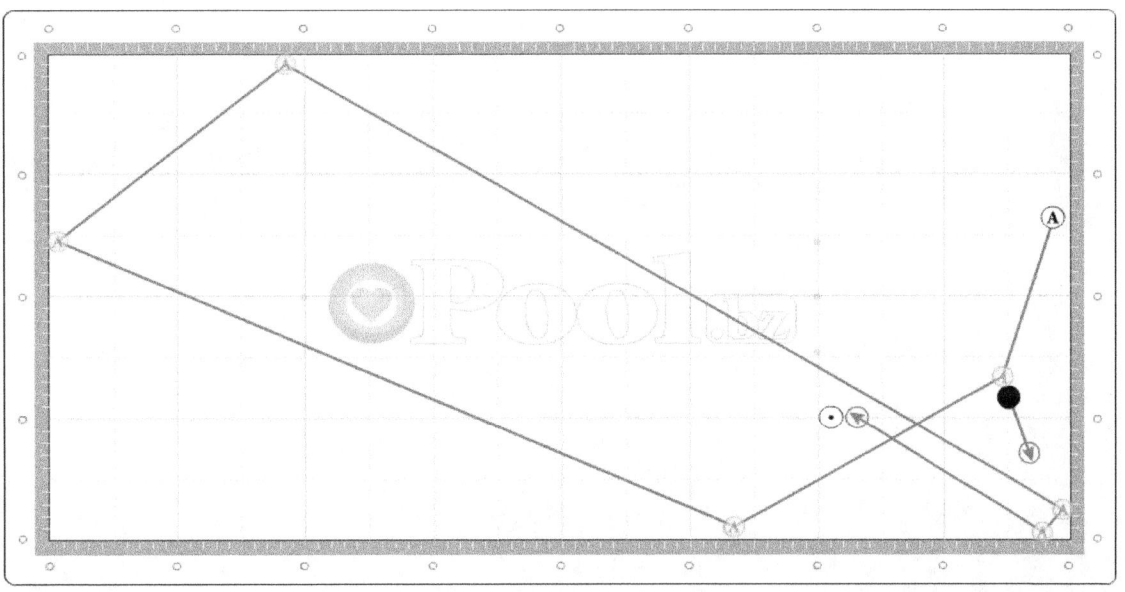

D:2d – Preparar

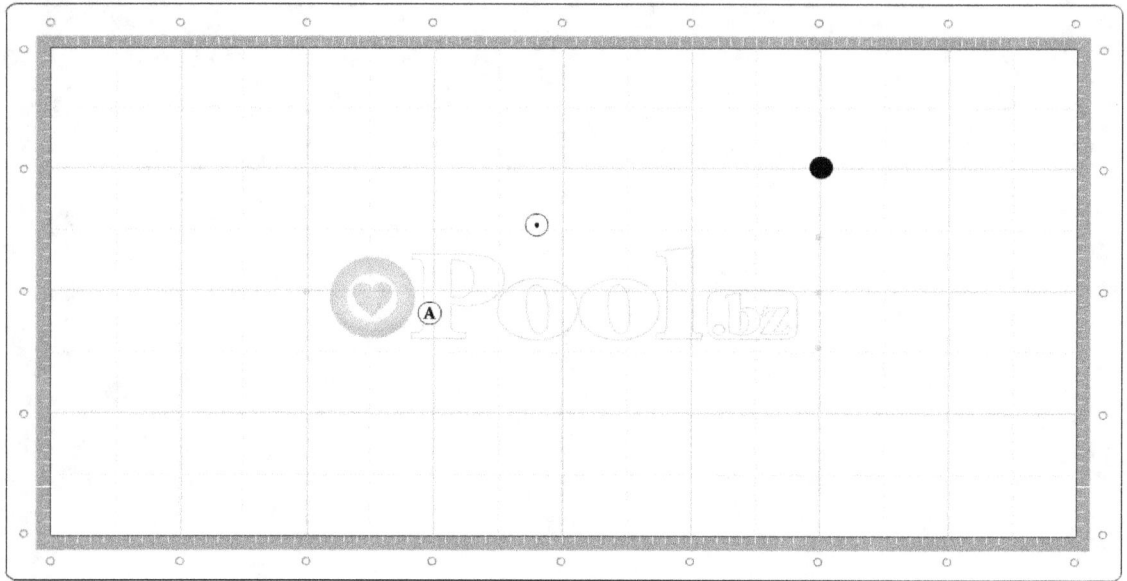

Notas e ideas:

Patrón de disparo

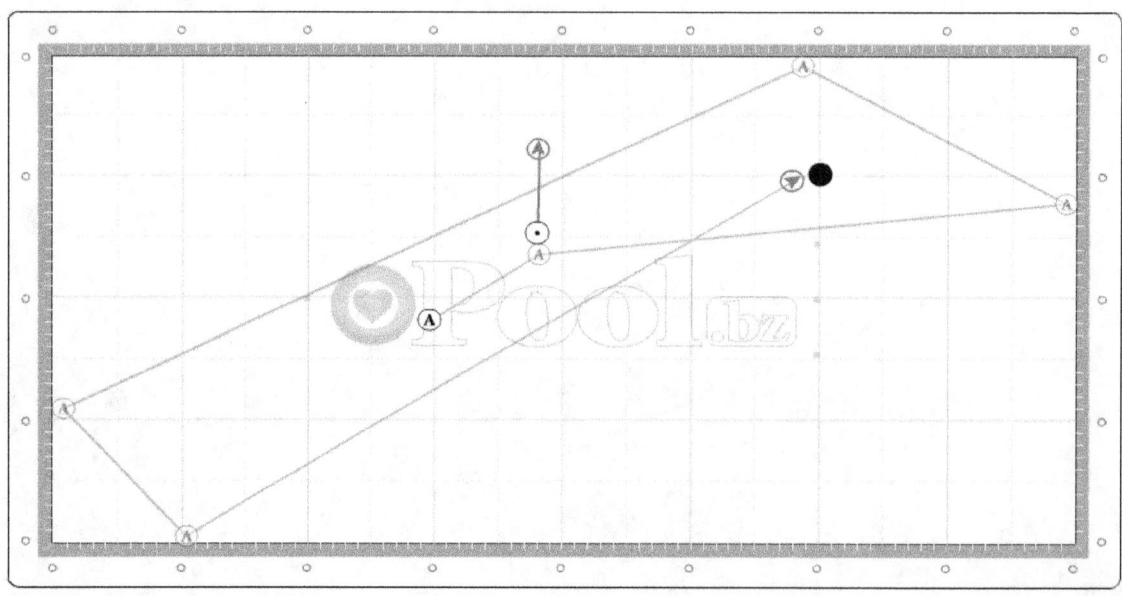

D: Grupo 3

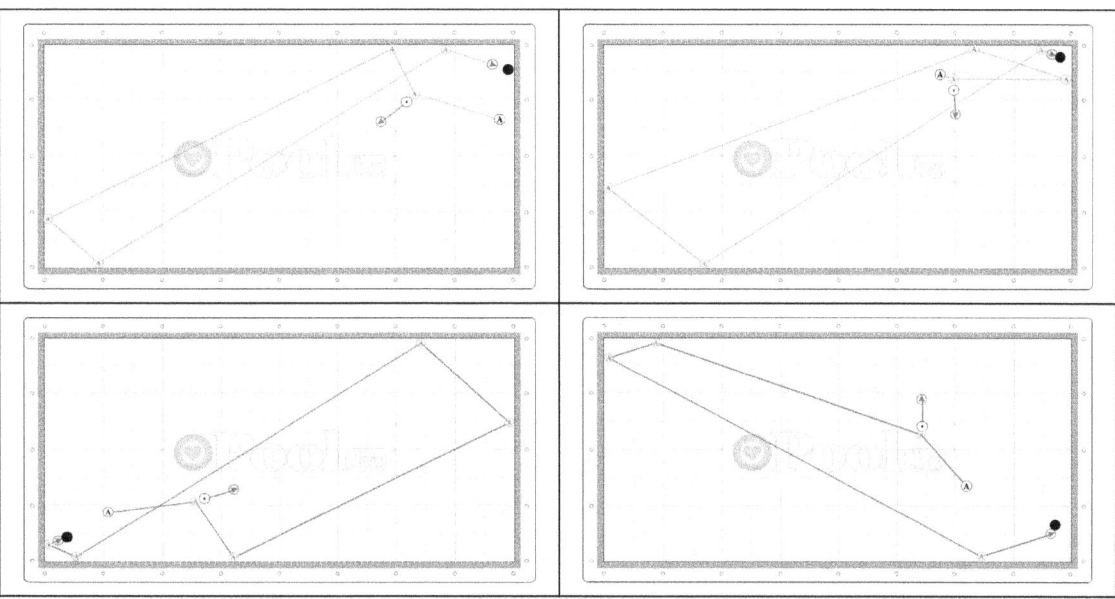

Análisis:

D:3a. _____

D:3b. _____

D:3c. _____

D:3d. _____

D:3a – Preparar

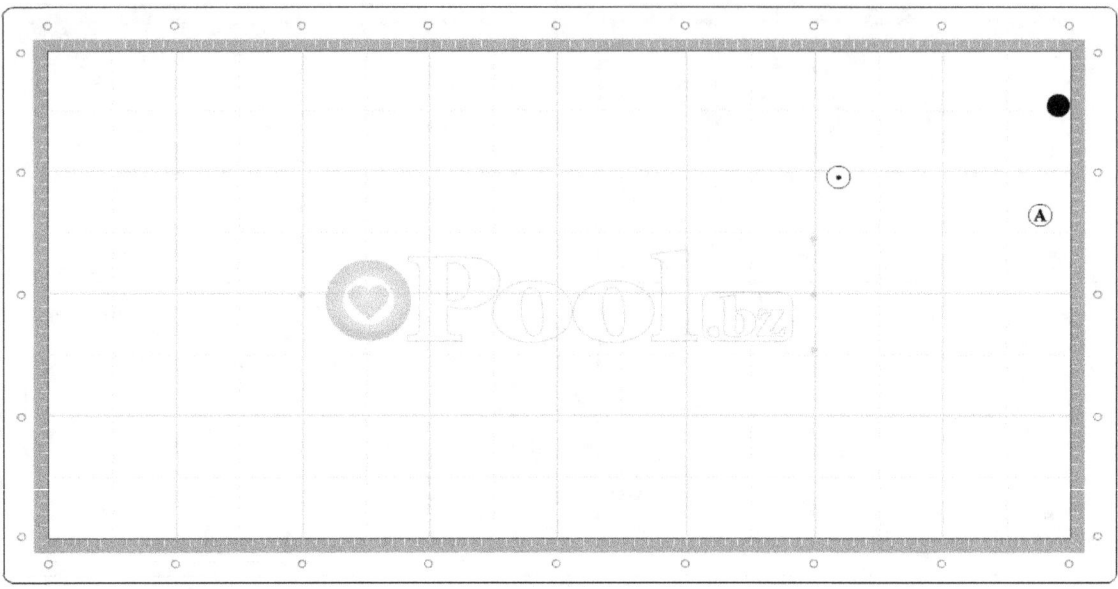

Notas e ideas:

Patrón de disparo

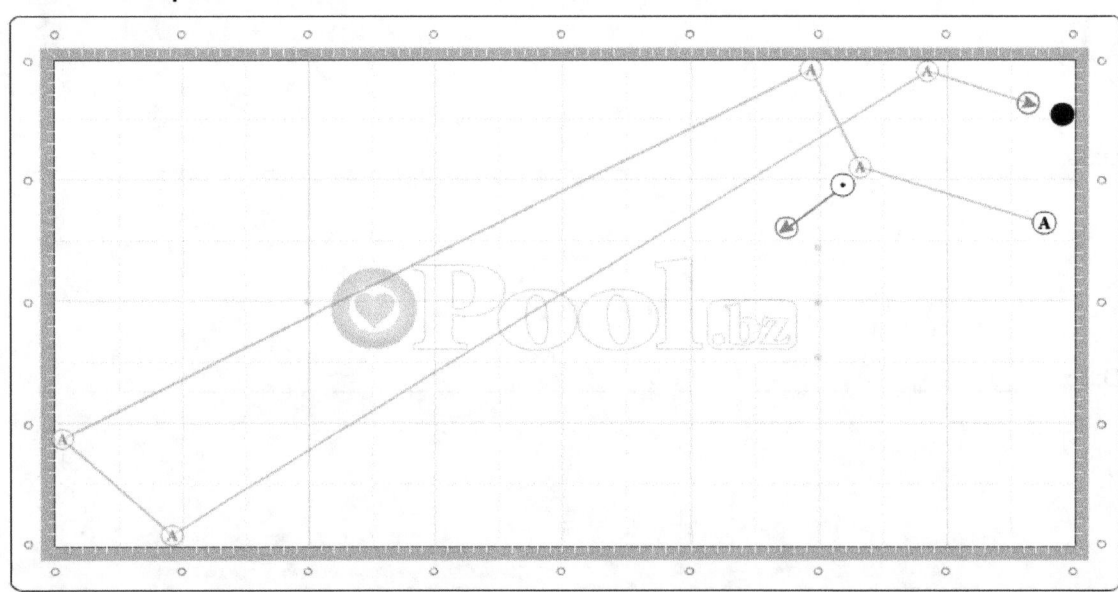

D:3b – Preparar

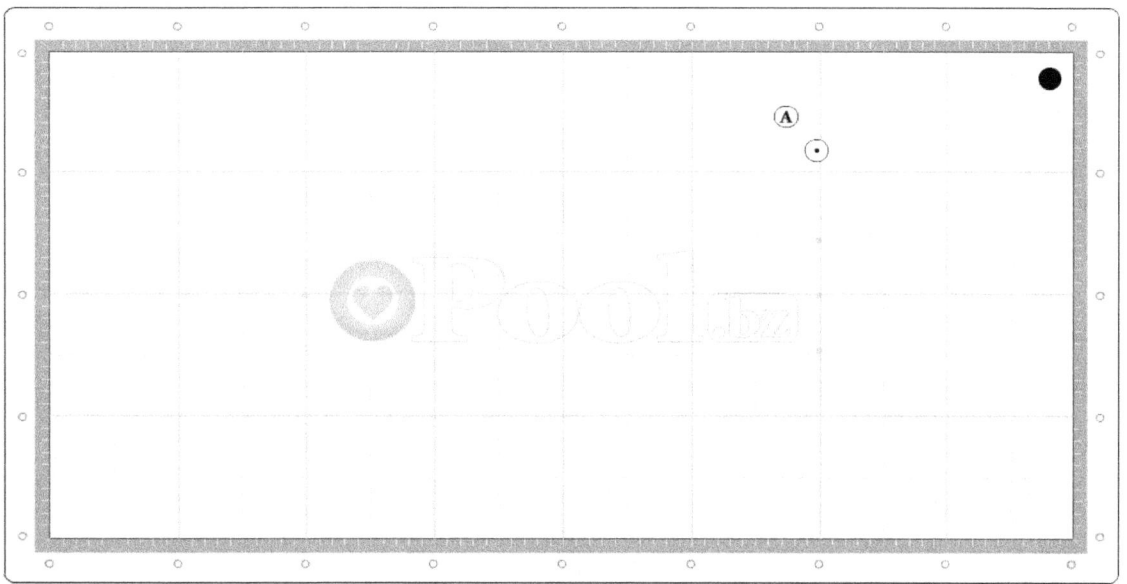

Notas e ideas:

Patrón de disparo

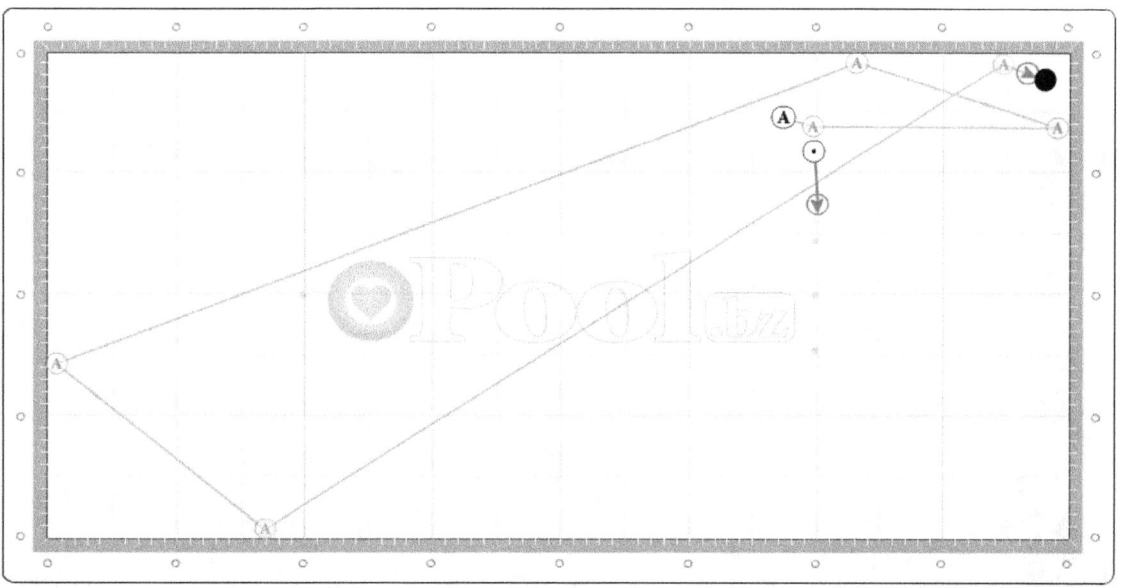

D:3c – Preparar

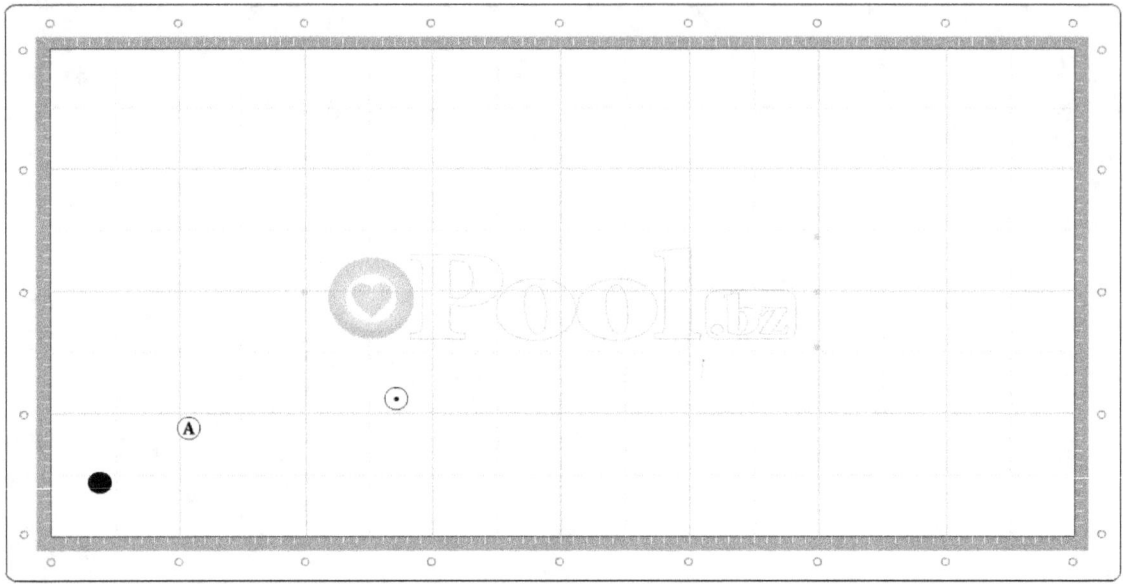

Notas e ideas:

Patrón de disparo

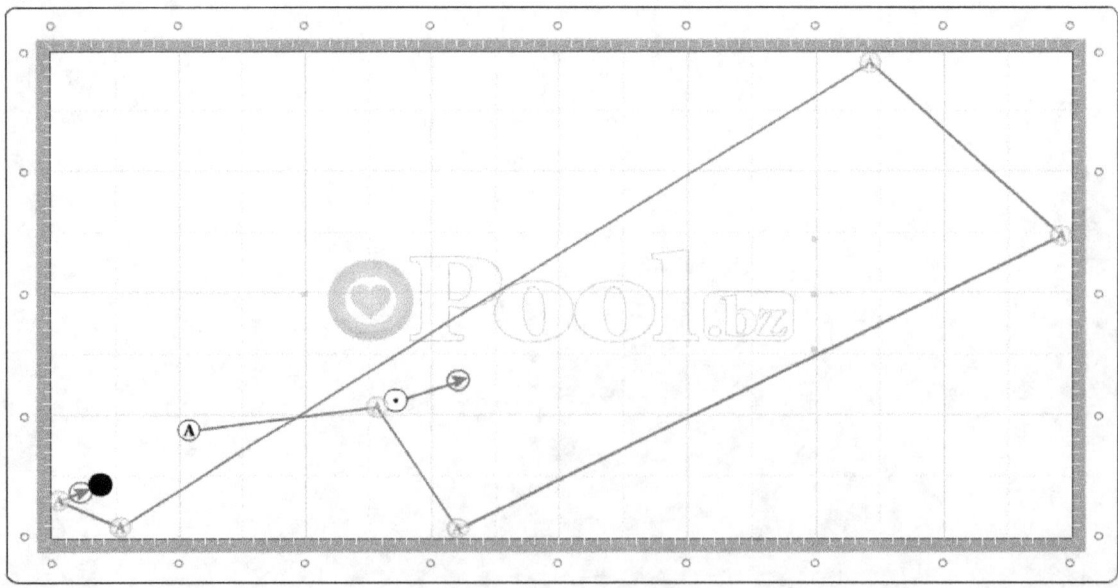

D:3d – Preparar

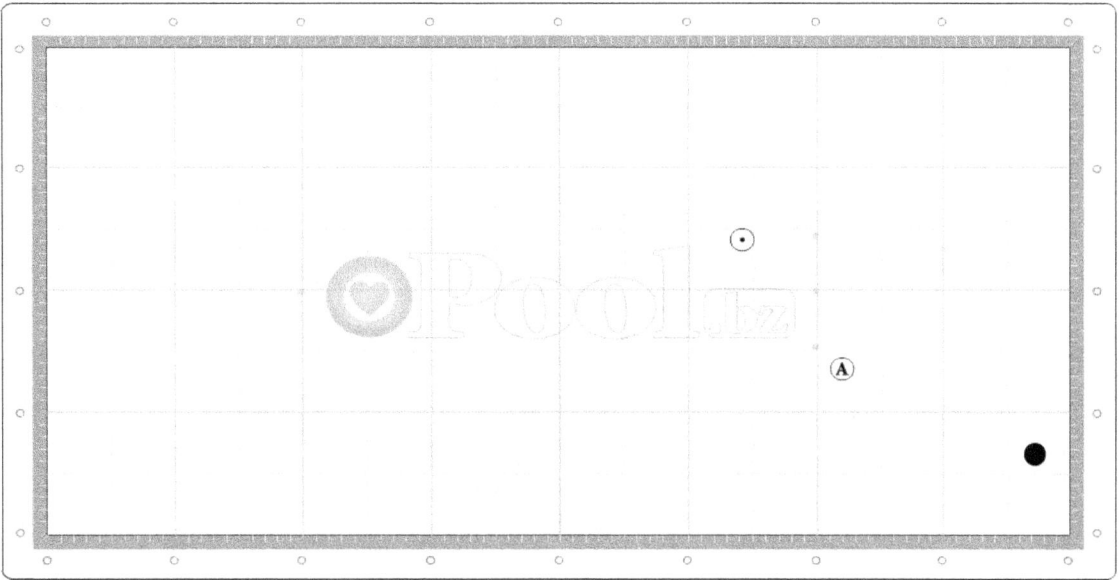

Notas e ideas:

Patrón de disparo

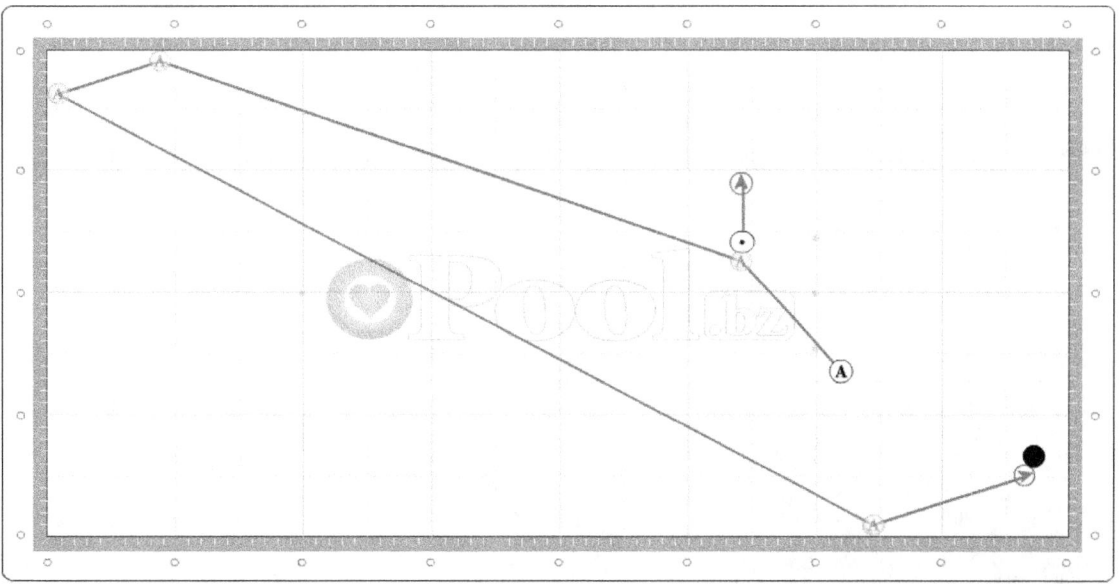

D: Grupo 4

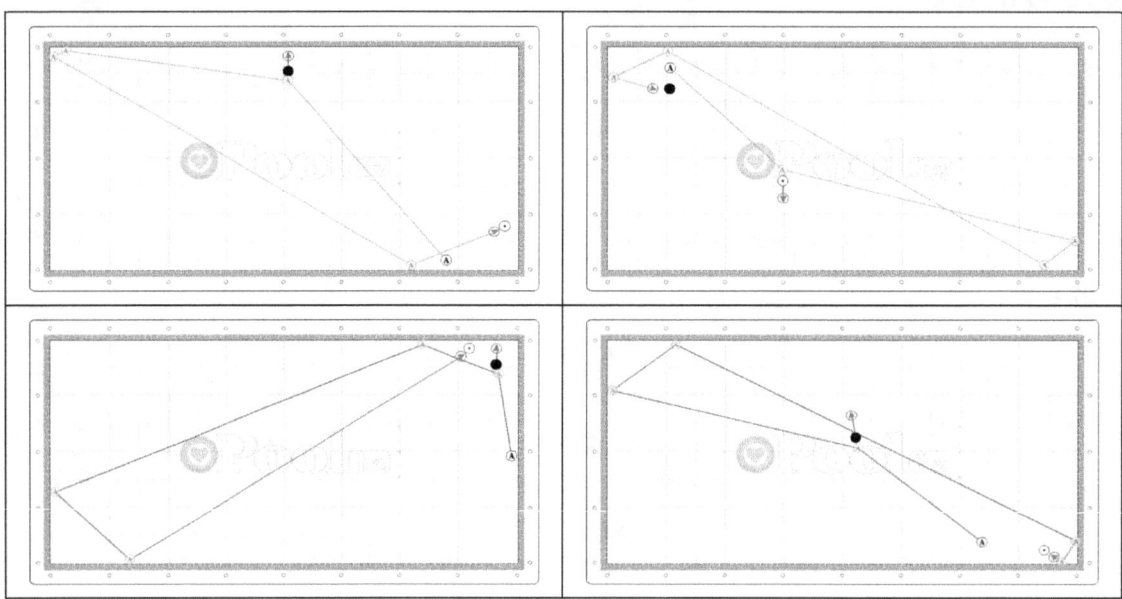

Análisis:

D:4a. _____

D:4b. _____

D:4c. _____

D:4d. _____

D:4a – Preparar

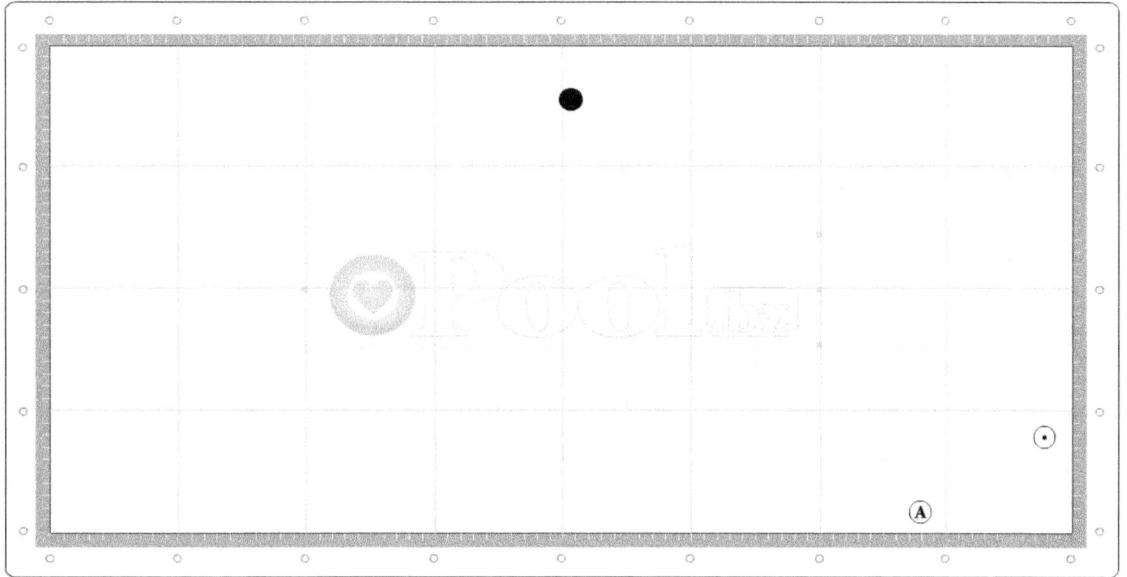

Notas e ideas:

Patrón de disparo

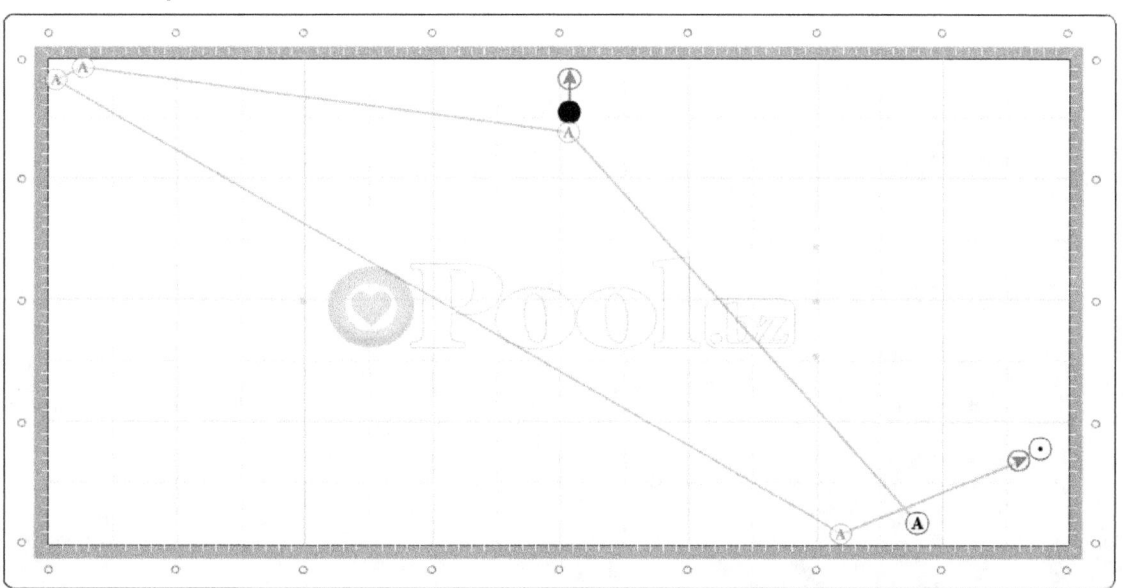

D:4b – Preparar

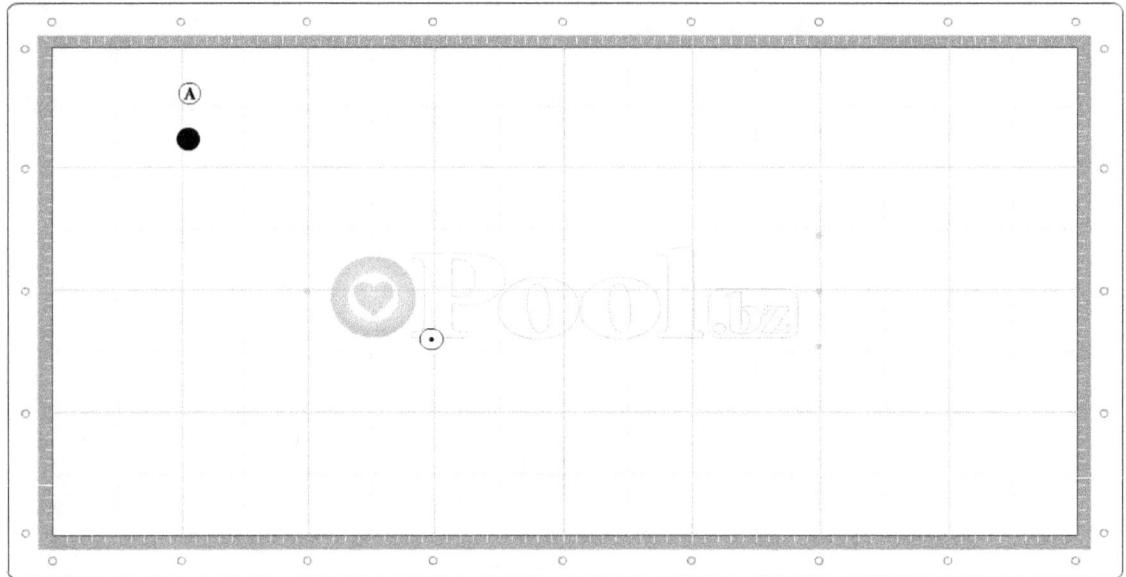

Notas e ideas:

Patrón de disparo

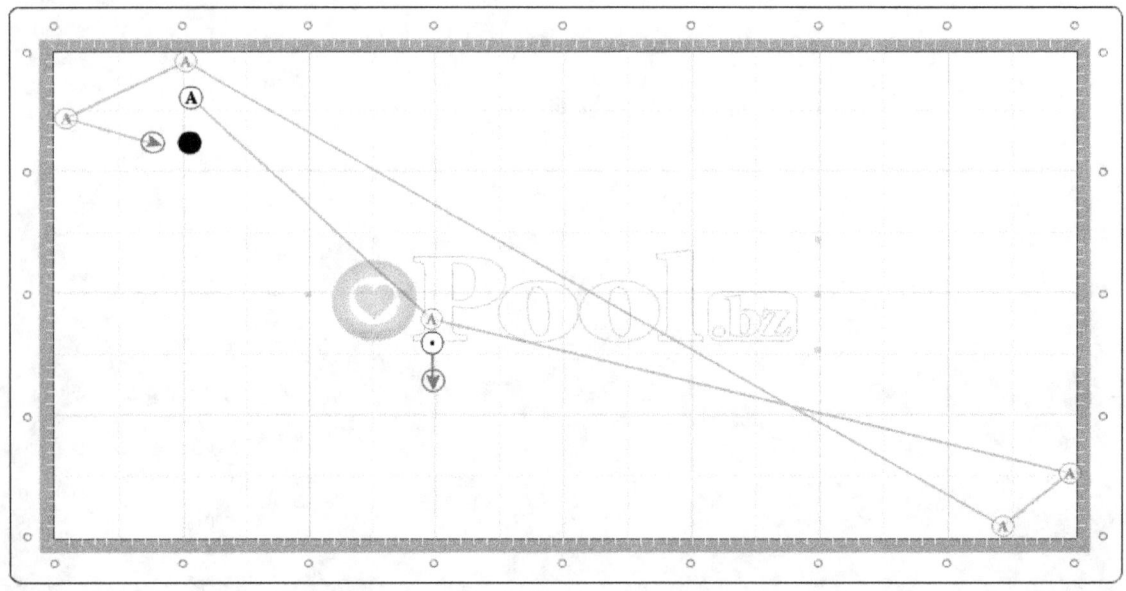

D:4c – Preparar

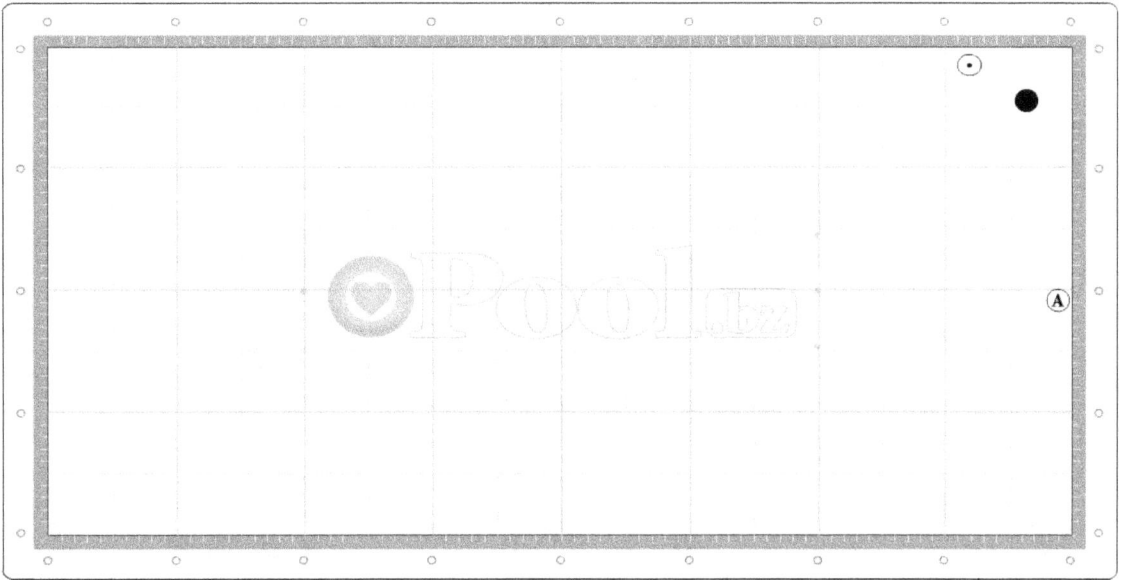

Notas e ideas:

Patrón de disparo

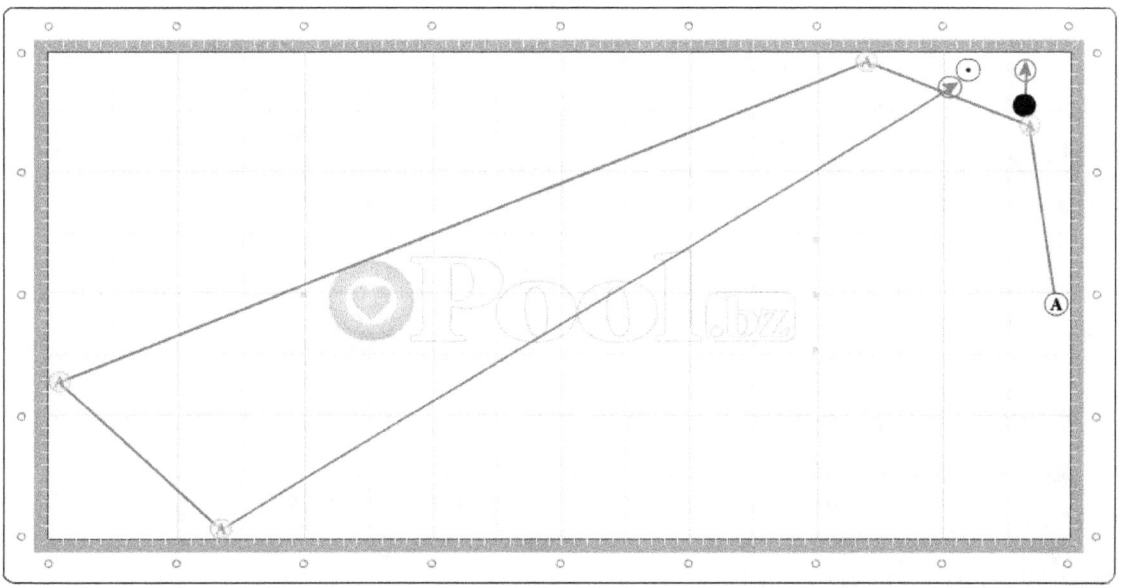

D:4d – Preparar

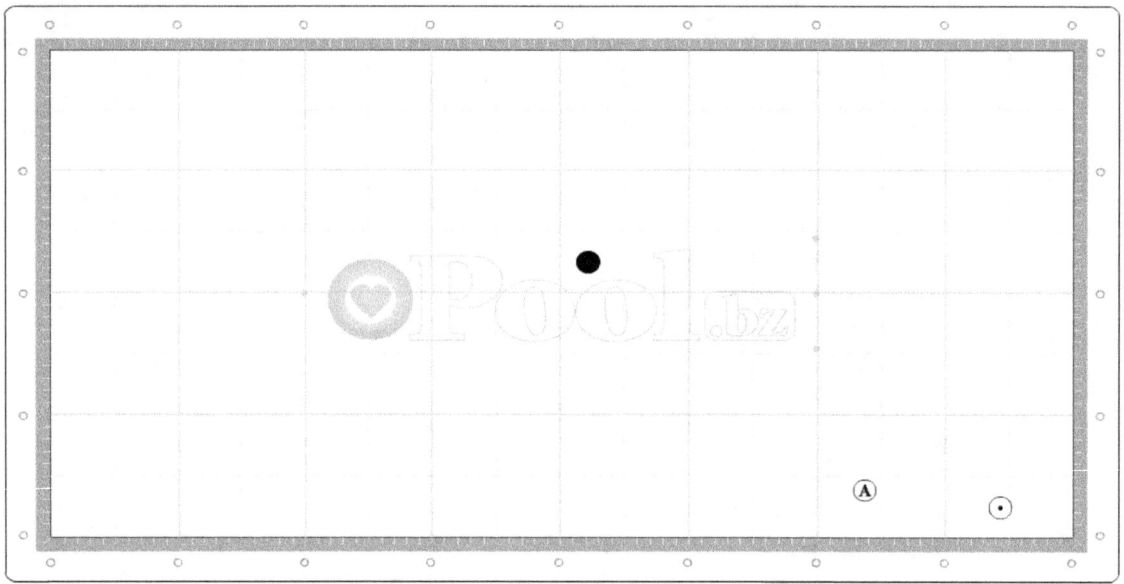

Notas e ideas:

Patrón de disparo

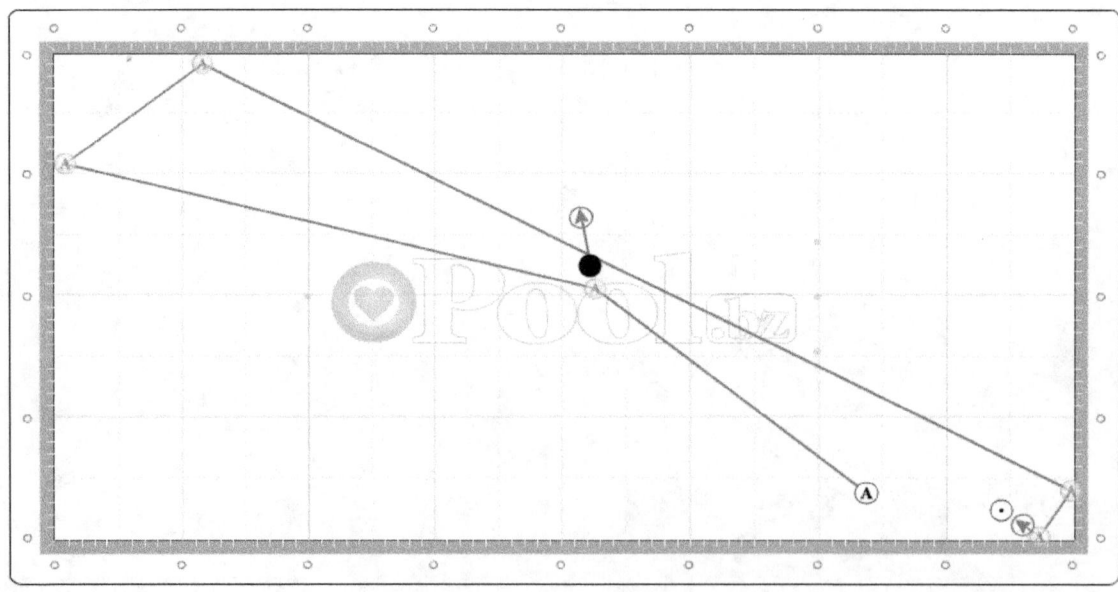

D: Grupo 5

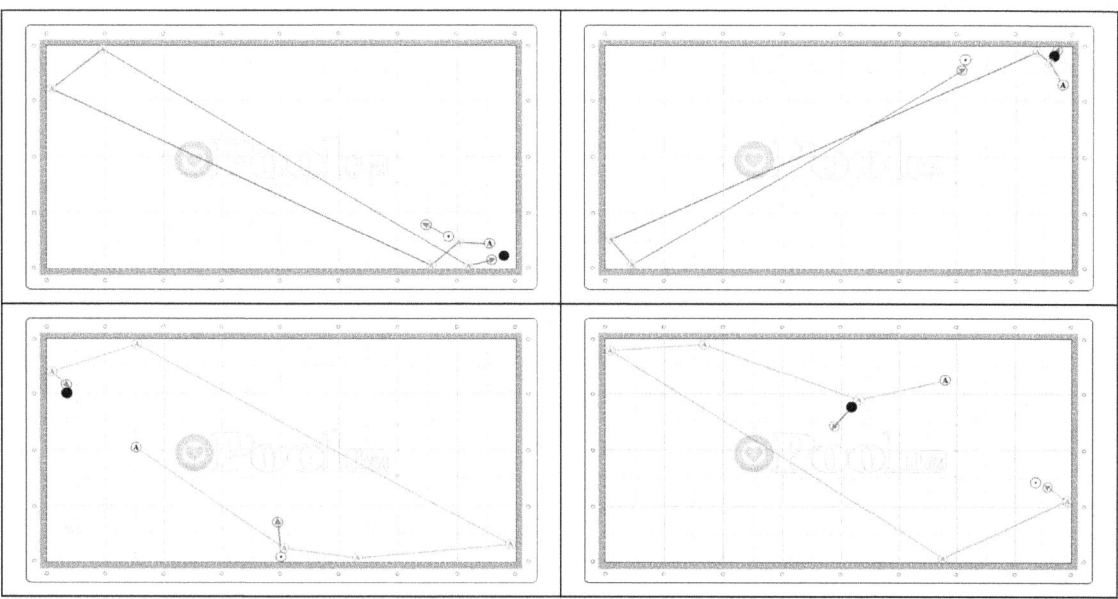

Análisis:

D:5a. _____

D:5b. _____

D:5c. _____

D:5d. _____

D:5a – Preparar

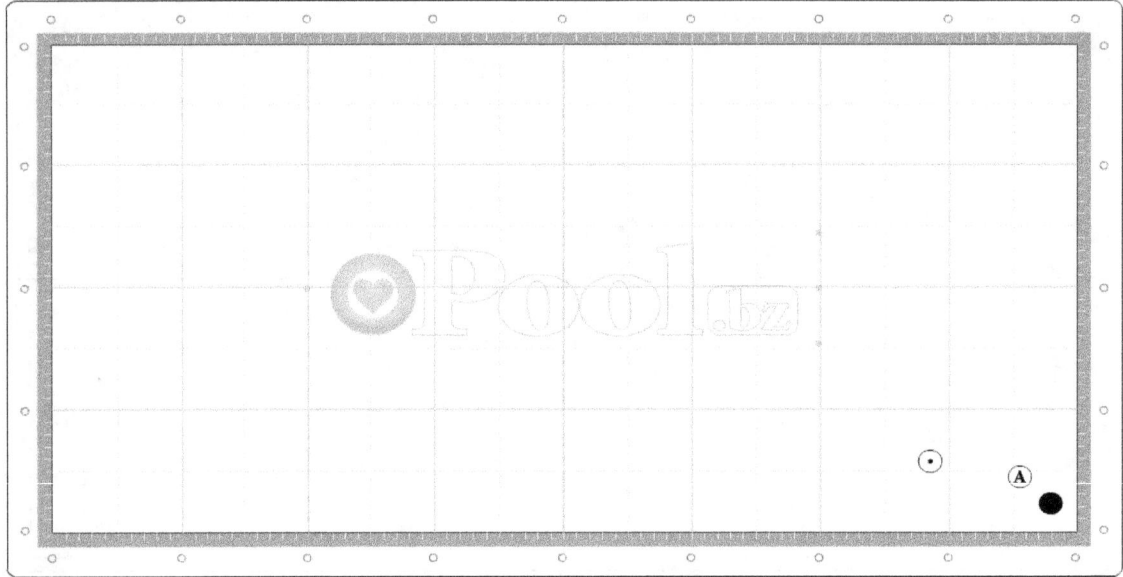

Notas e ideas:

Patrón de disparo

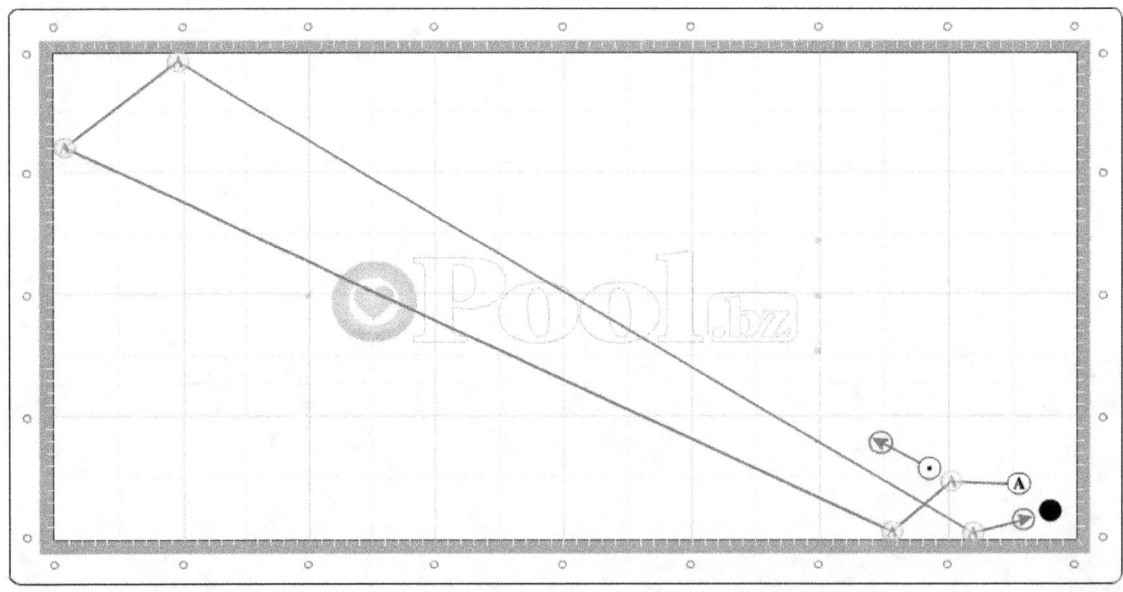

D:5b – Preparar

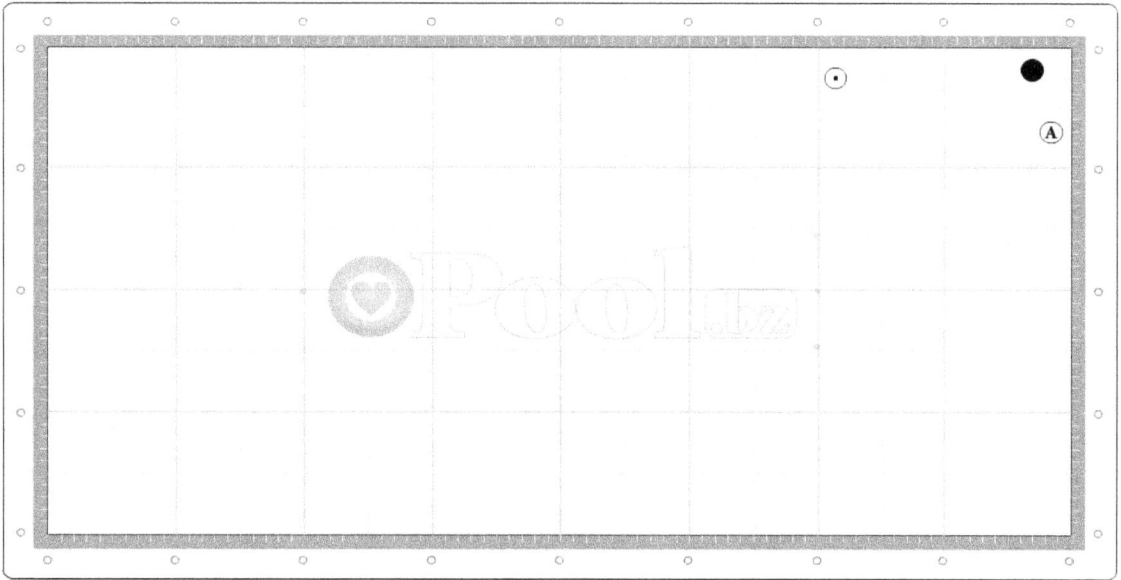

Notas e ideas:

Patrón de disparo

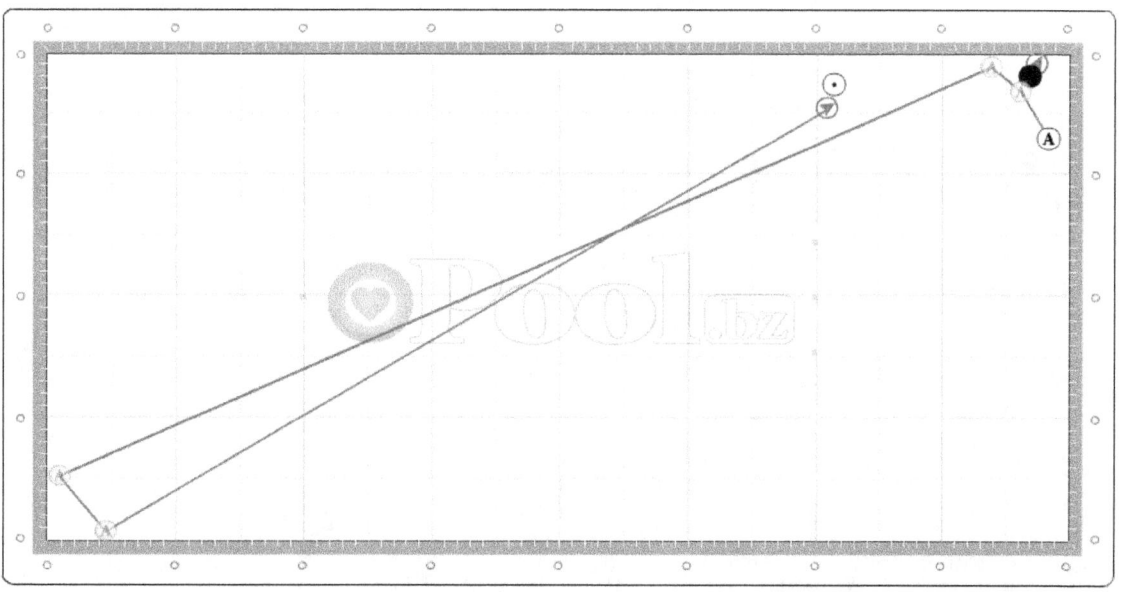

D:5c – Preparar

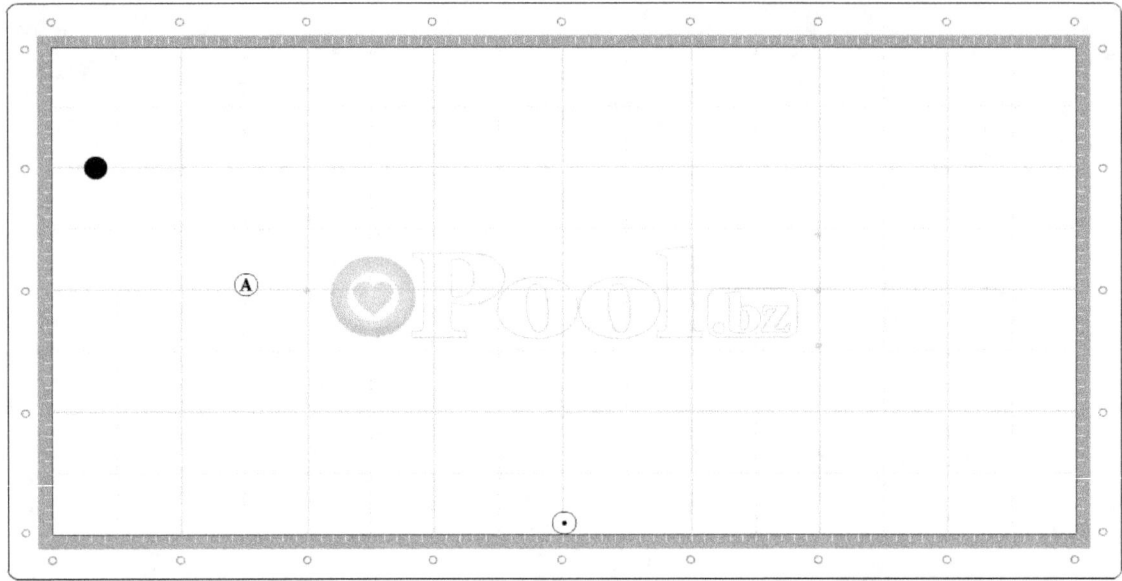

Notas e ideas:

Patrón de disparo

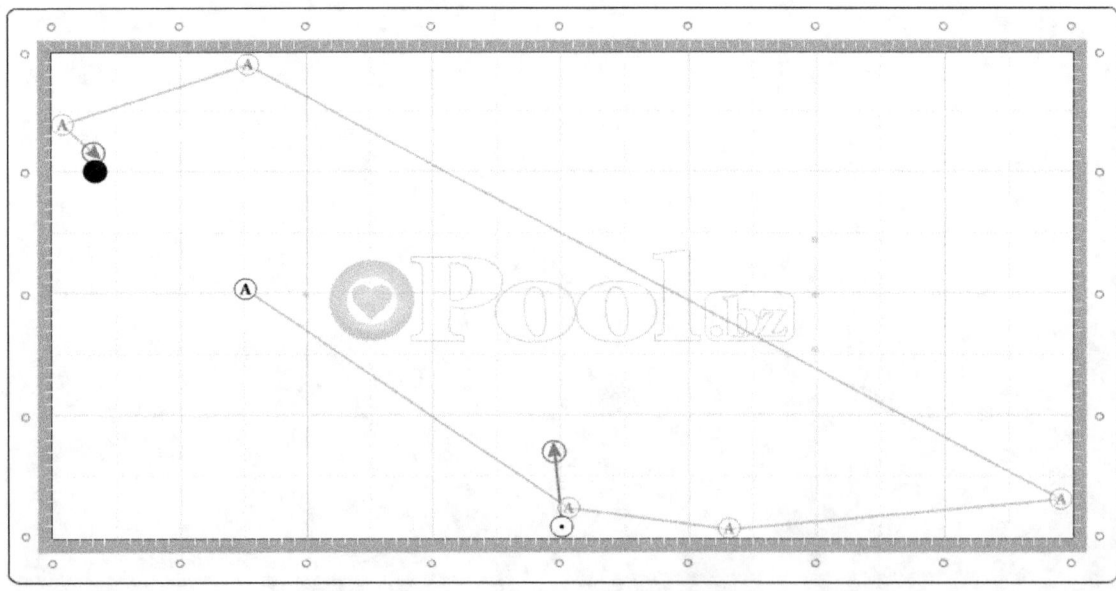

D:5d – Preparar

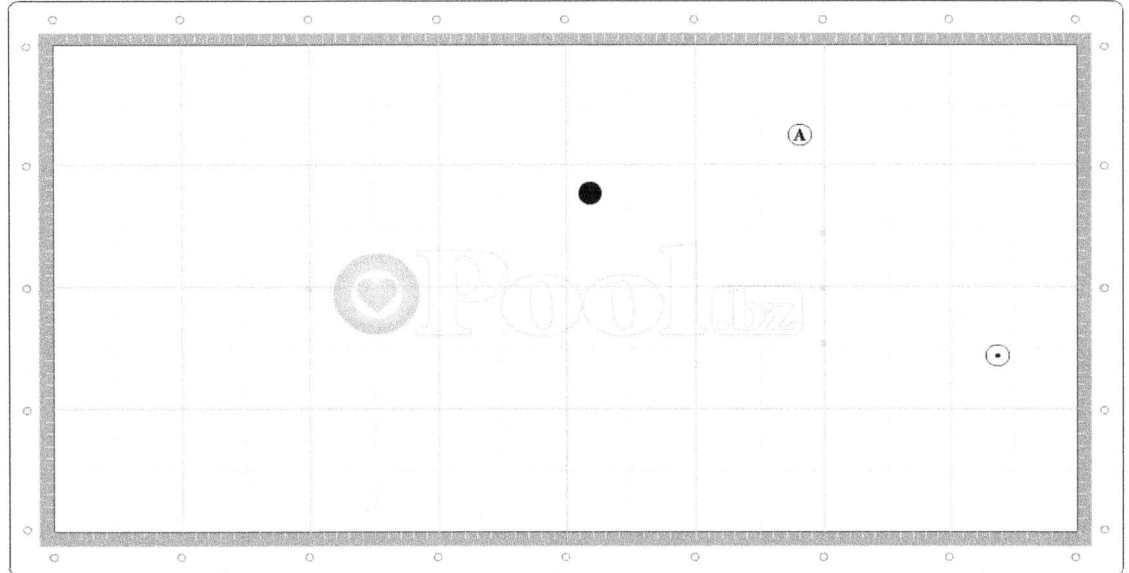

Notas e ideas:

Patrón de disparo

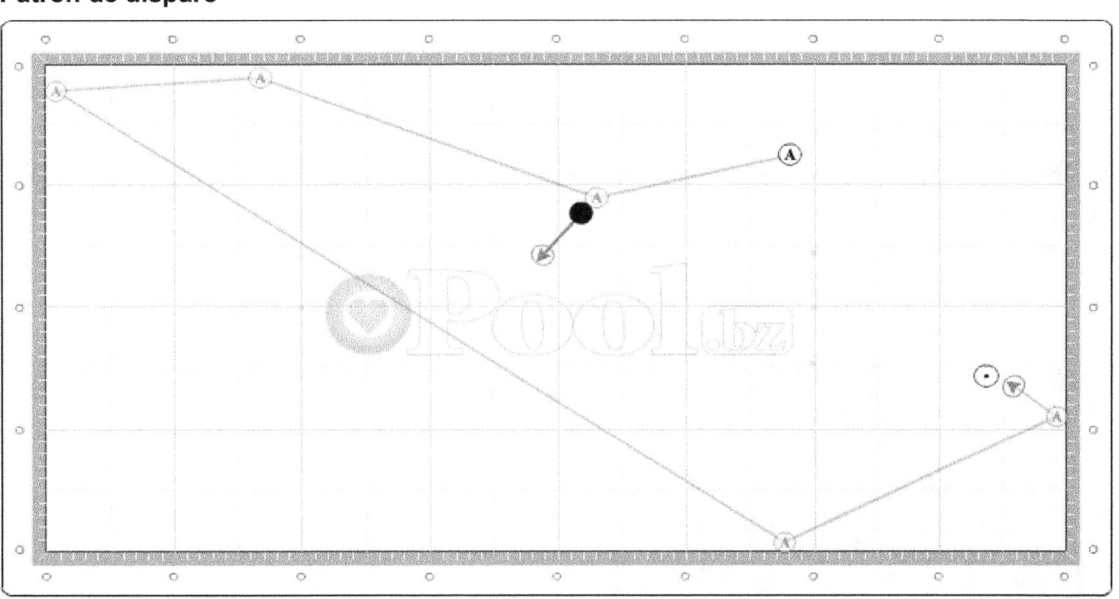

D: Grupo 6

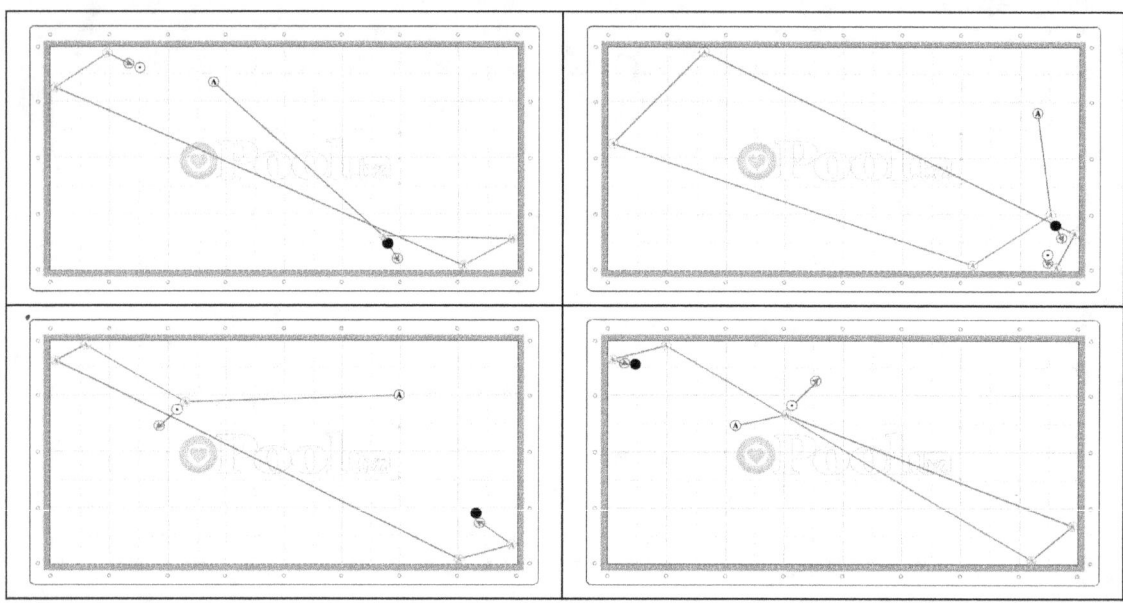

Análisis:

D:6a. _____

D:6b. _____

D:6c. _____

D:6d. _____

D:6a – Preparar

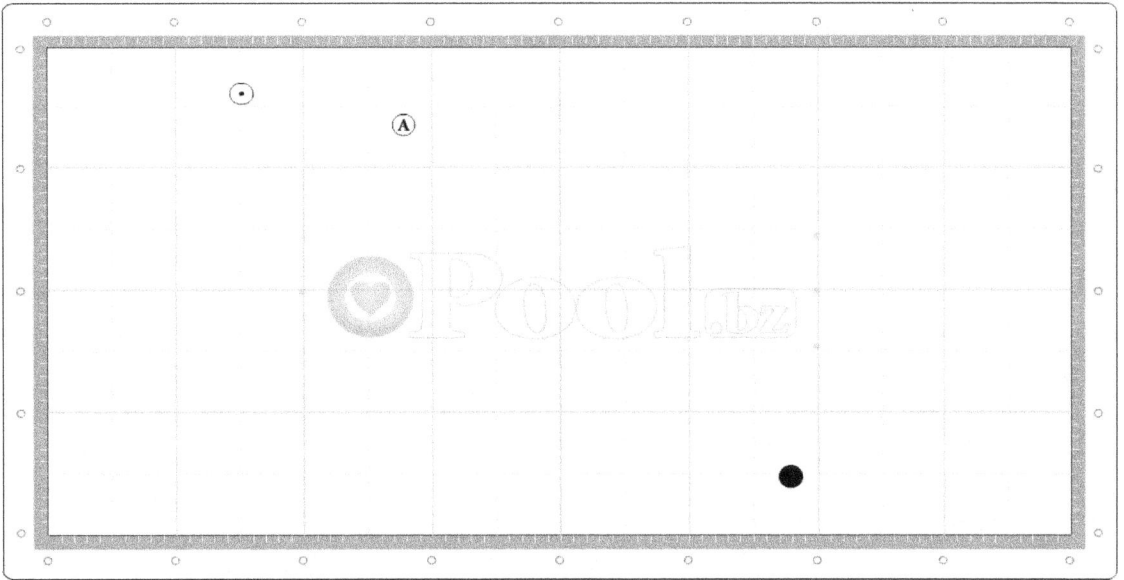

Notas e ideas:

Patrón de disparo

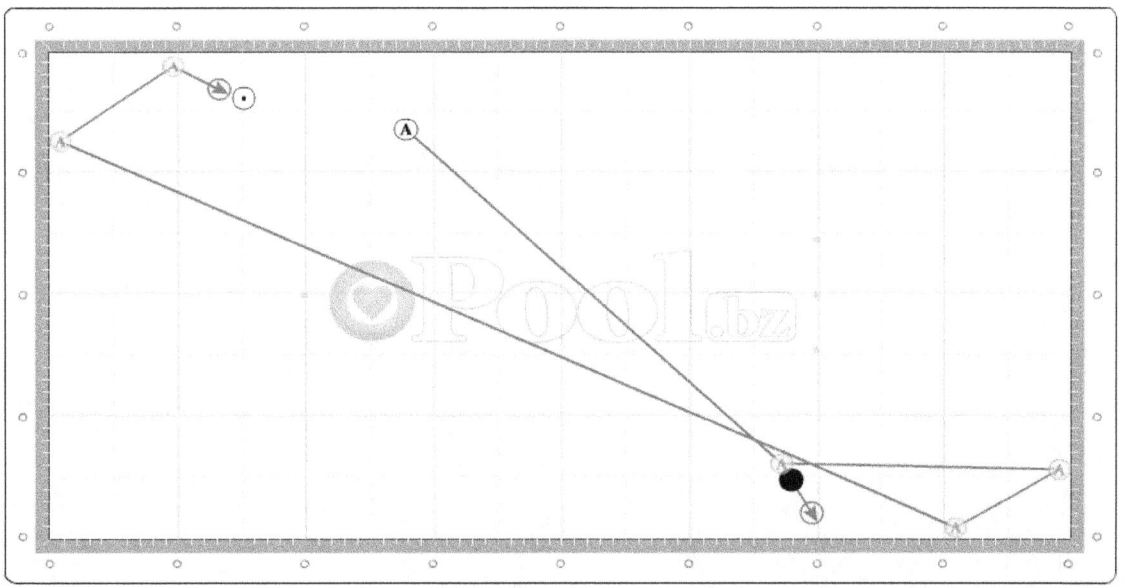

D:6b – Preparar

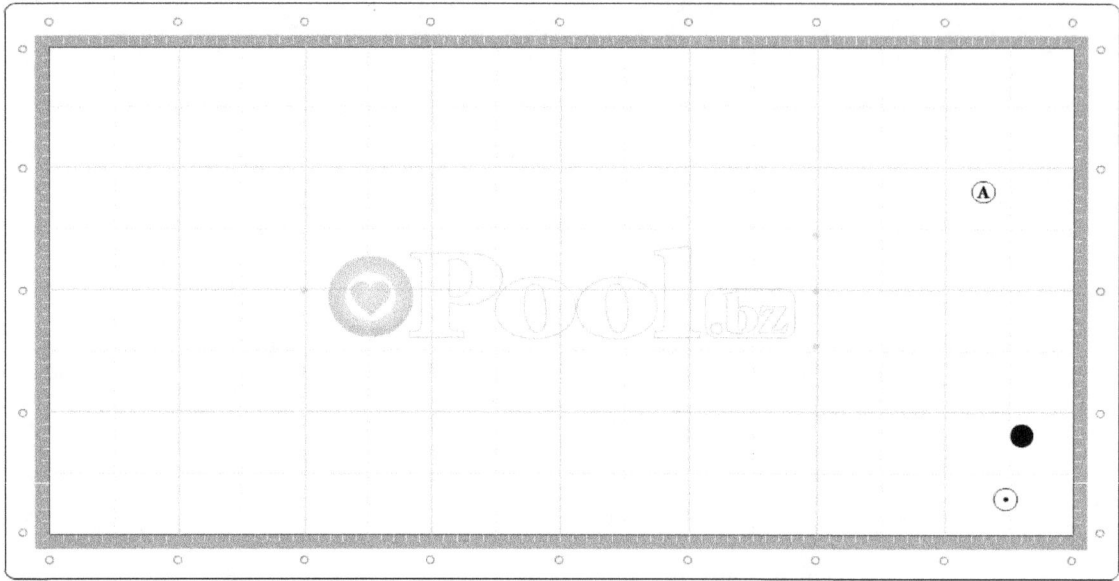

Notas e ideas:

Patrón de disparo

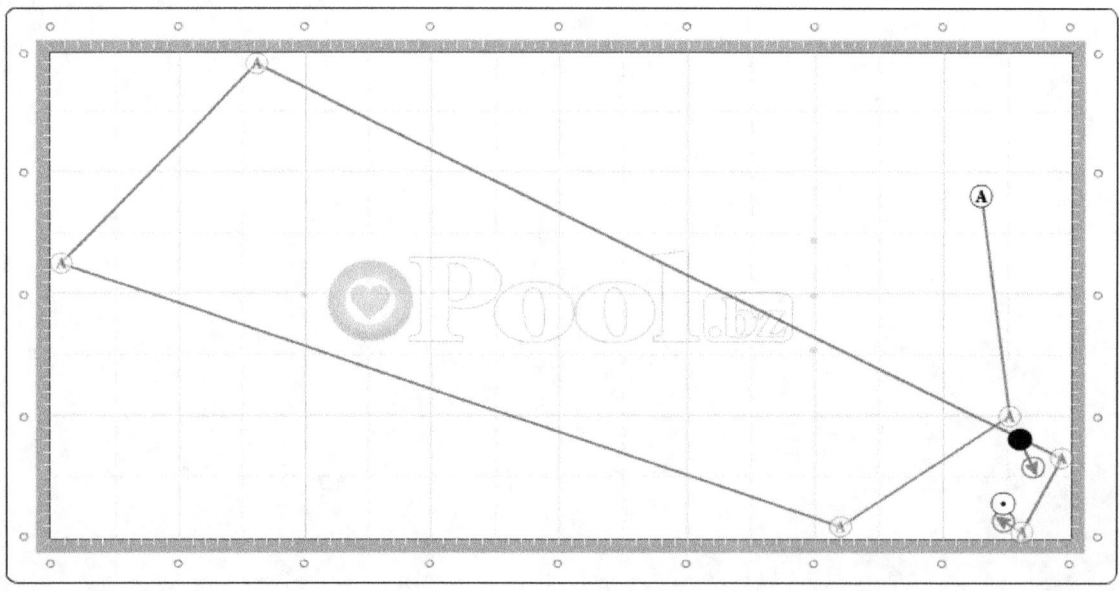

D:6c – Preparar

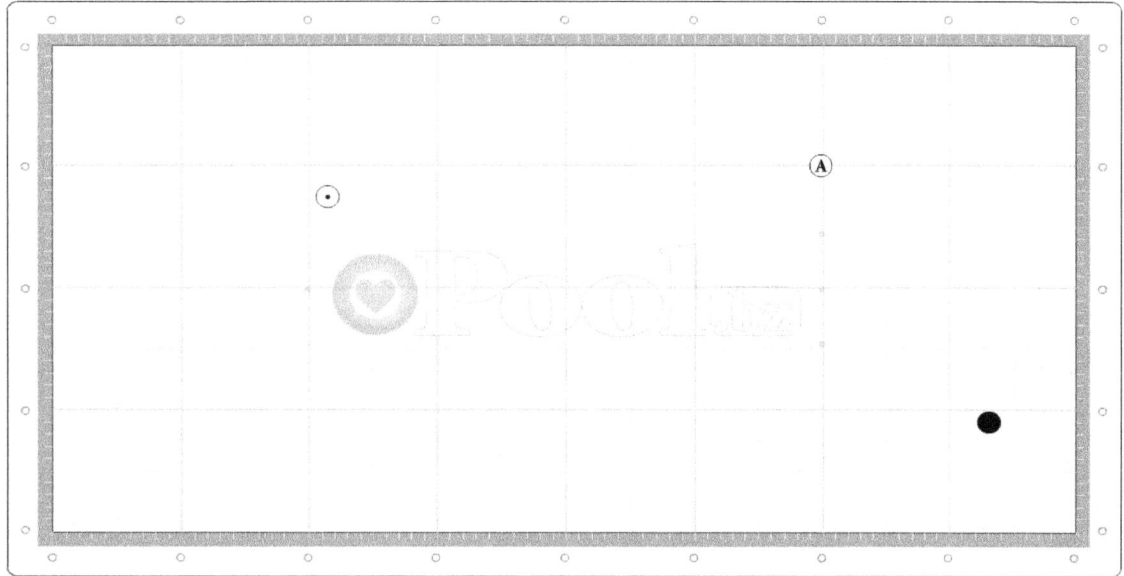

Notas e ideas:

Patrón de disparo

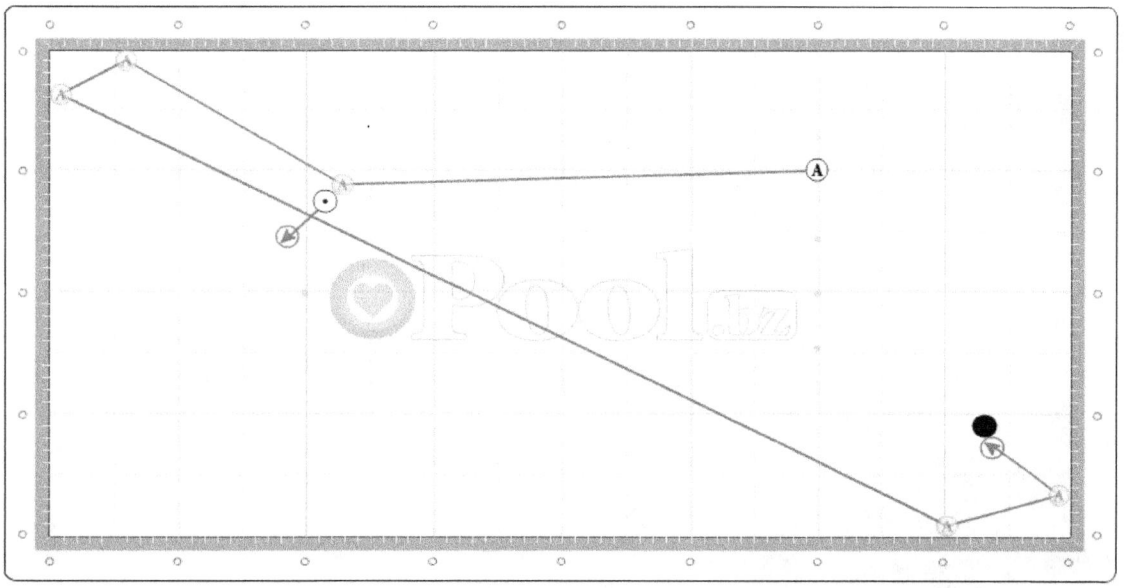

D:6d – Preparar

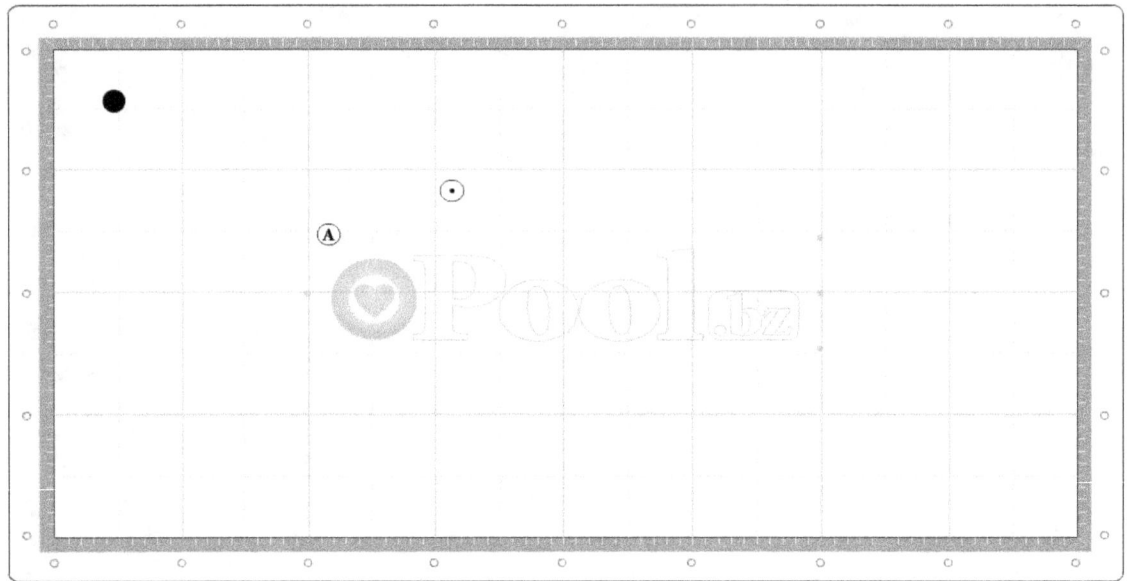

Notas e ideas:

Patrón de disparo

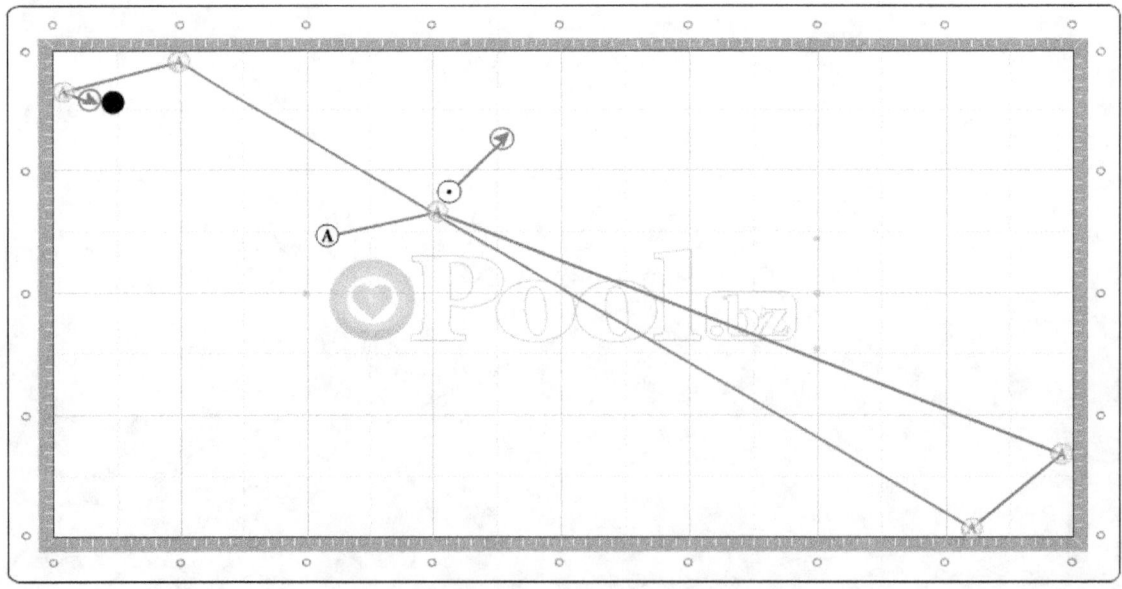

D: Grupo 7

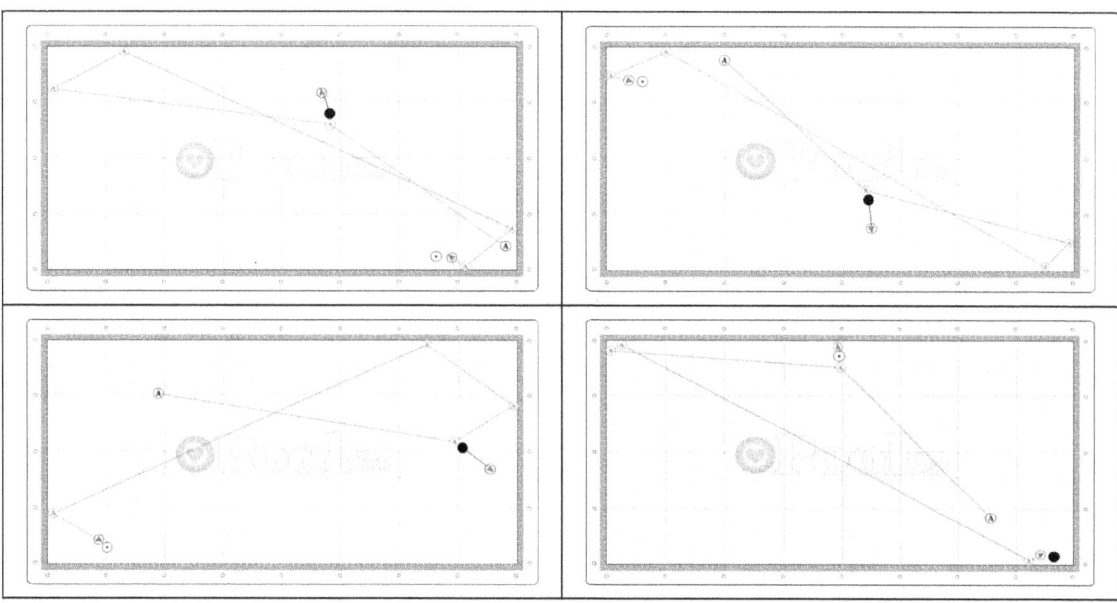

Análisis:

D:7a. _____

D:7b. _____

D:7c. _____

D:7d. _____

D:7a – Preparar

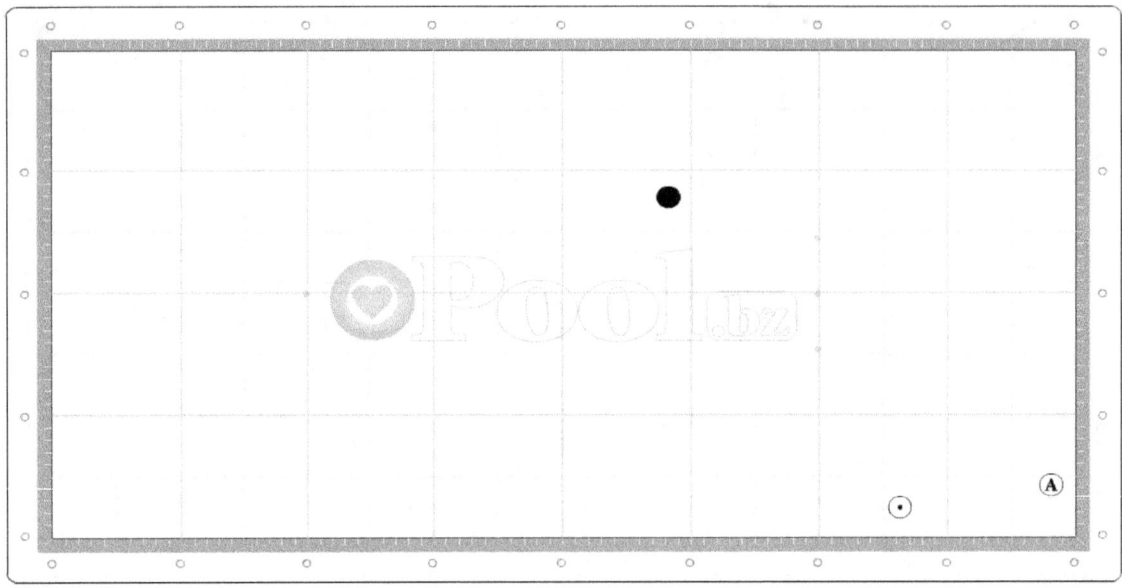

Notas e ideas:

Patrón de disparo

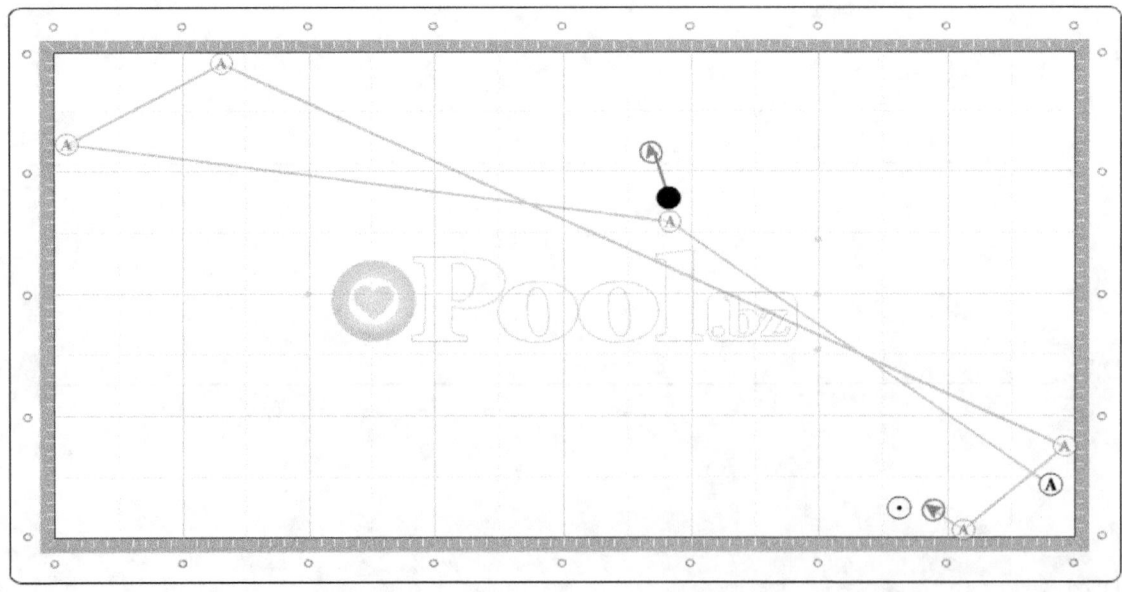

D:7b – Preparar

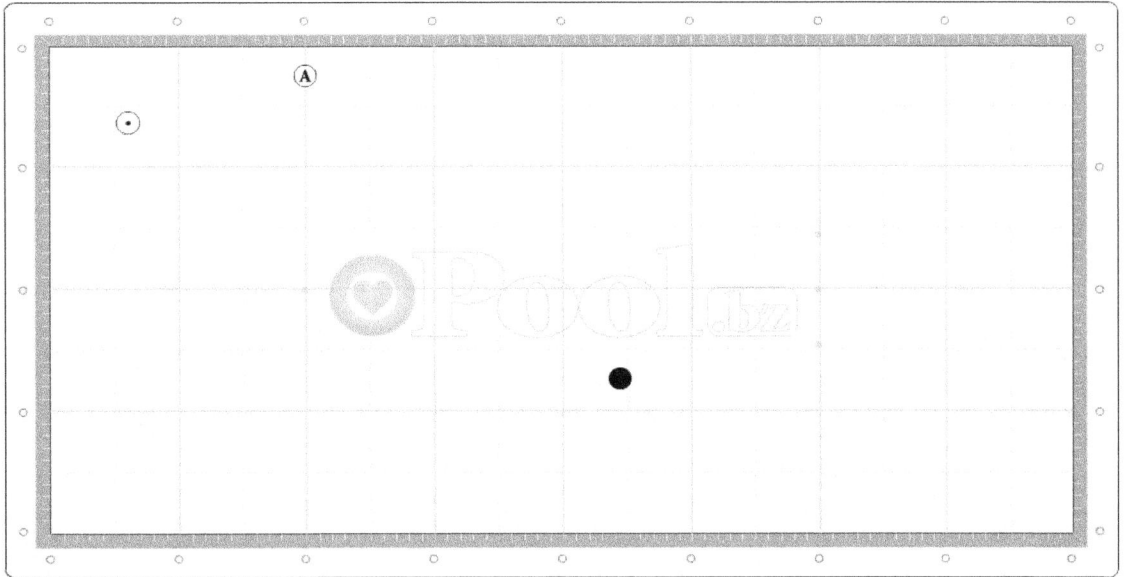

Notas e ideas:

Patrón de disparo

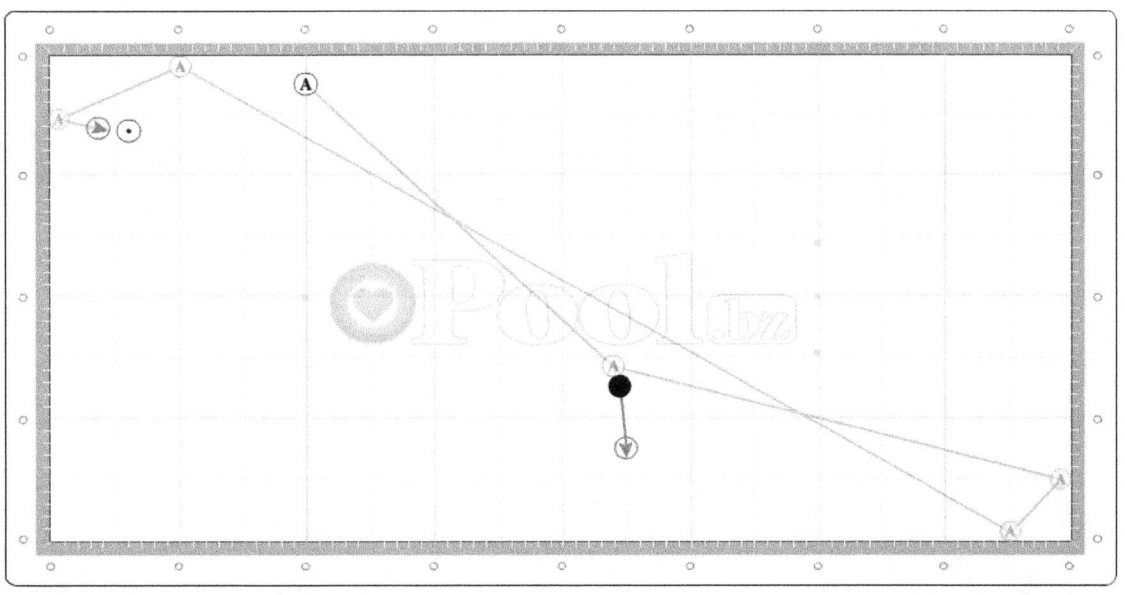

D:7c – Preparar

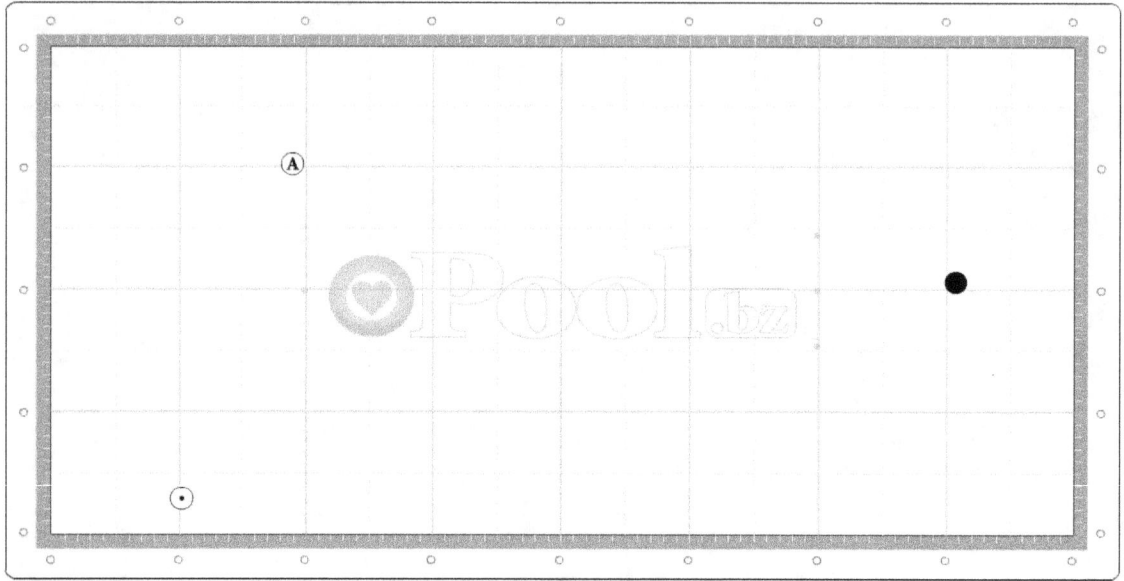

Notas e ideas:

Patrón de disparo

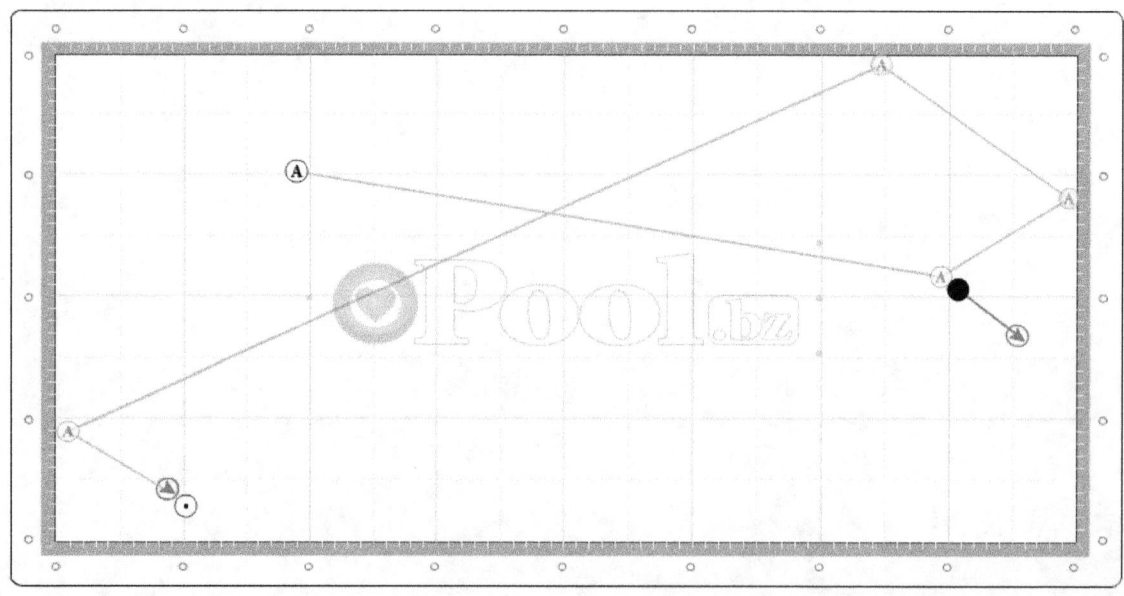

D:7d – Preparar

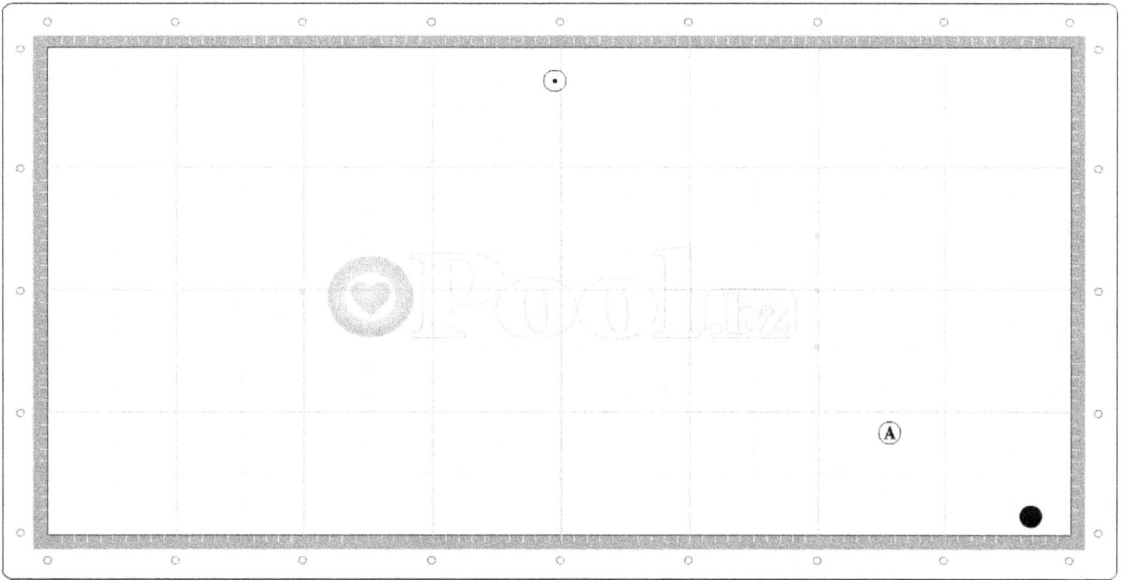

Notas e ideas:

Patrón de disparo

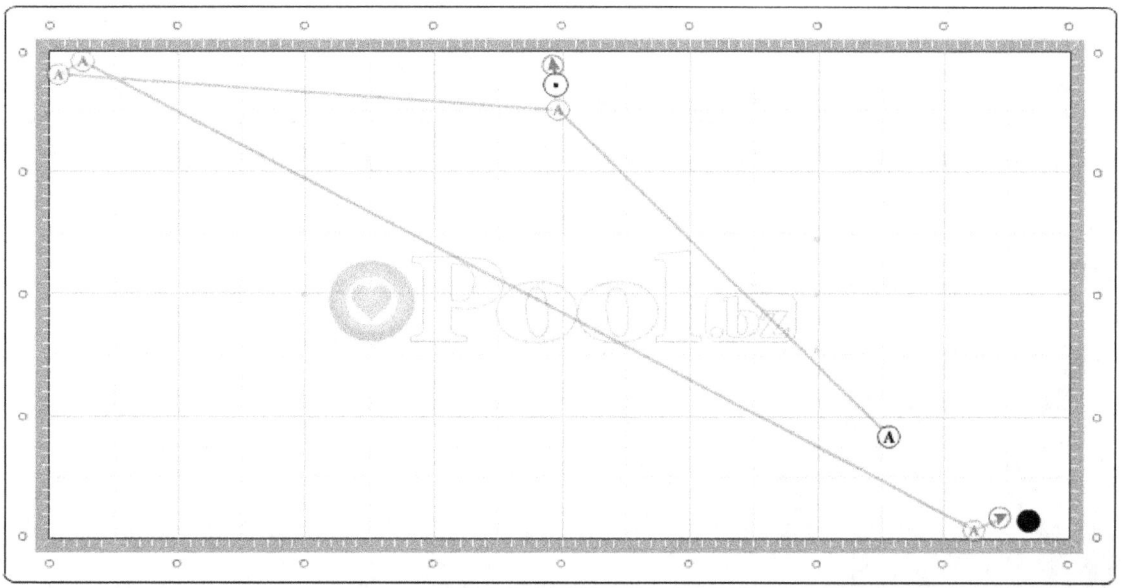

E: Doble diagonal (modificada)

El (CB) sale del primero (OB) y comienza el patrón diagonal. El (CB) va a la esquina y luego regresa en una trayectoria diagonal para hacer contacto con el otro (OB).

Ⓐ (CB) (su bola de billar) - ◉ (OB) (bola de billar oponente) - ● (OB) (bola de billar roja)

E: Grupo 1

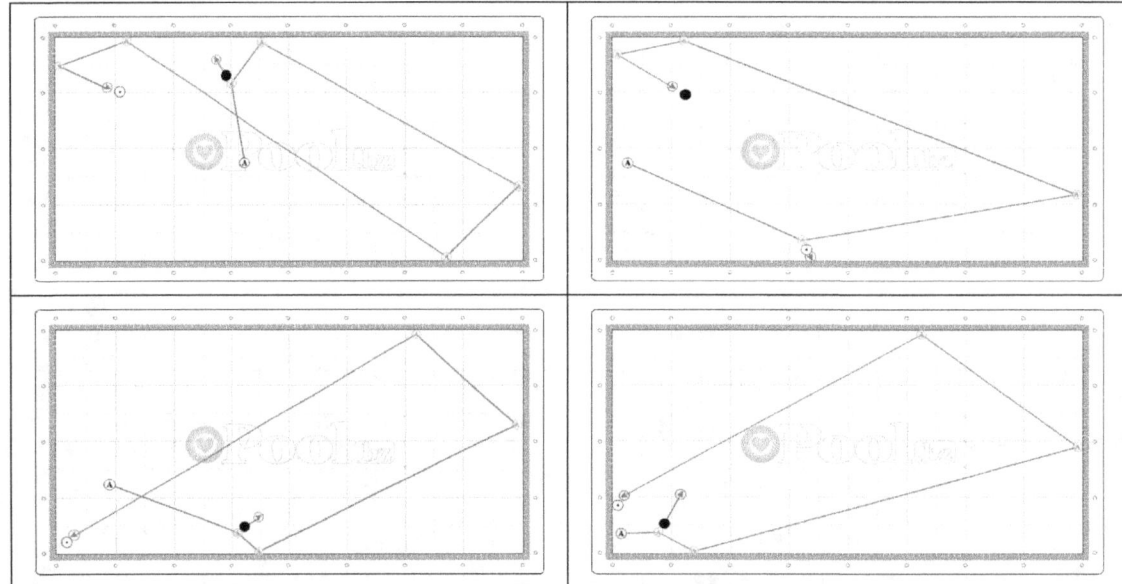

Análisis:

E:1a. _____

E:1b. _____

E:1c. _____

E:1d. _____

E:1a – Preparar

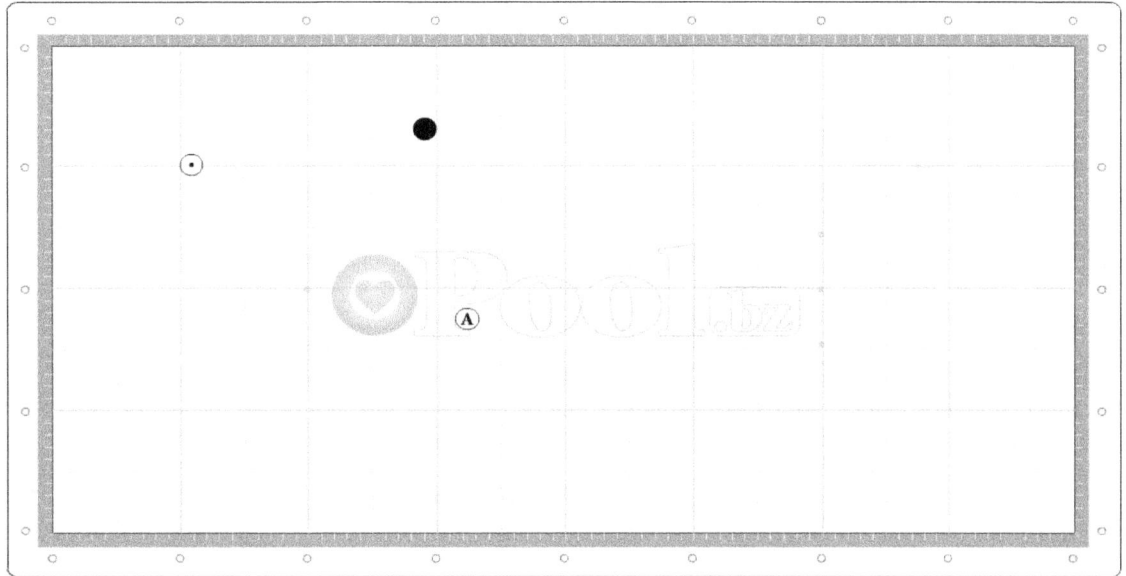

Notas e ideas:

Patrón de disparo

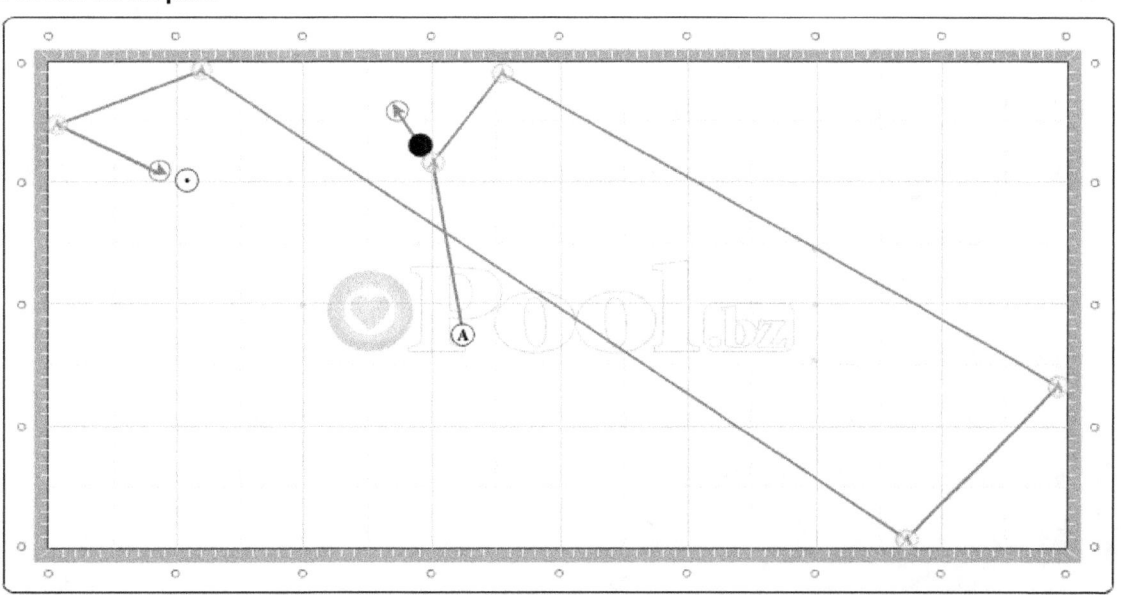

E:1b – Preparar

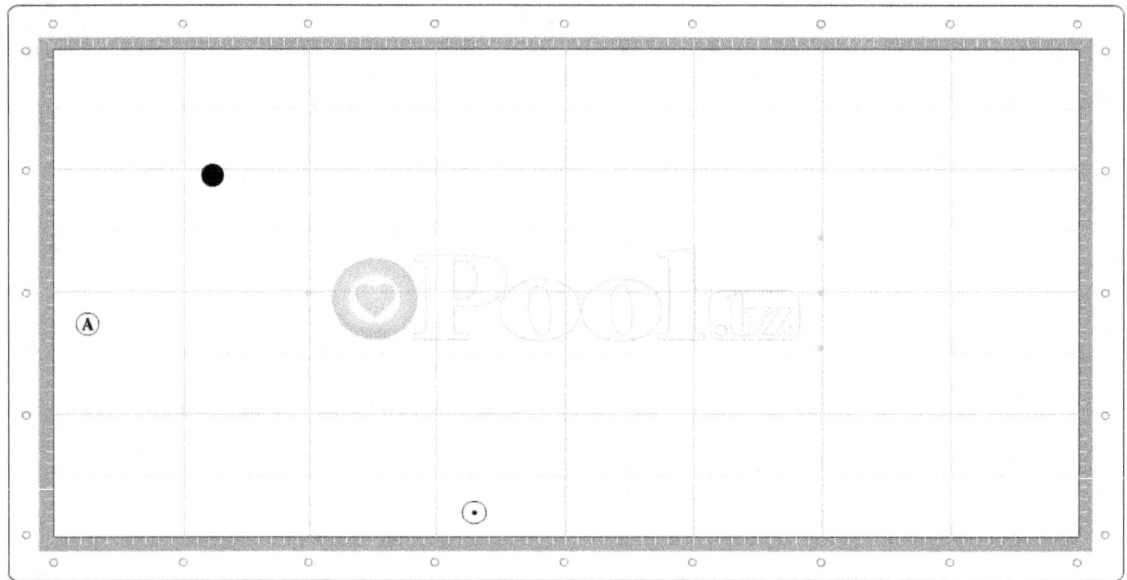

Notas e ideas:

Patrón de disparo

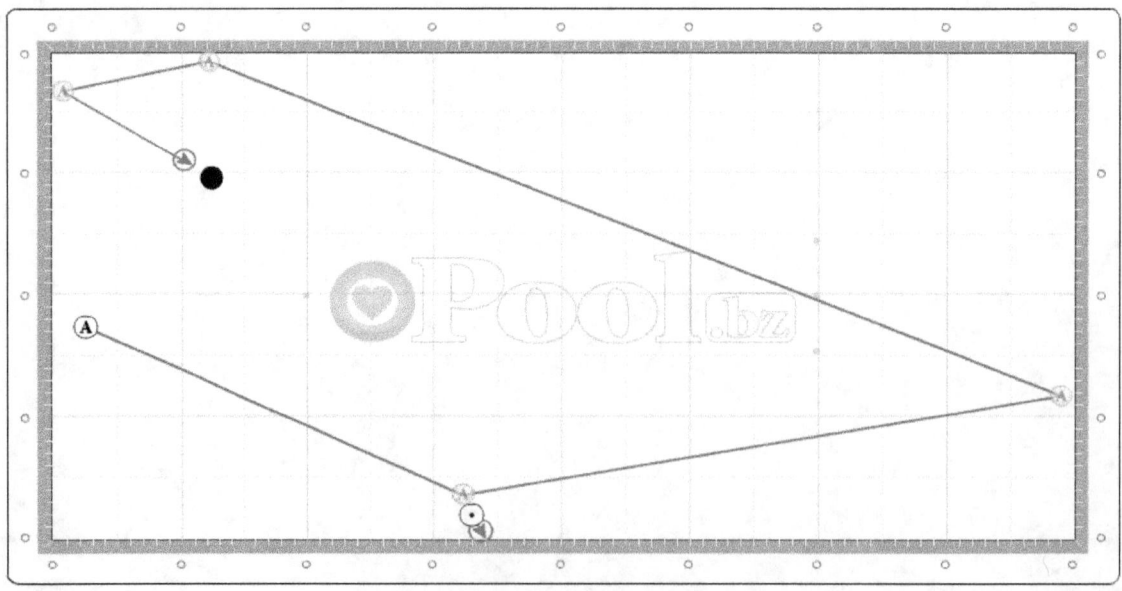

E:1c – Preparar

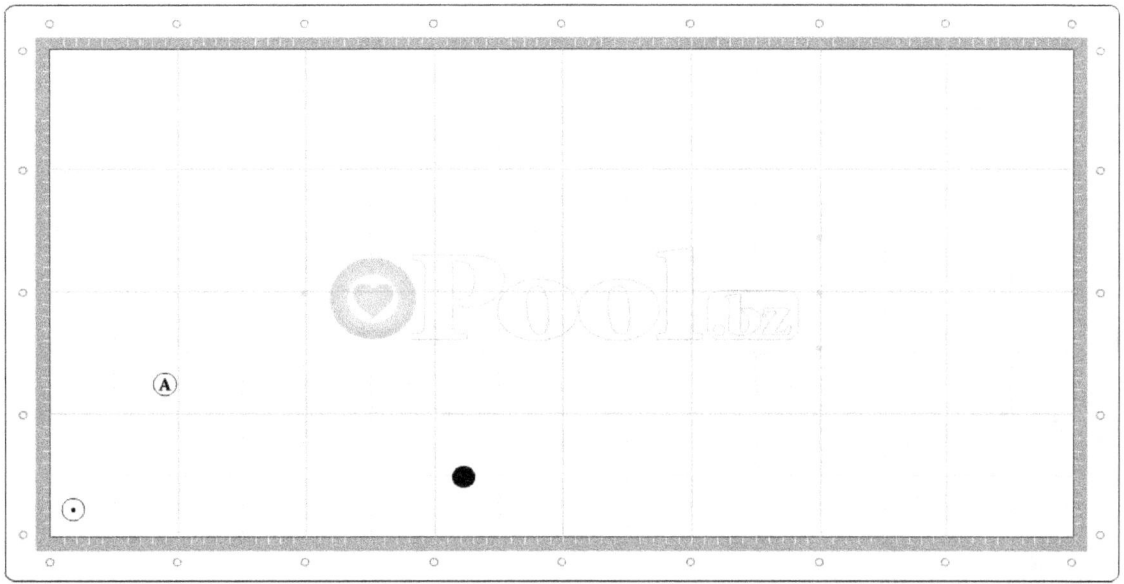

Notas e ideas:

Patrón de disparo

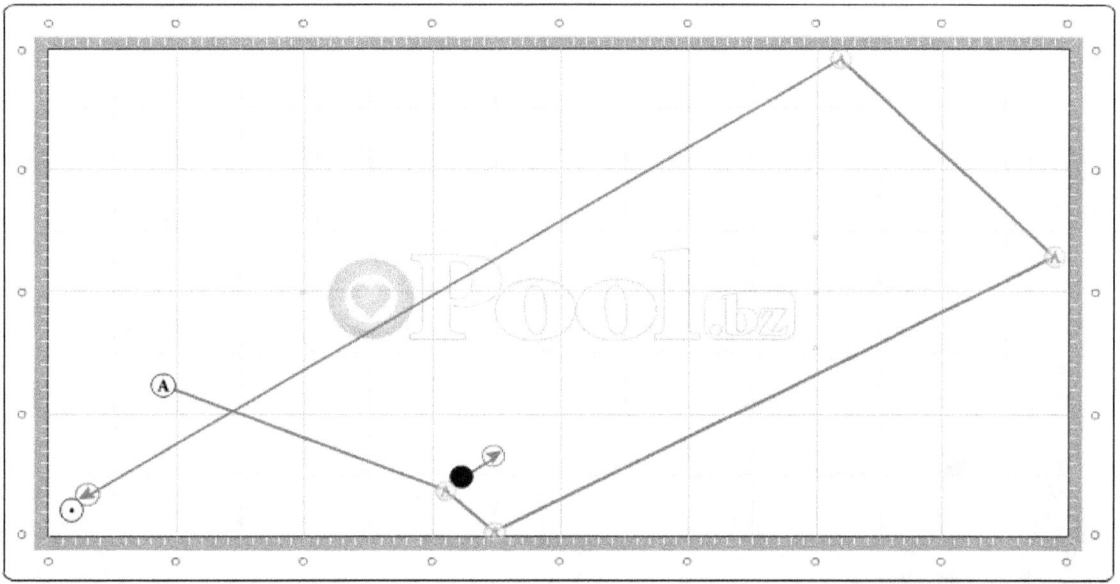

E:1d – Preparar

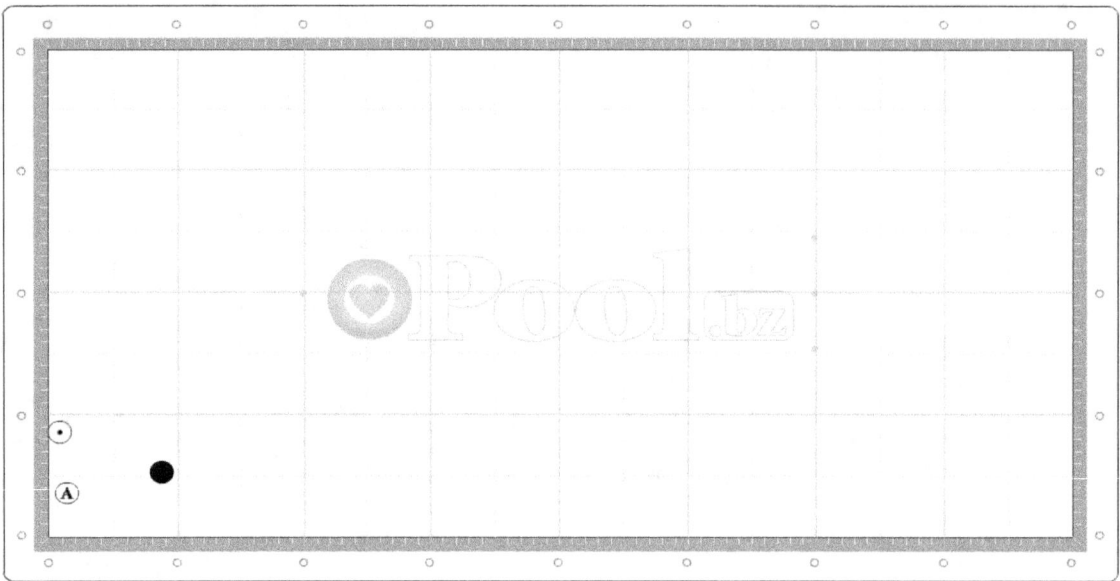

Notas e ideas:

Patrón de disparo

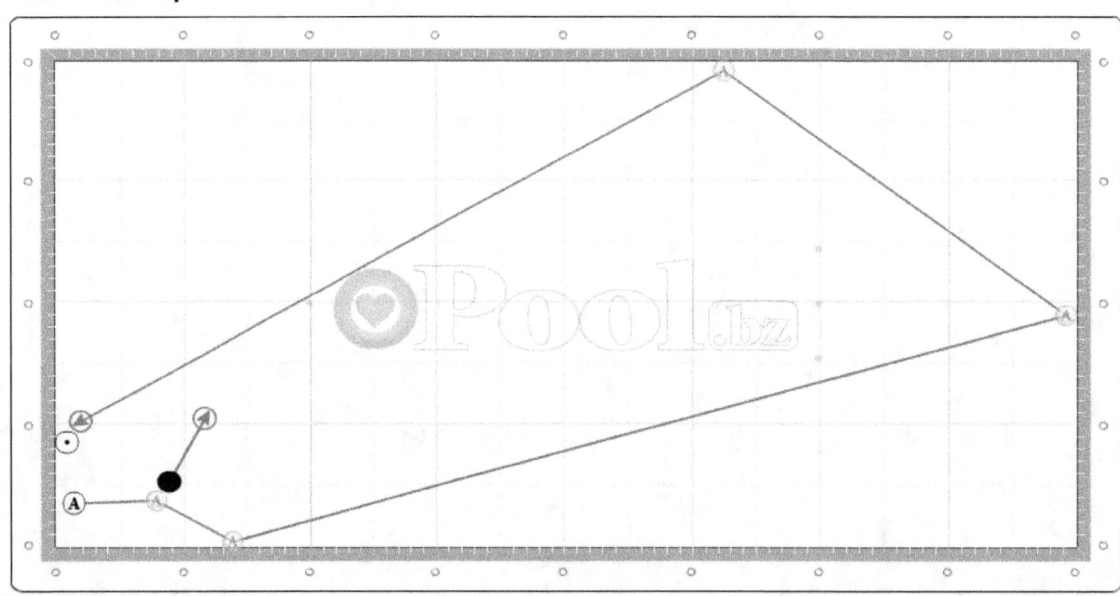

E: Grupo 2

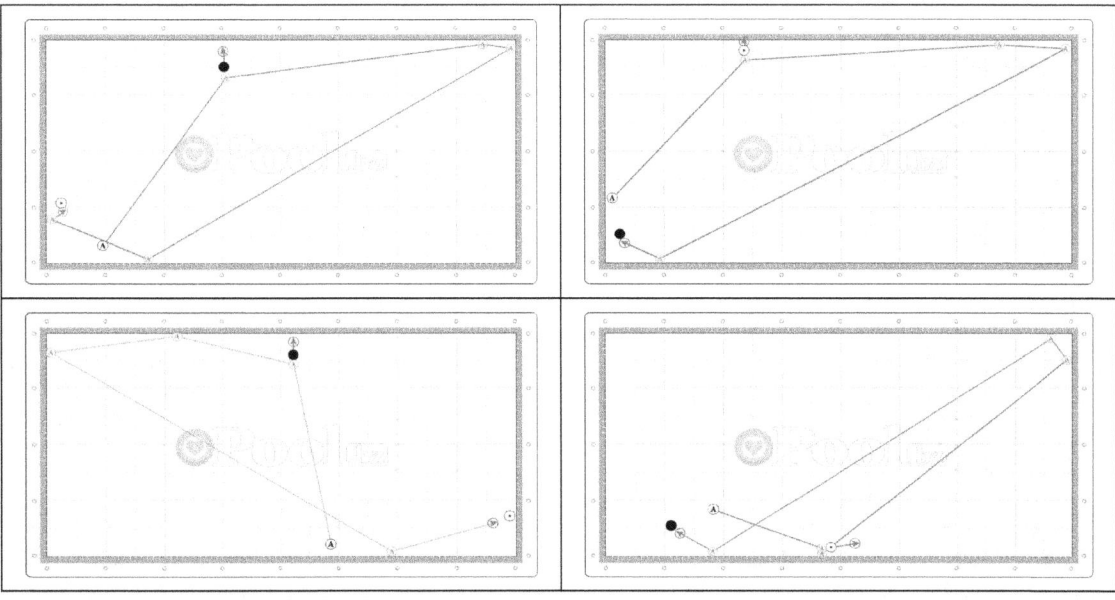

Análisis:

E:2a. _____

E:2b. _____

E:2c. _____

E:2d. _____

E:2a – Preparar

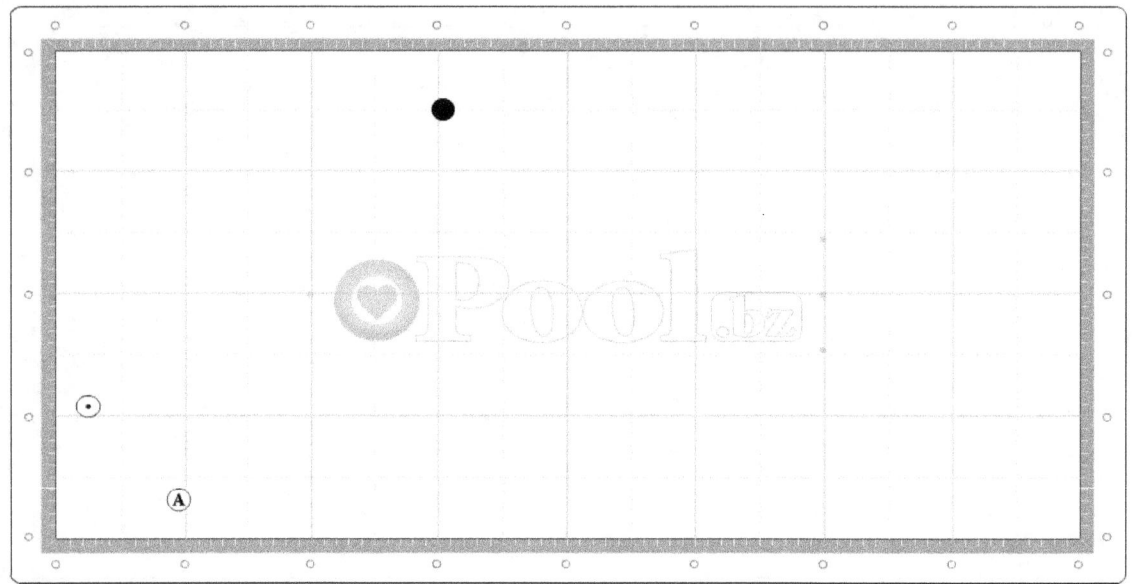

Notas e ideas:

Patrón de disparo

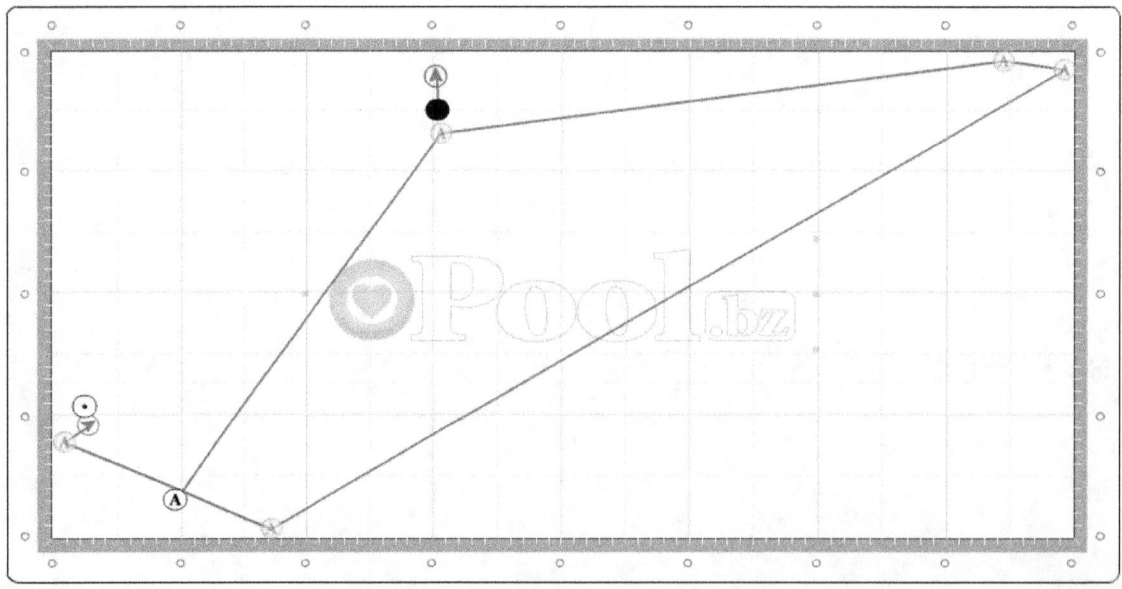

E:2b – Preparar

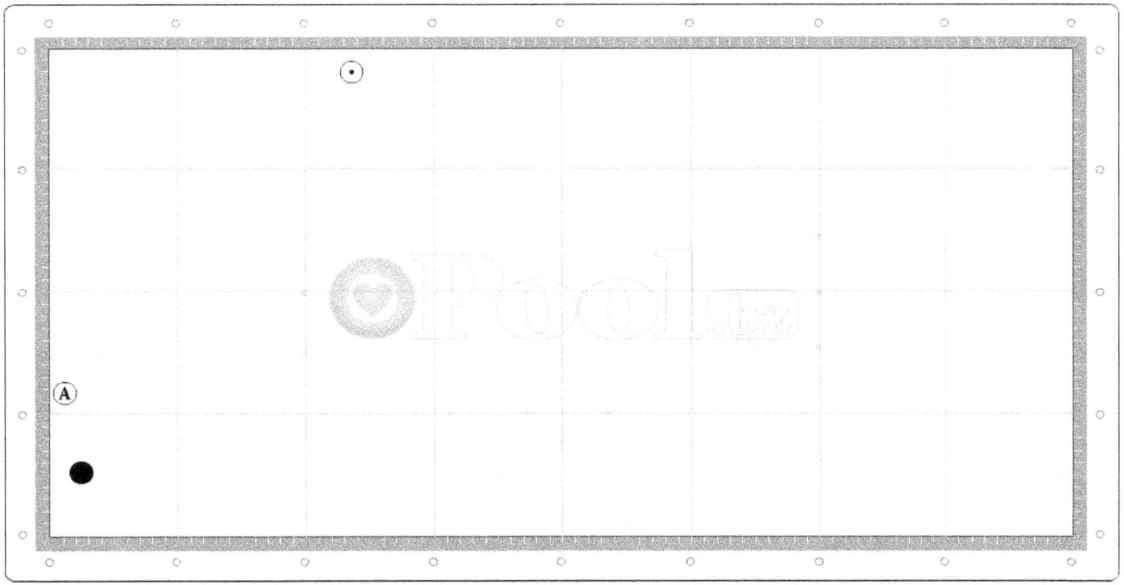

Notas e ideas:

Patrón de disparo

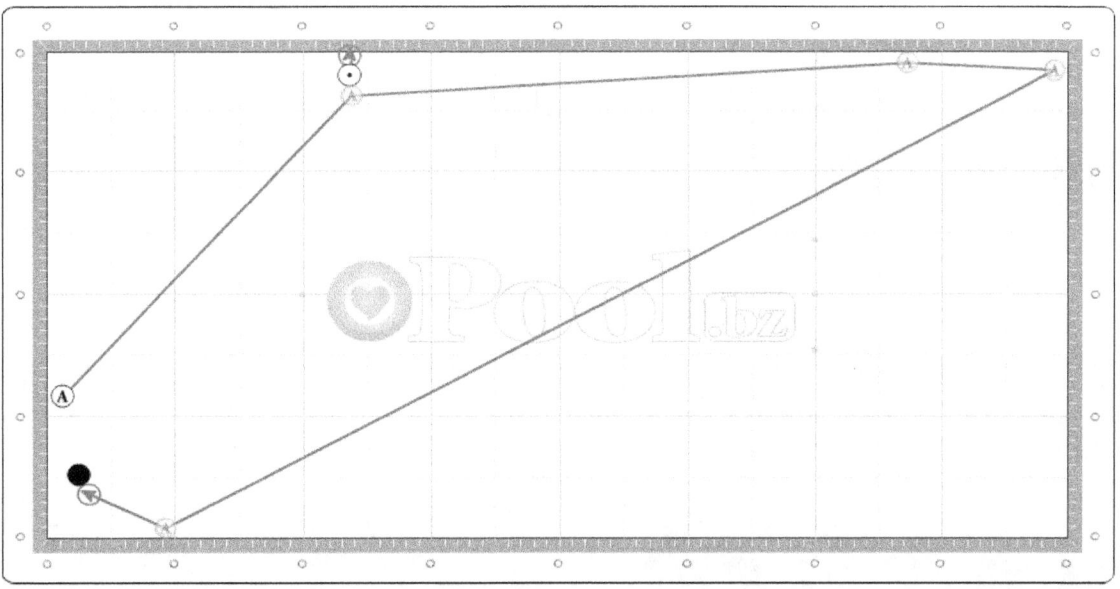

E:2c – Preparar

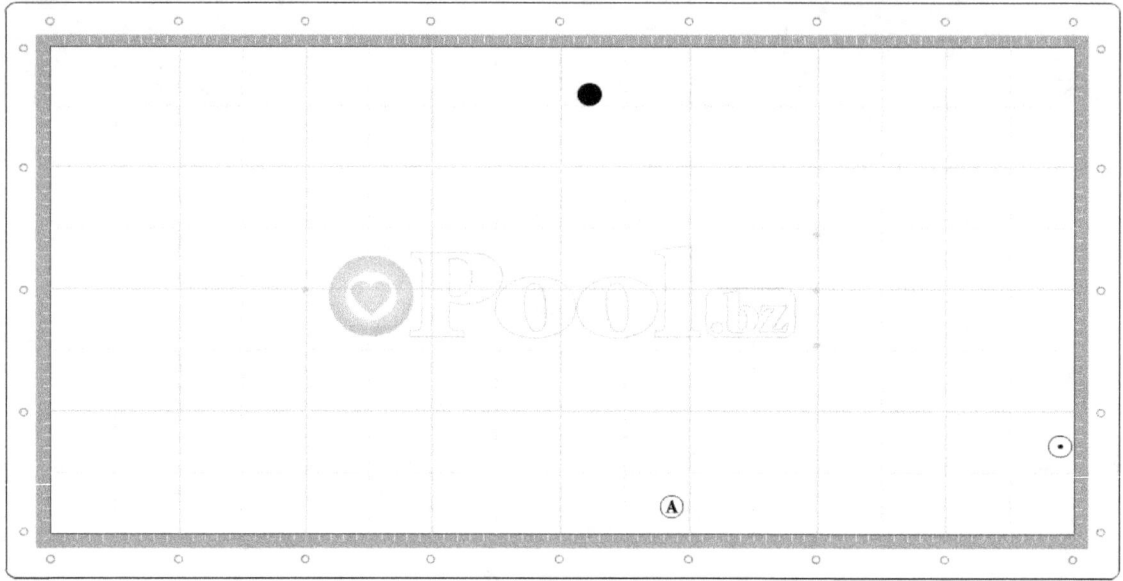

Notas e ideas:

Patrón de disparo

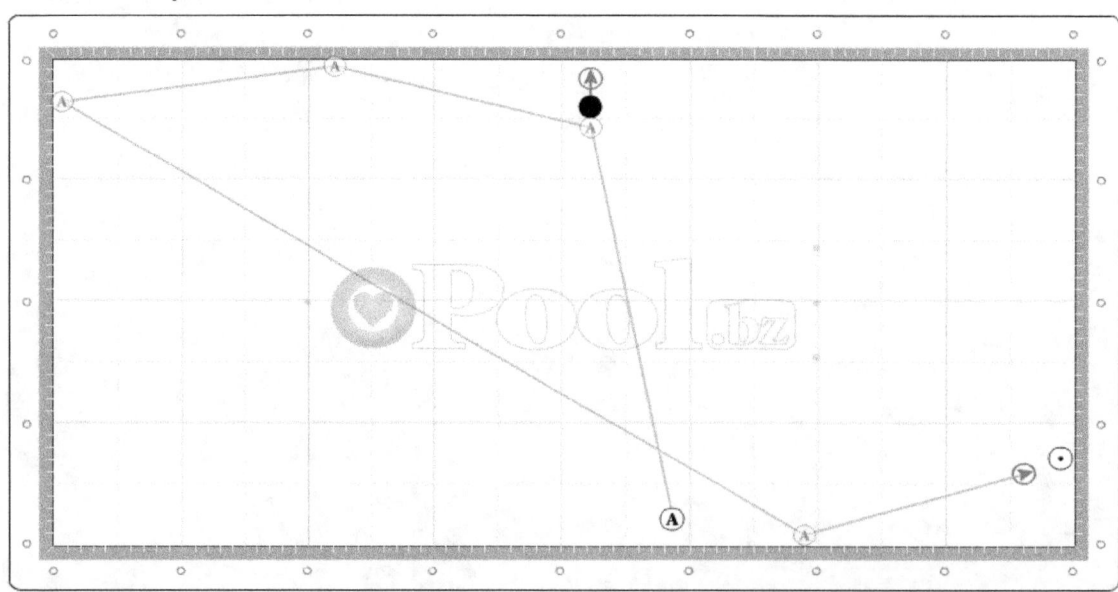

E:2d – Preparar

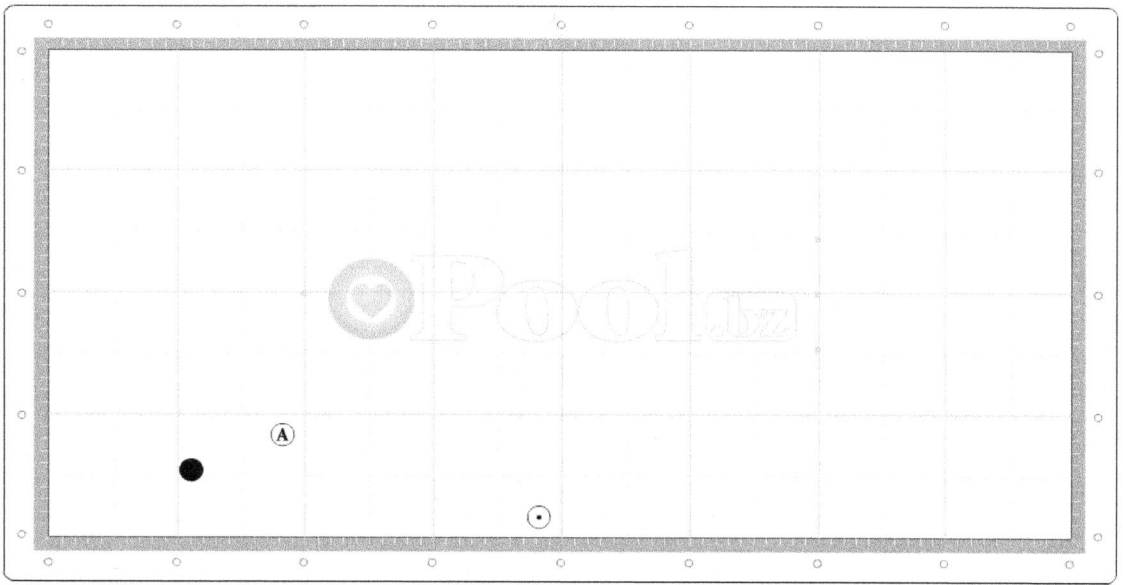

Notas e ideas:

Patrón de disparo

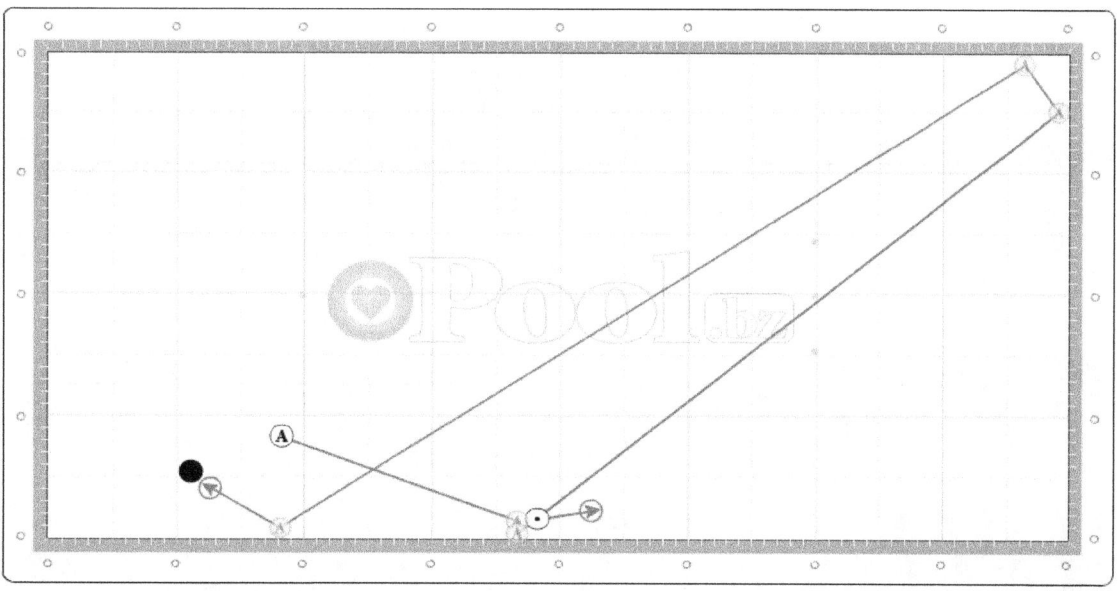

E: Grupo 3

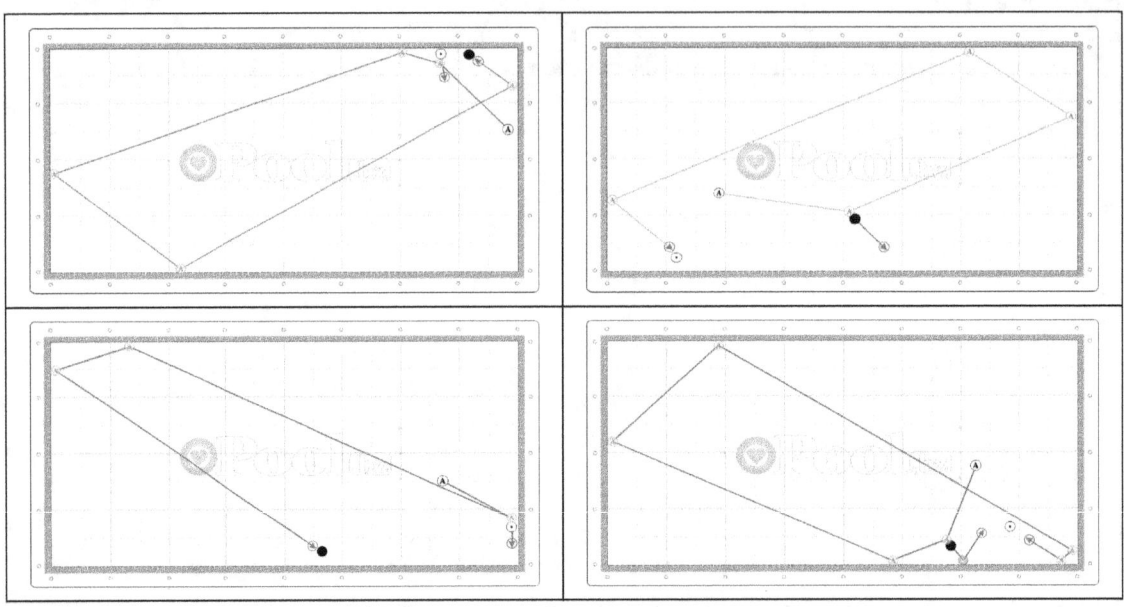

Análisis:

E:3a. _____

E:3b. _____

E:3c. _____

E:3d. _____

E:3a – Preparar

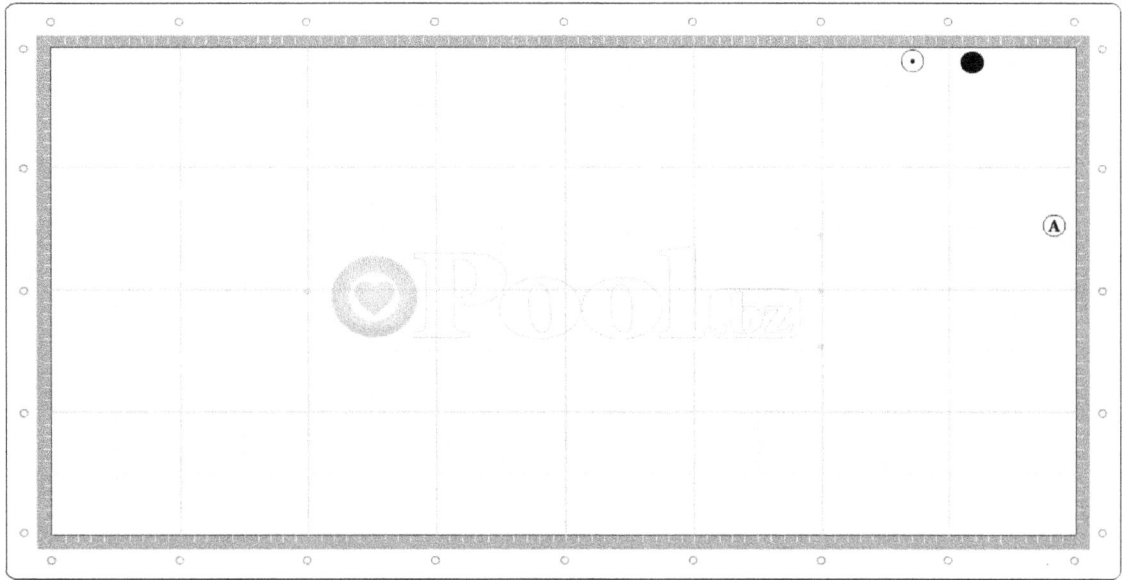

Notas e ideas:

Patrón de disparo

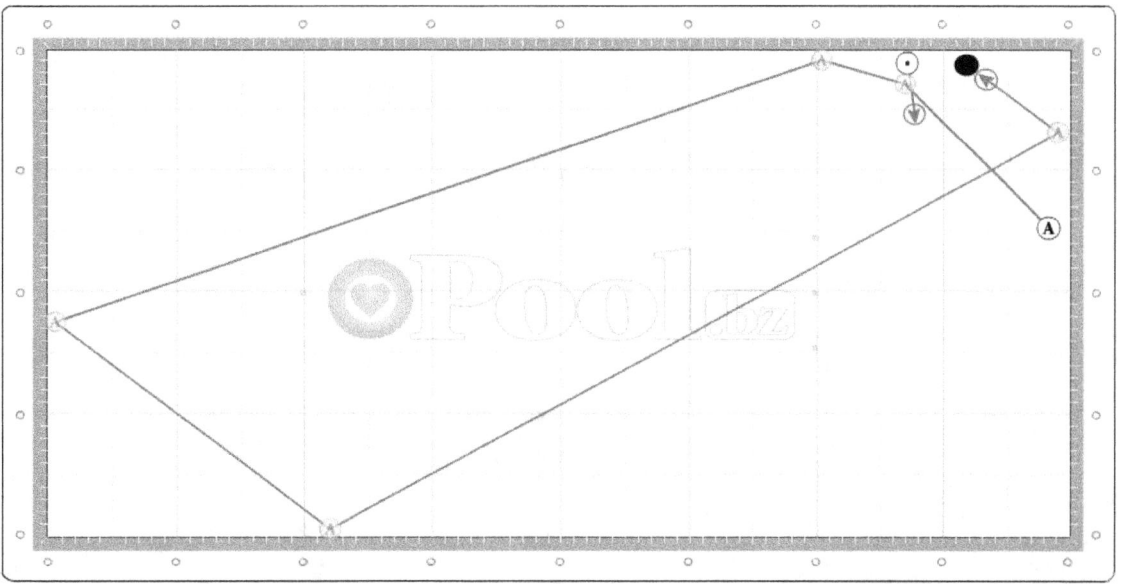

E:3b – Preparar

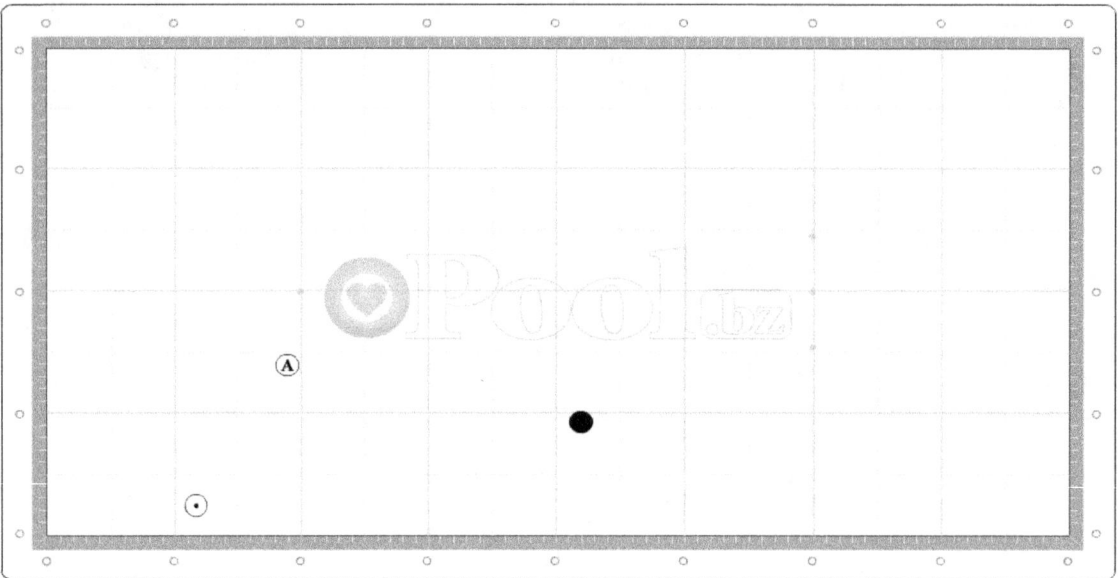

Notas e ideas:

Patrón de disparo

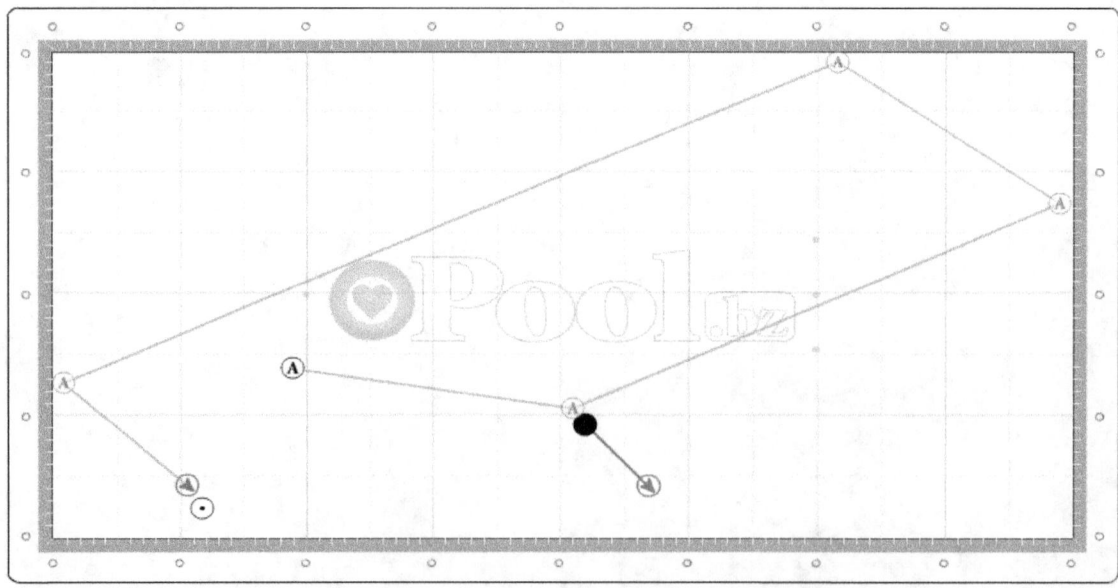

E:3c – Preparar

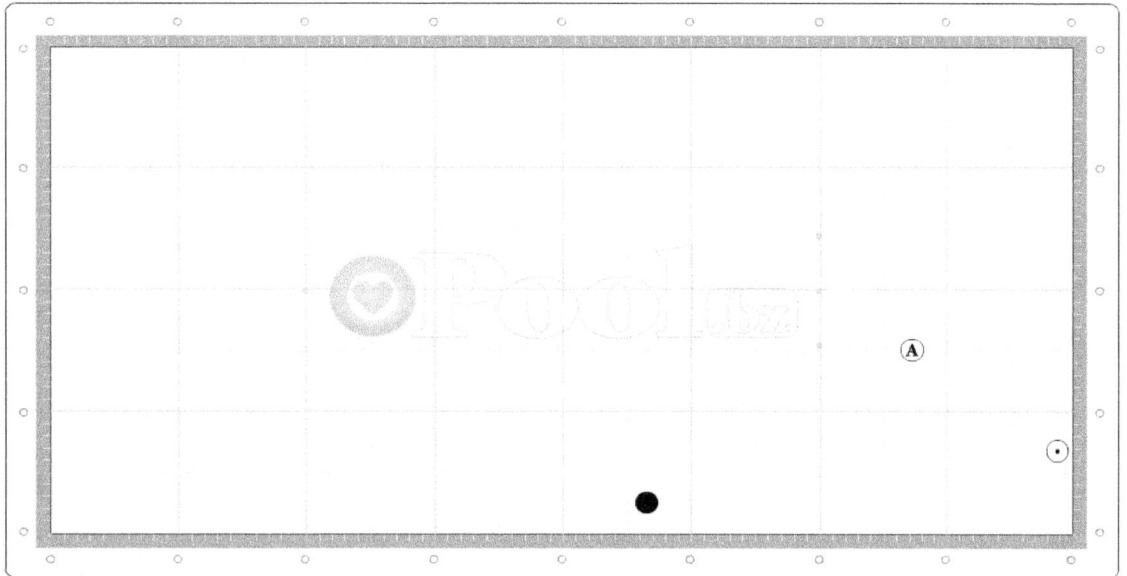

Notas e ideas:

Patrón de disparo

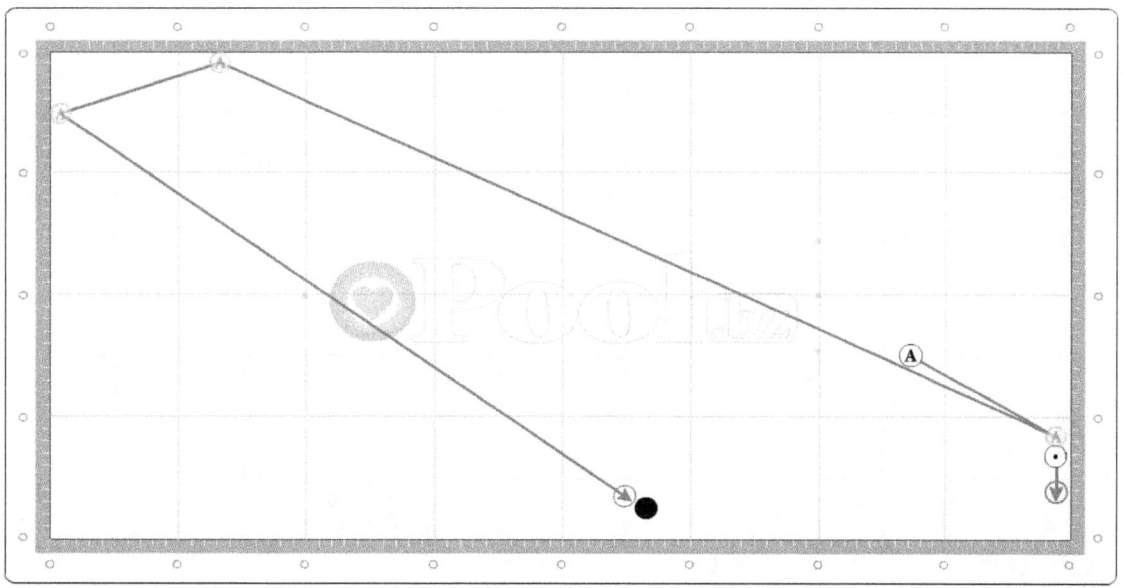

E:3d – Preparar

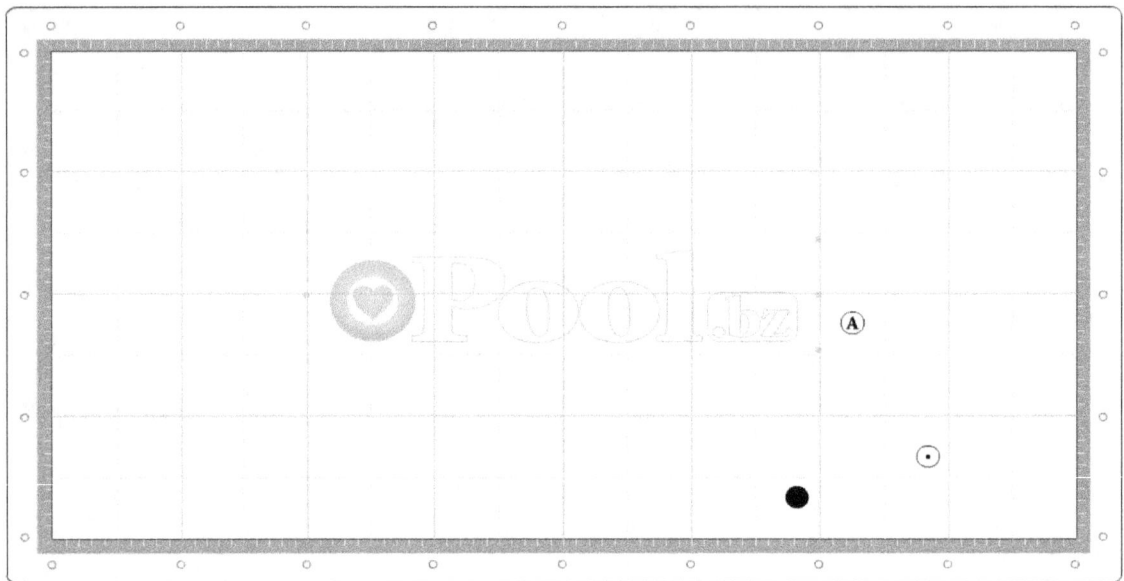

Notas e ideas:

Patrón de disparo

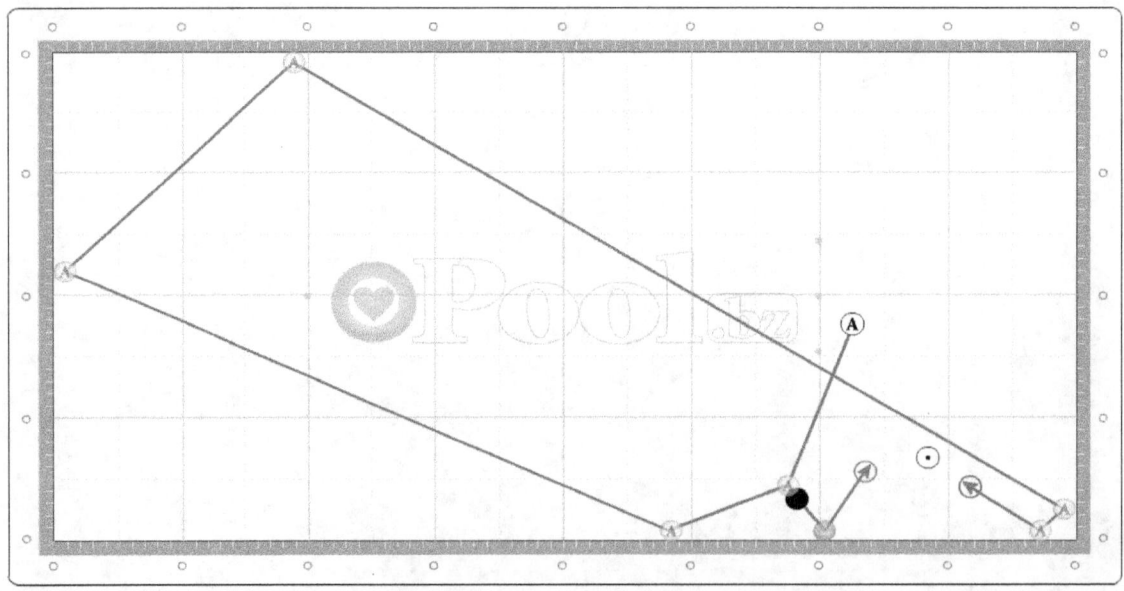

E: Grupo 4

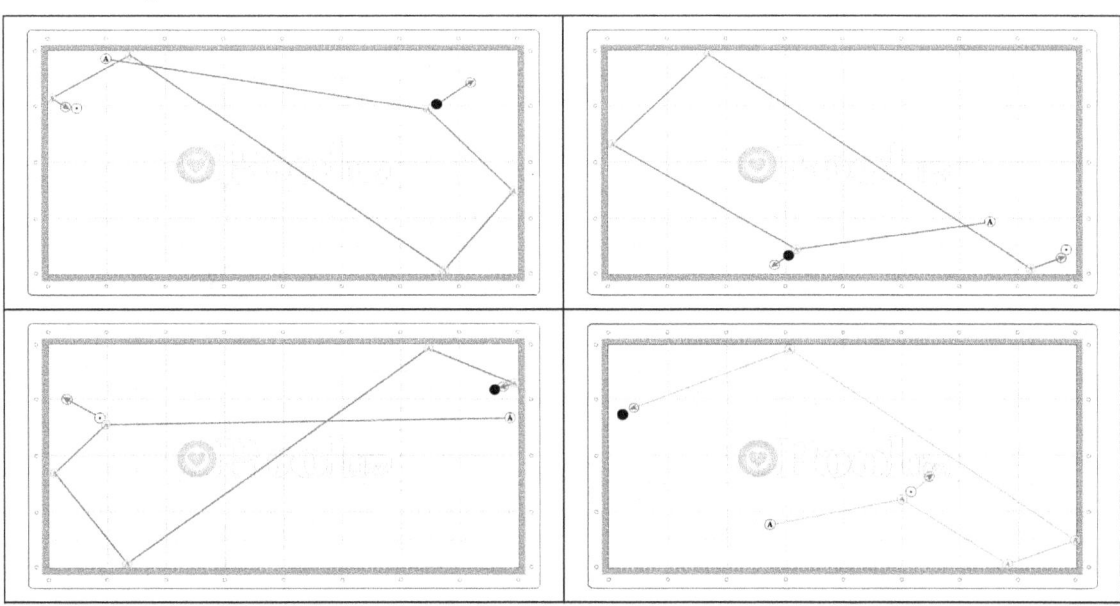

Análisis:

E:4a. _____

E:4b. _____

E:4c. _____

E:4d. _____

E:4a – Preparar

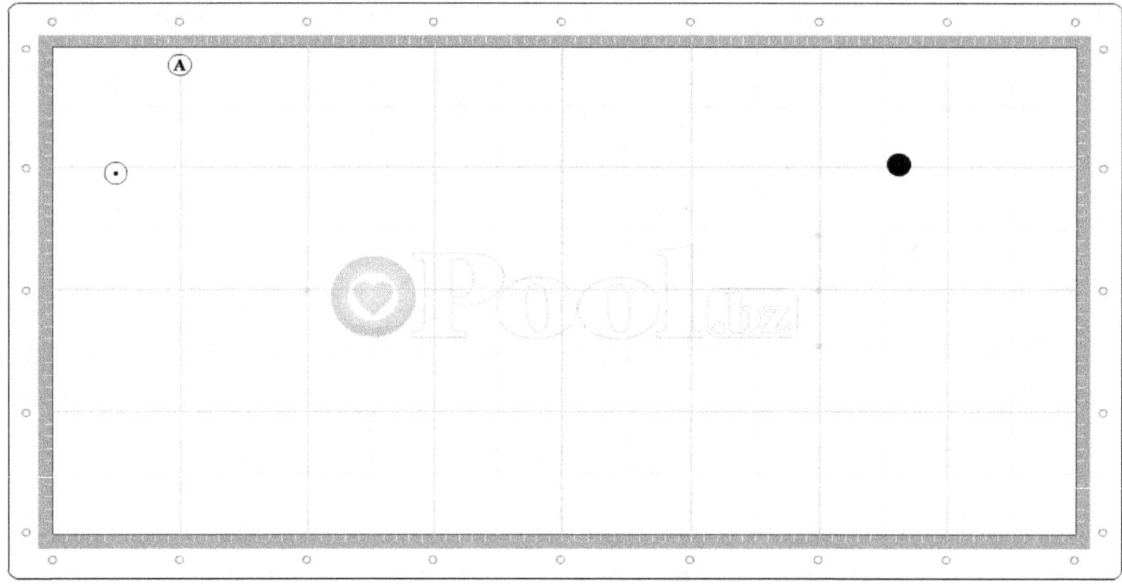

Notas e ideas:

Patrón de disparo

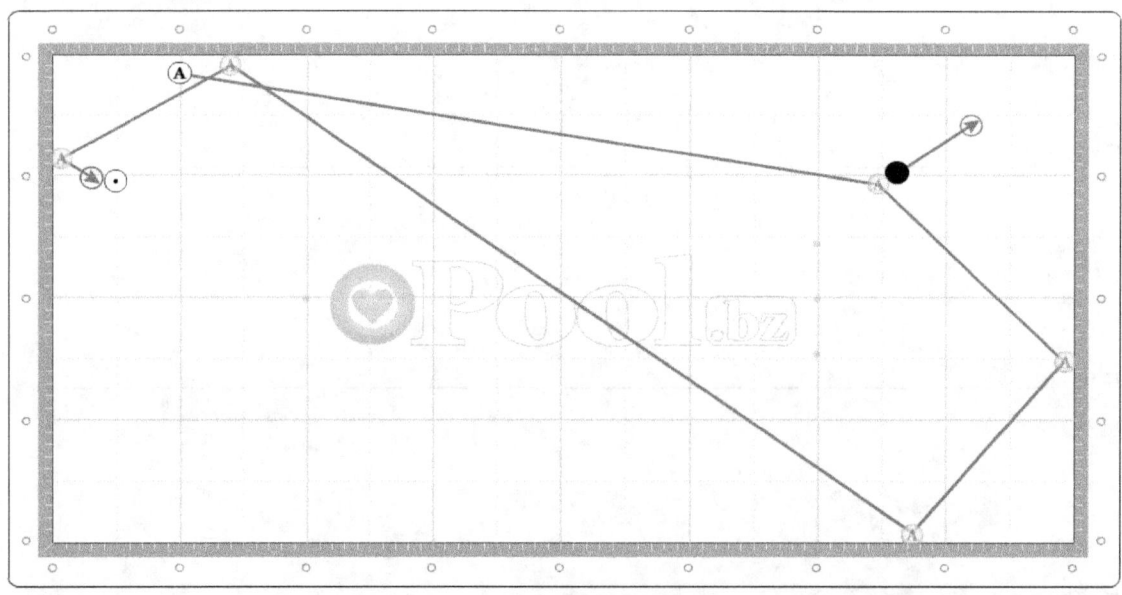

E:4b – Preparar

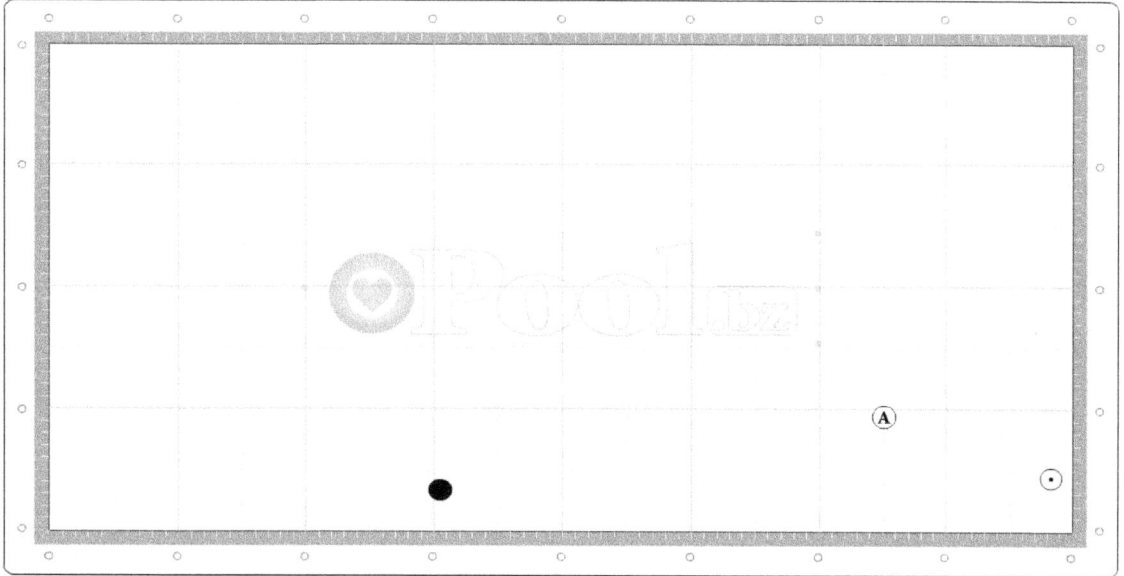

Notas e ideas:

Patrón de disparo

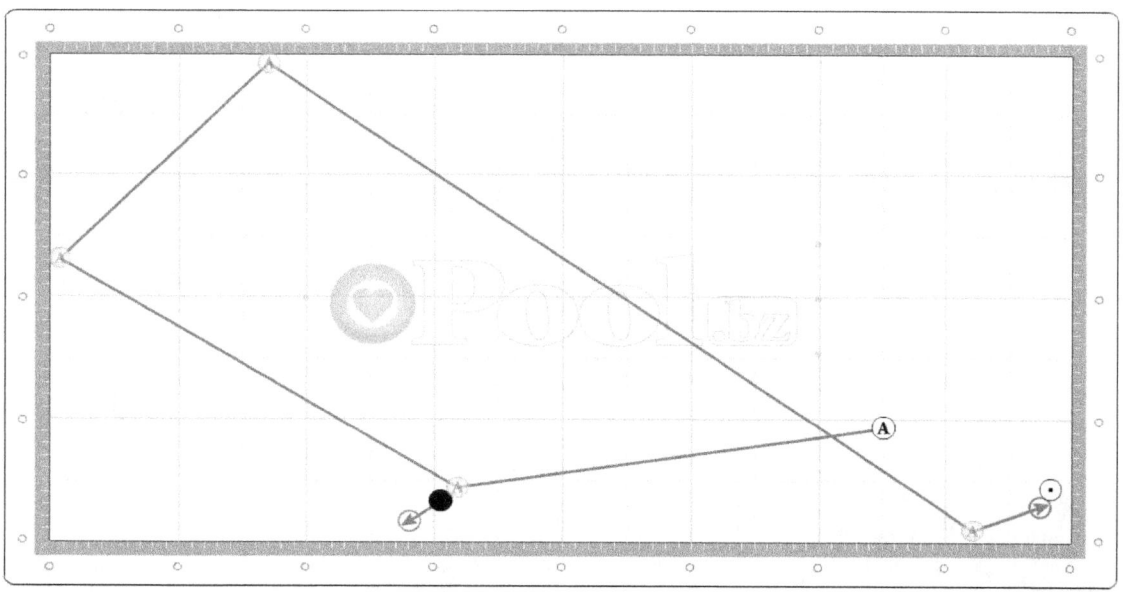

E:4c – Preparar

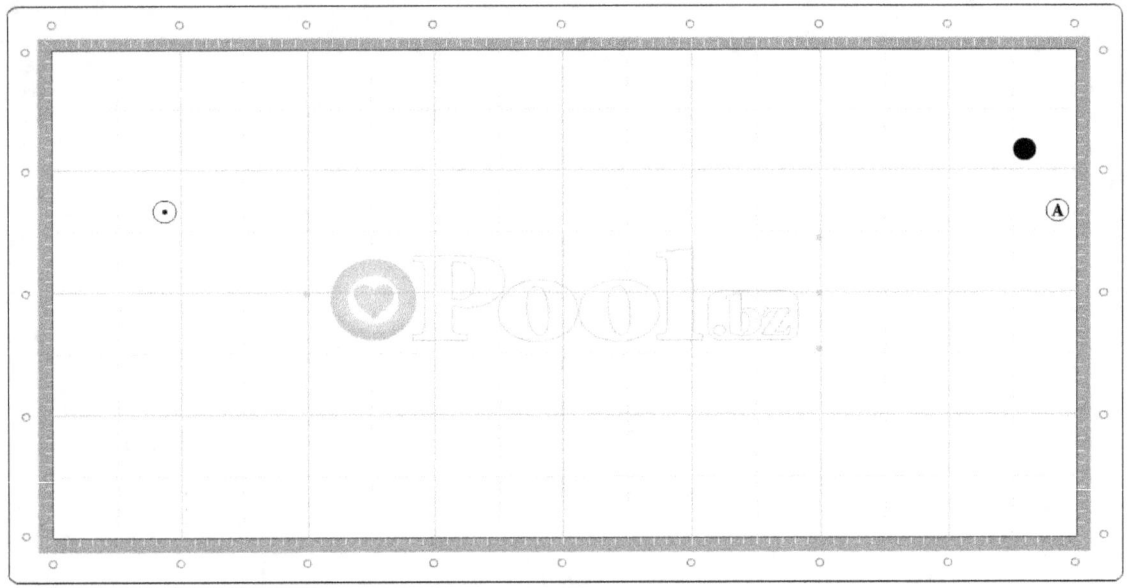

Notas e ideas:

Patrón de disparo

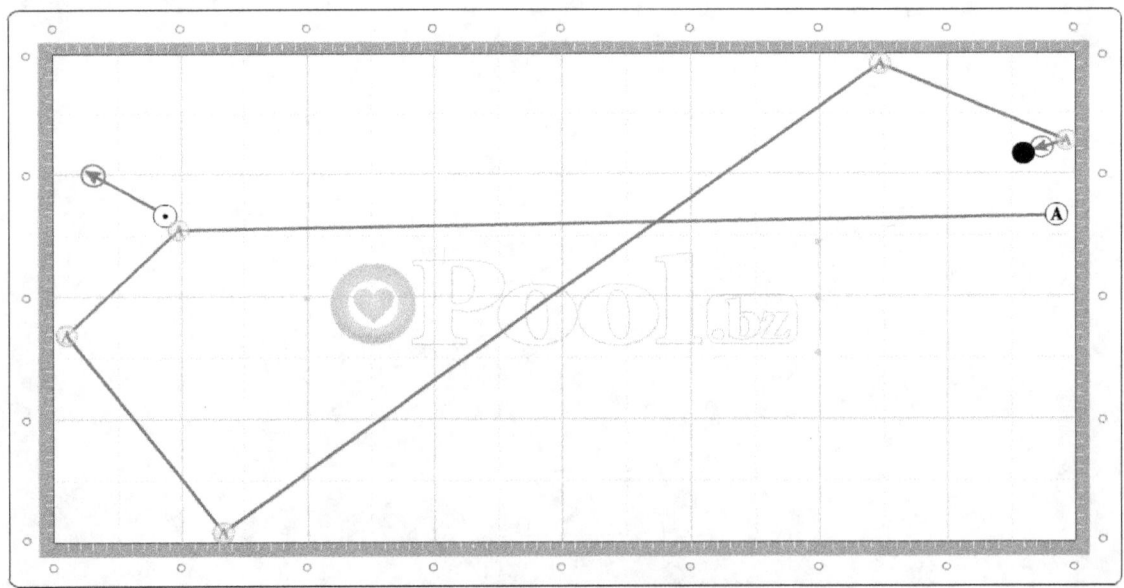

E:4d – Preparar

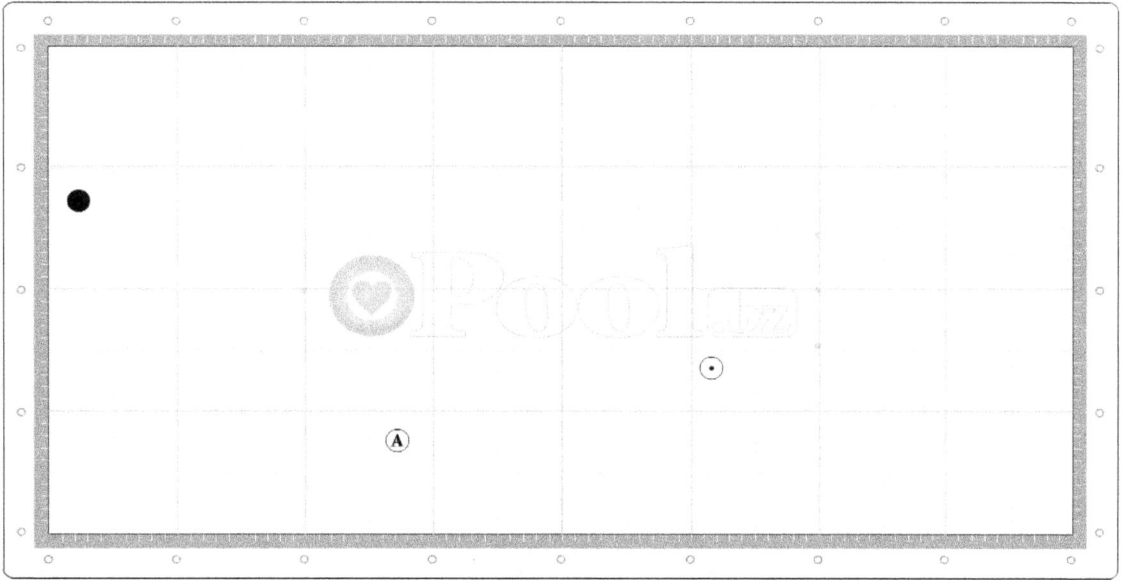

Notas e ideas:

Patrón de disparo

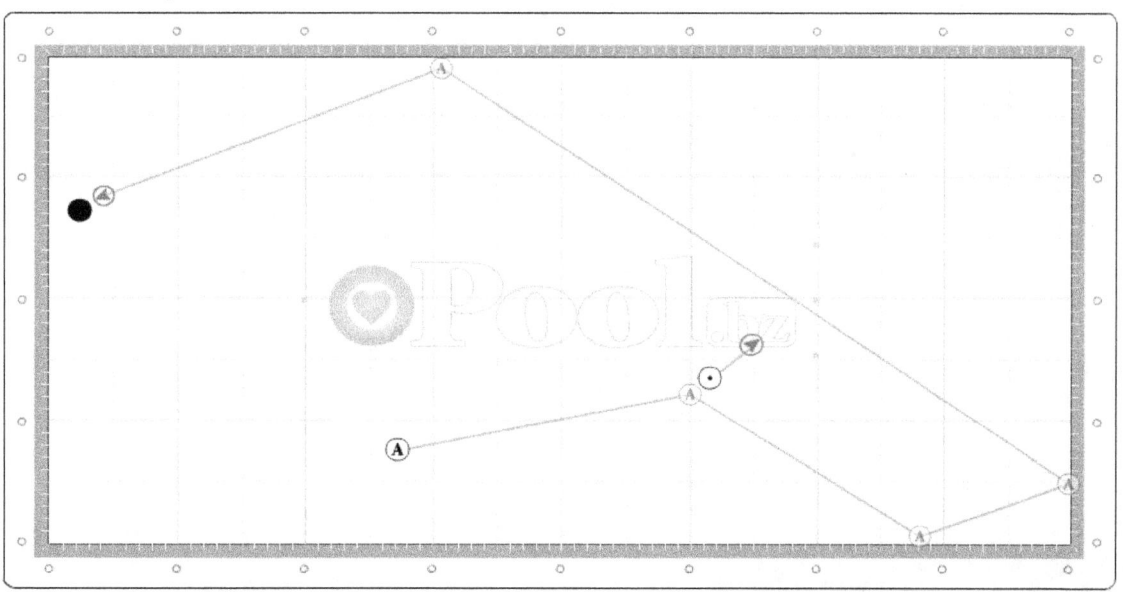

E: Grupo 5

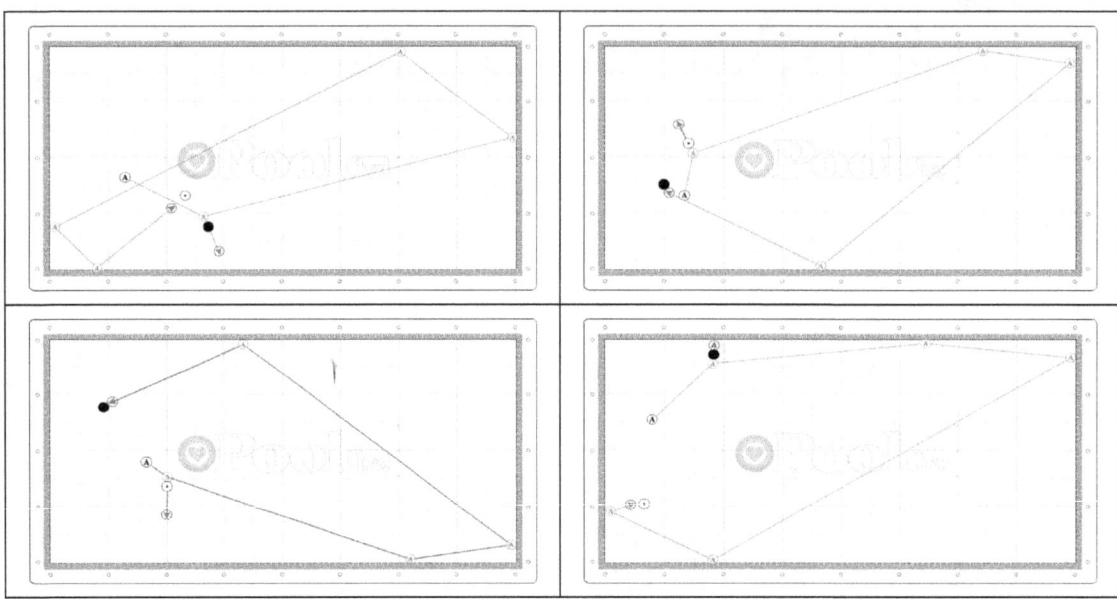

Análisis:

E:5a. _____

E:5b. _____

E:5c. _____

E:5d. _____

E:5a – Preparar

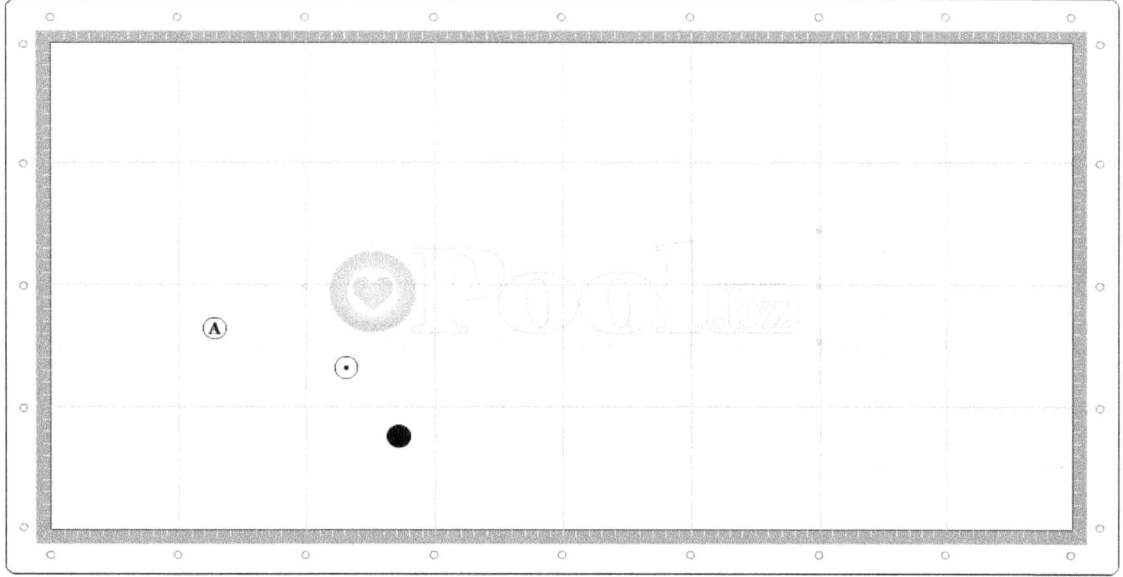

Notas e ideas:

Patrón de disparo

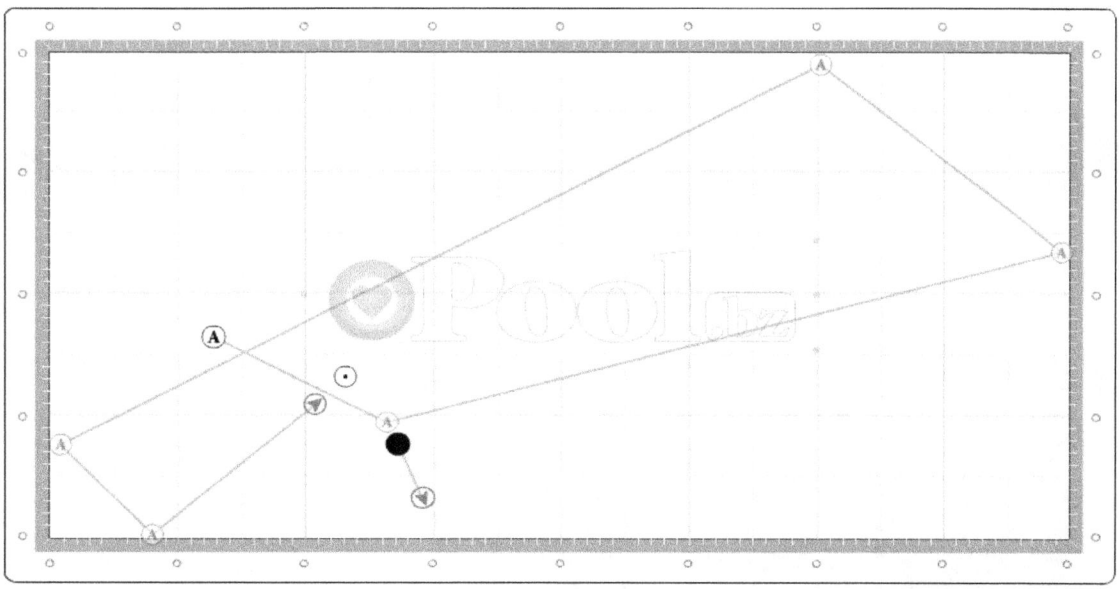

E:5b – Preparar

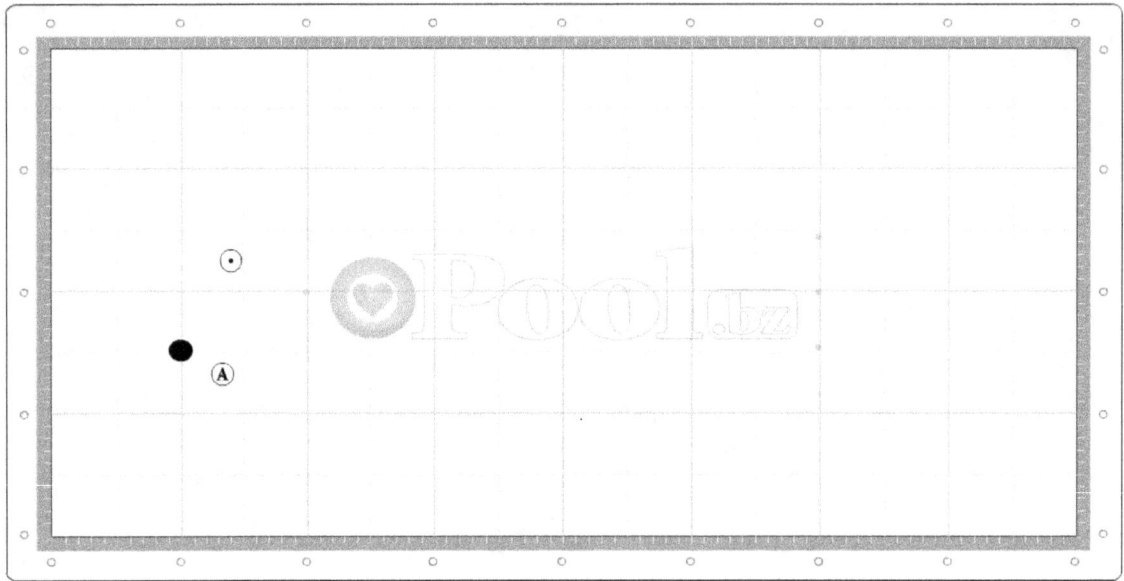

Notas e ideas:

Patrón de disparo

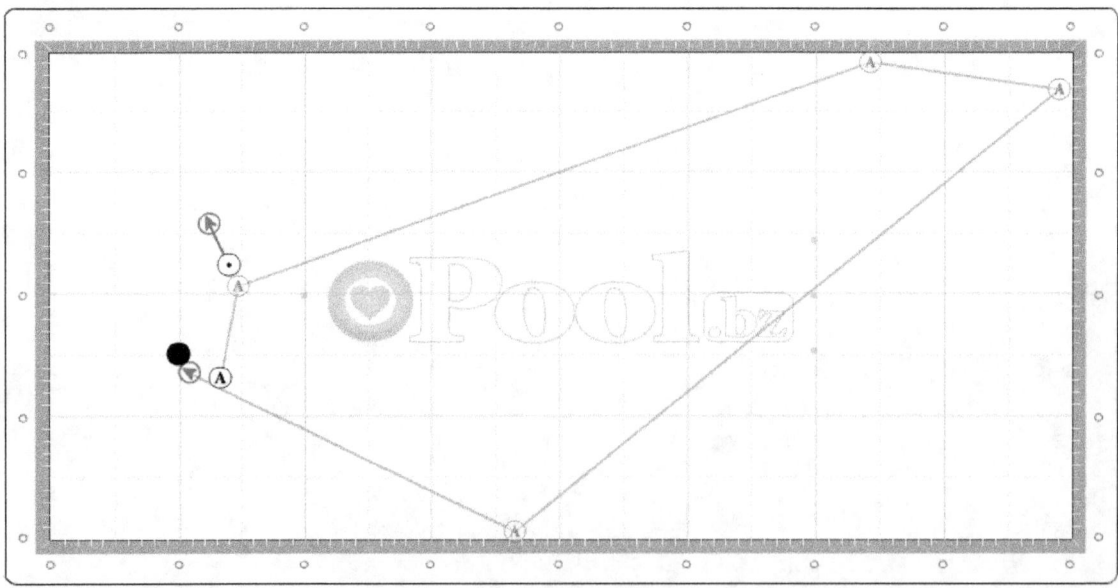

E:5c – Preparar

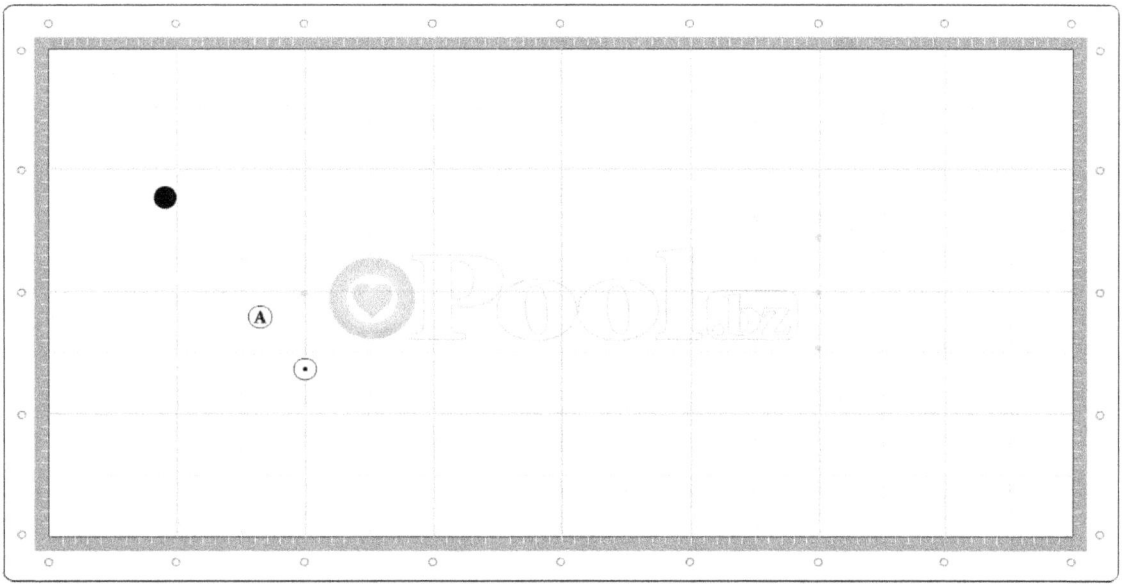

Notas e ideas:

Patrón de disparo

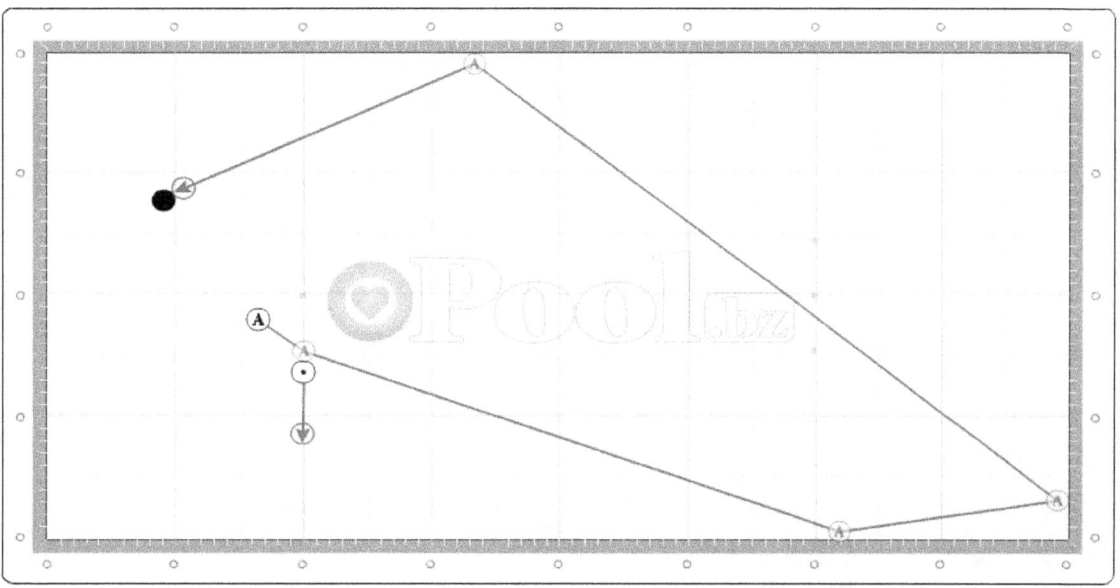

E:5d – Preparar

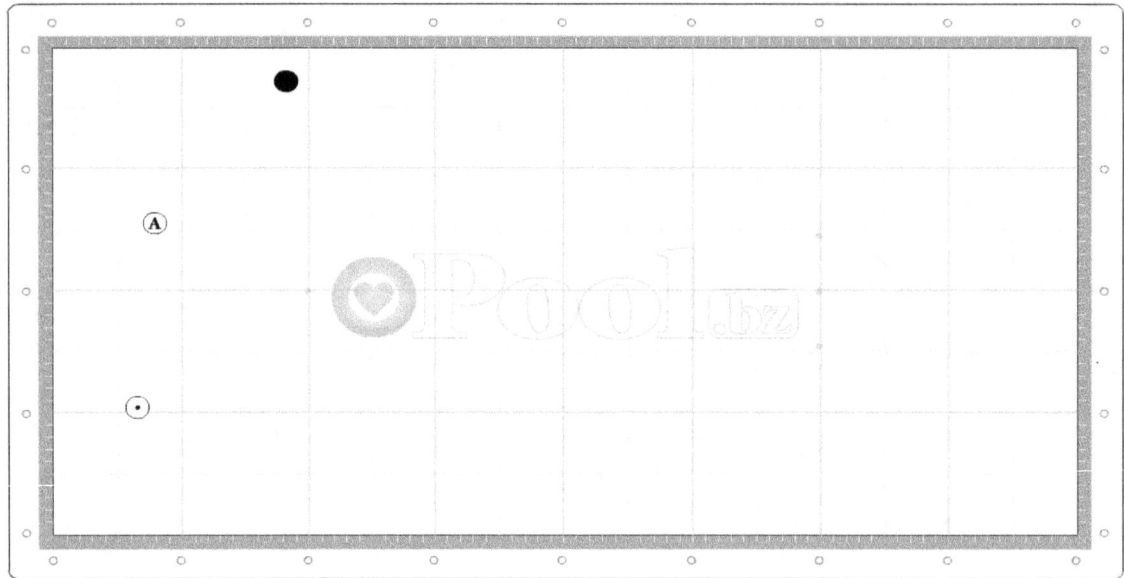

Notas e ideas:

Patrón de disparo

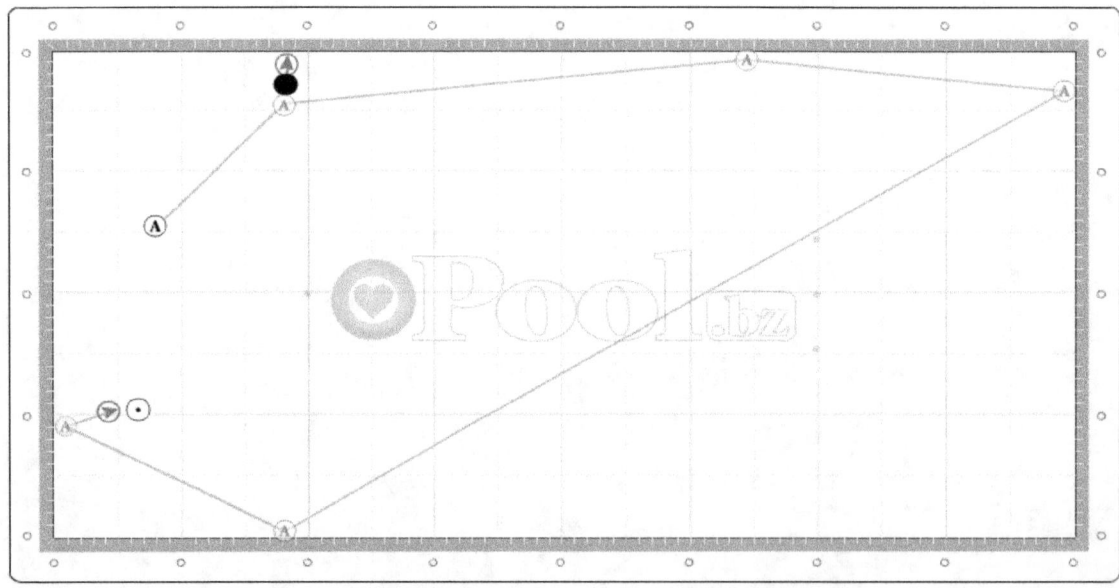

E: Grupo 6

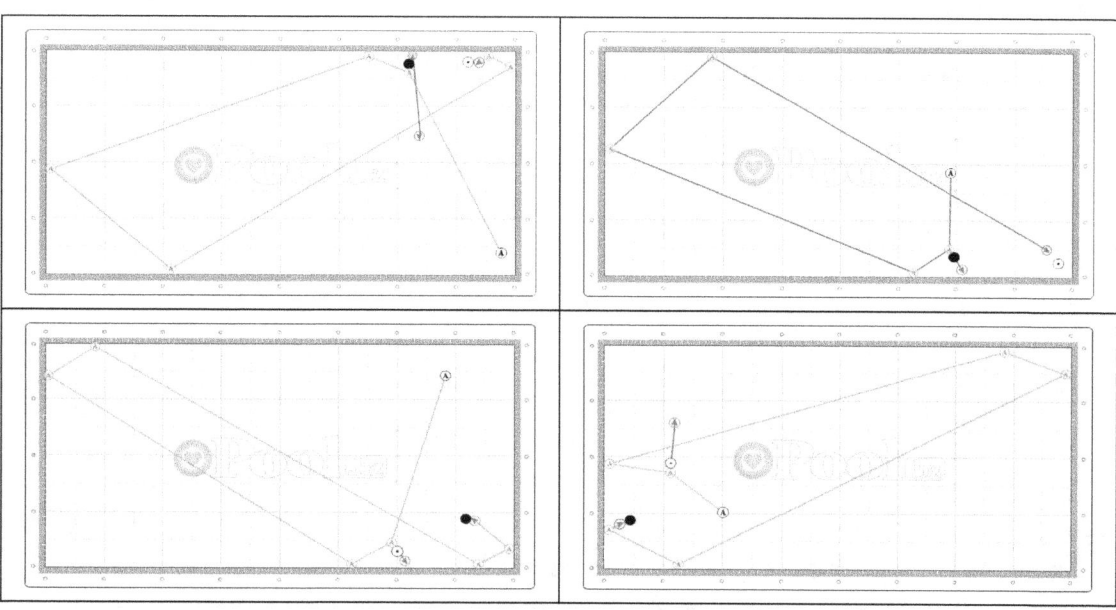

Análisis:

E:6a. _____

E:6b. _____

E:6c. _____

E:6d. _____

E:6a – Preparar

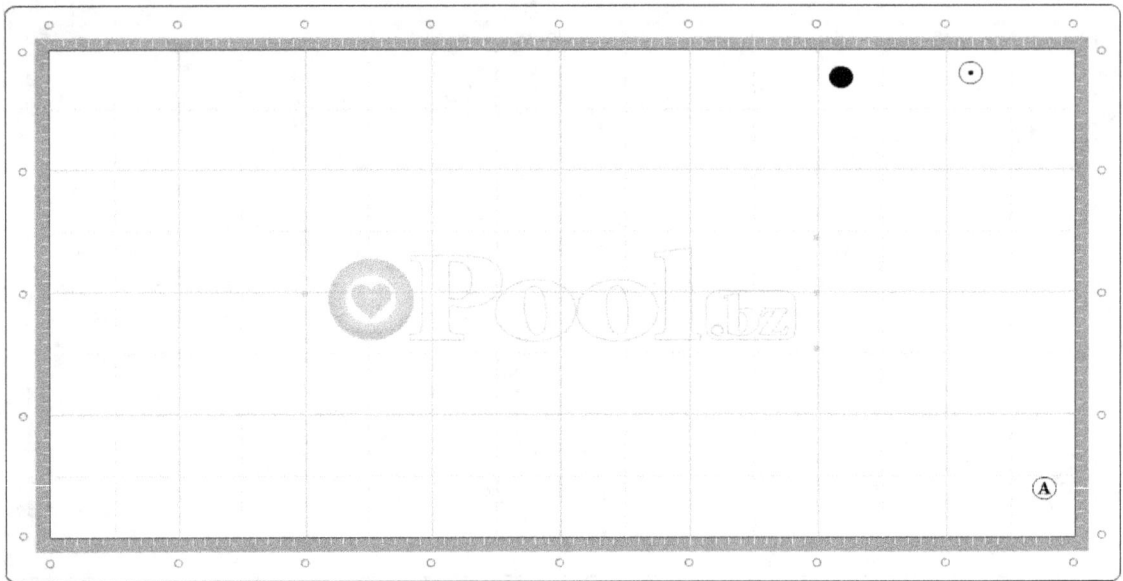

Notas e ideas:

Patrón de disparo

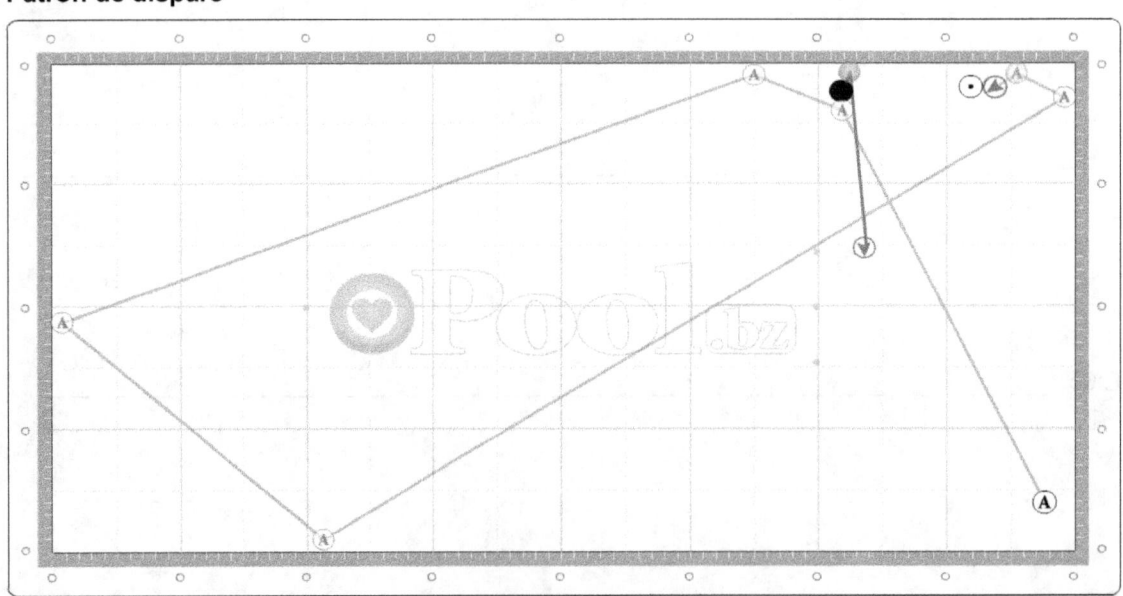

E:6b – Preparar

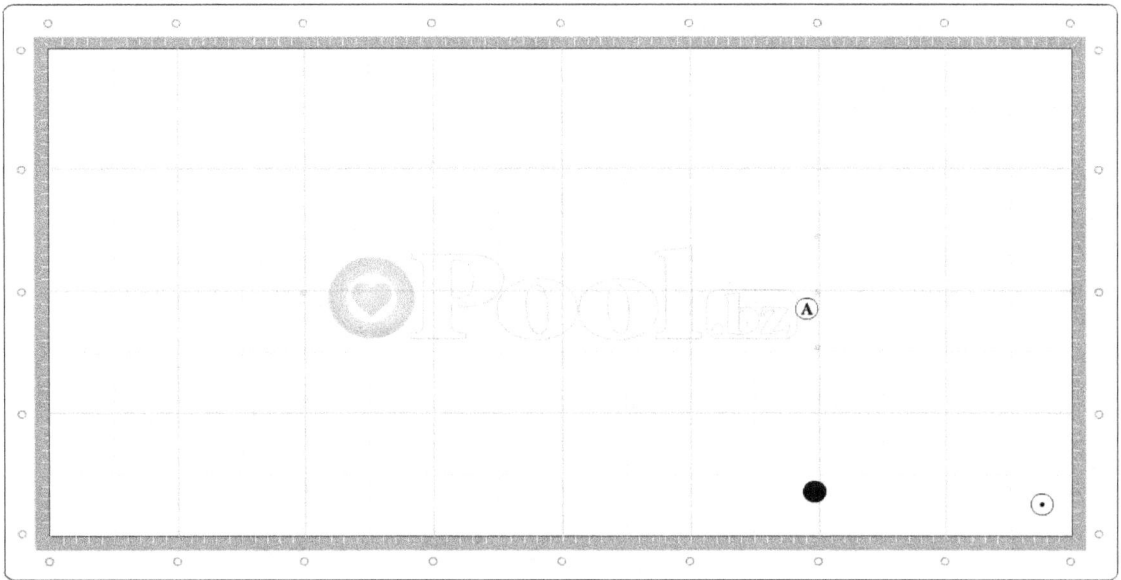

Notas e ideas:

Patrón de disparo

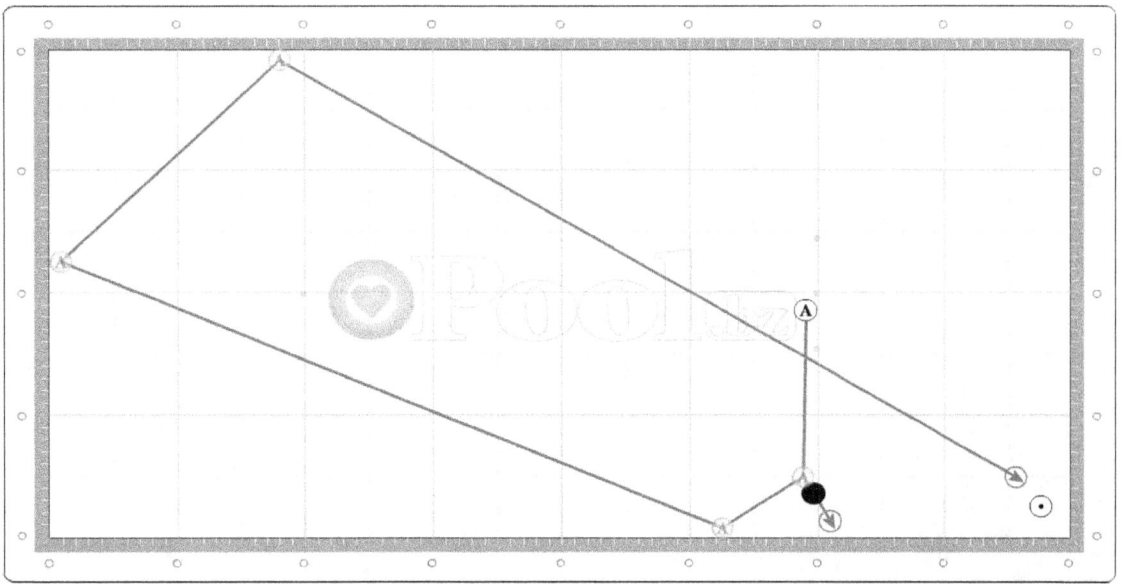

E:6c – Preparar

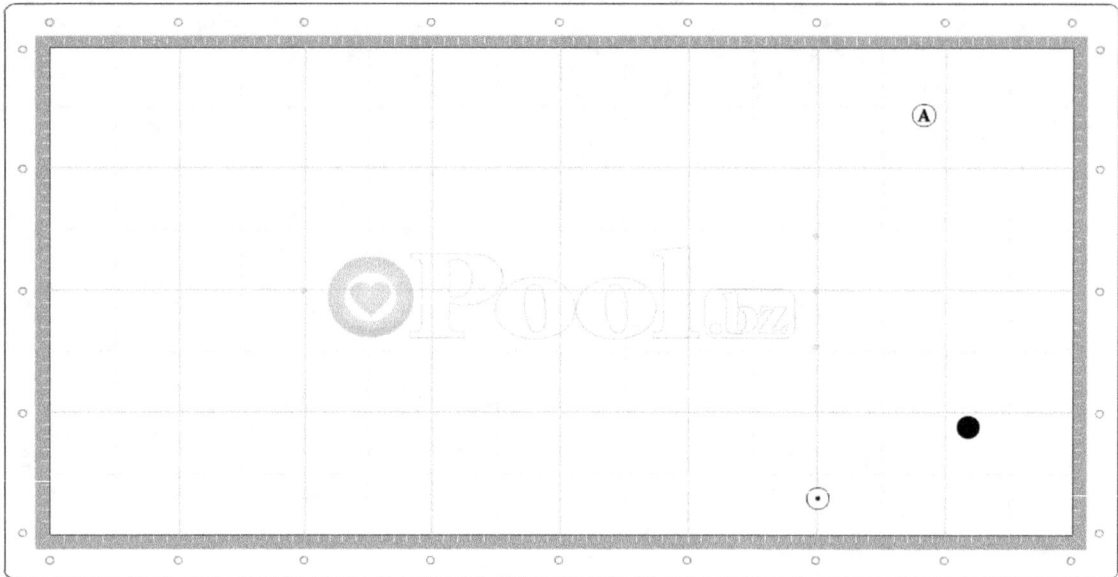

Notas e ideas:

Patrón de disparo

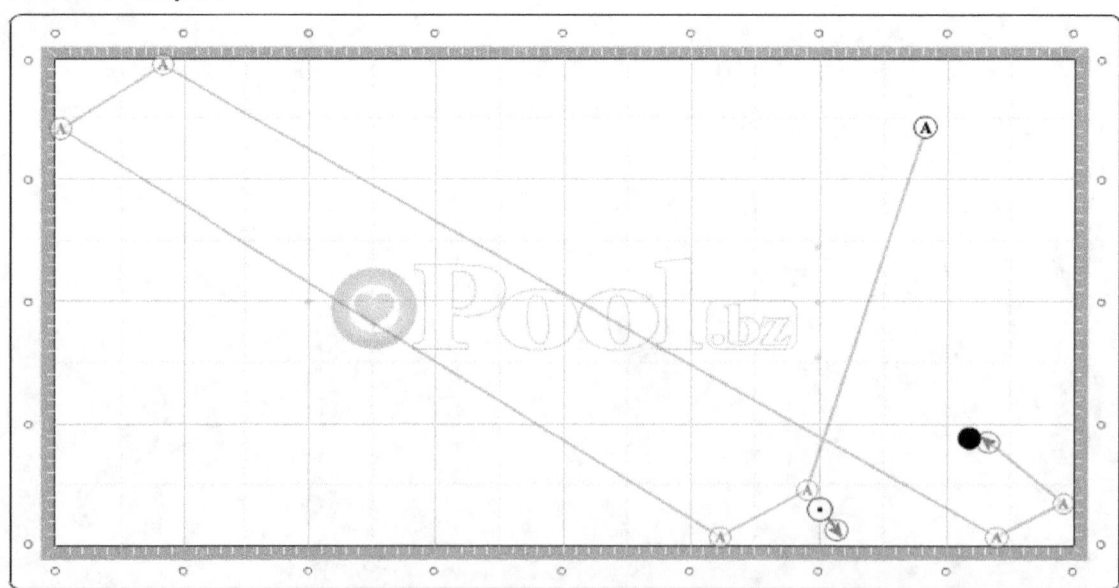

E:6d – Preparar

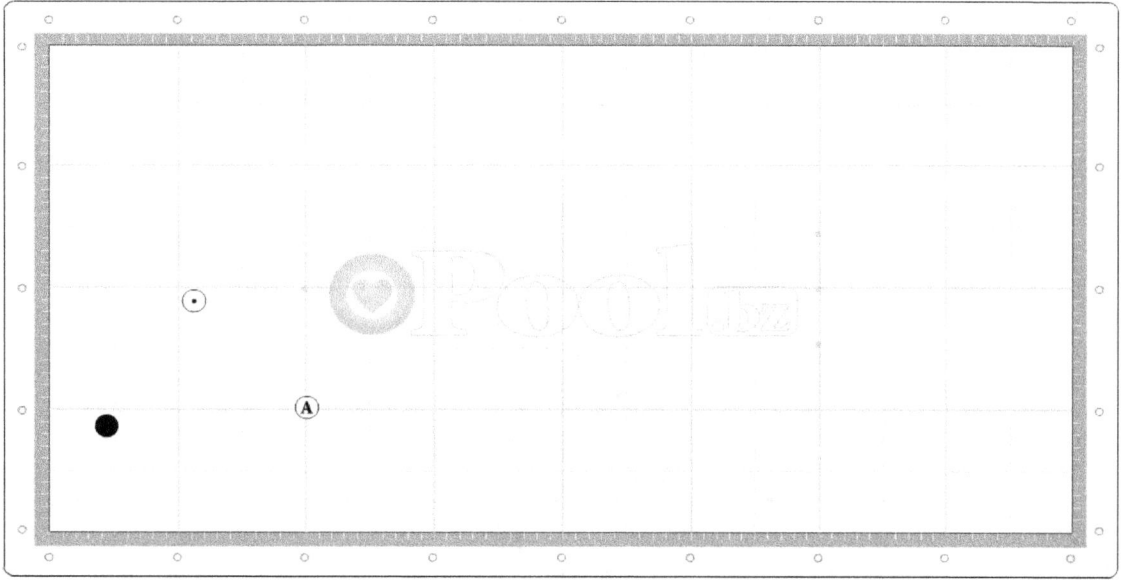

Notas e ideas:

Patrón de disparo

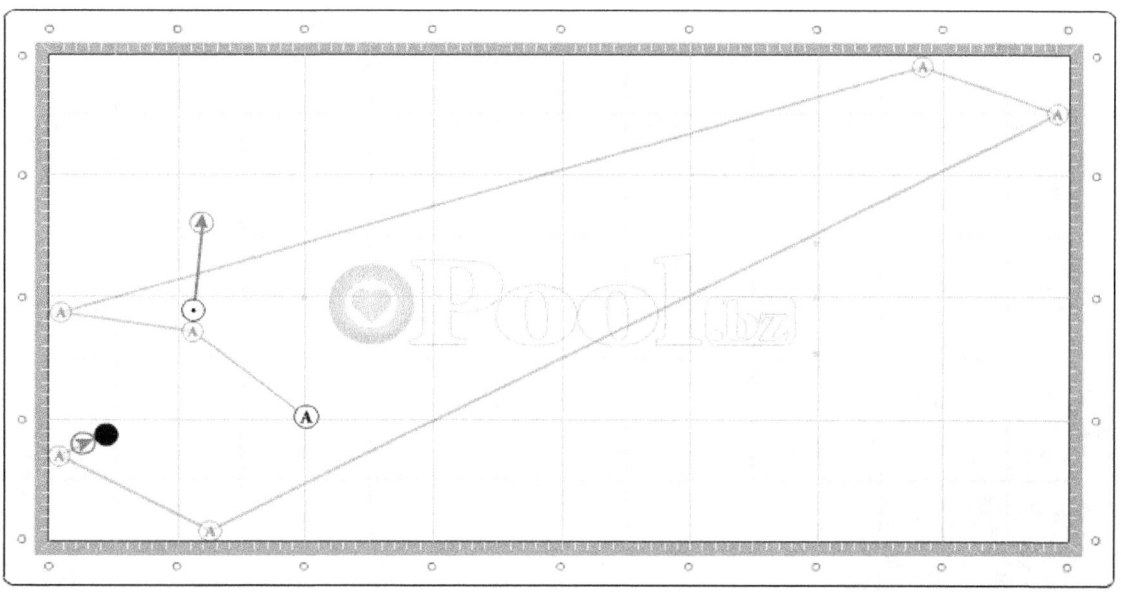

F: Tres diagonales paralelas

El (CB) sale del primero (OB) y luego ingresa el patrón diagonal. Estas son soluciones interesantes porque (CB) se mueve hacia arriba y hacia abajo de la tabla tres veces.

Ⓐ (CB) (su bola de billar) - ⊙ (OB) (bola de billar oponente) - ● (OB) (bola de billar roja)

F: Grupo 1

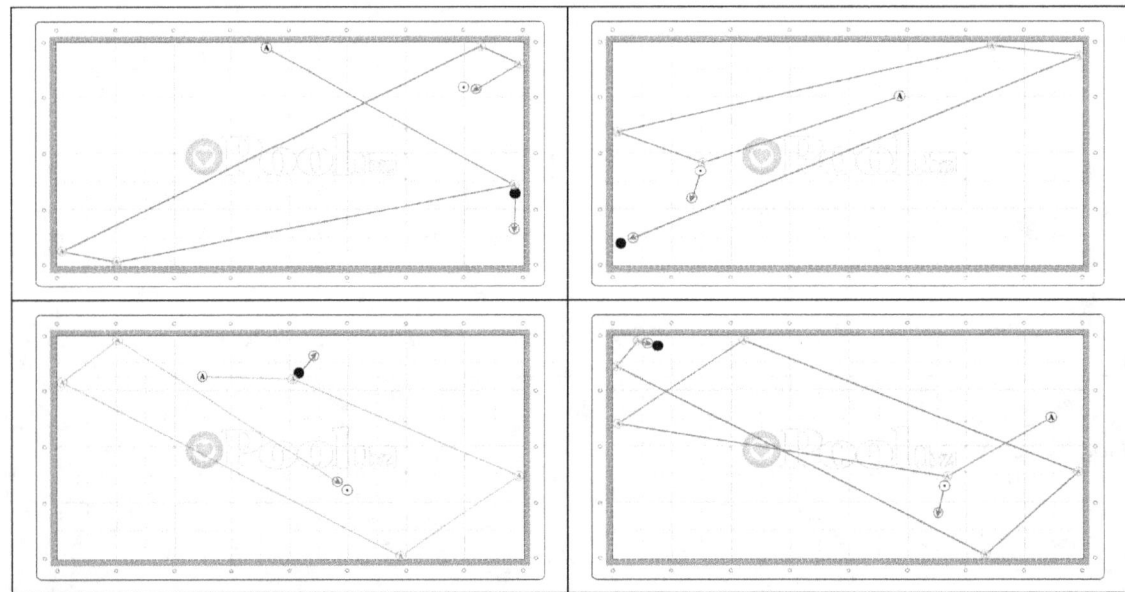

Análisis:

F:1a. _____

F:1b. _____

F:1c. _____

F:1d. _____

F:1a – Preparar

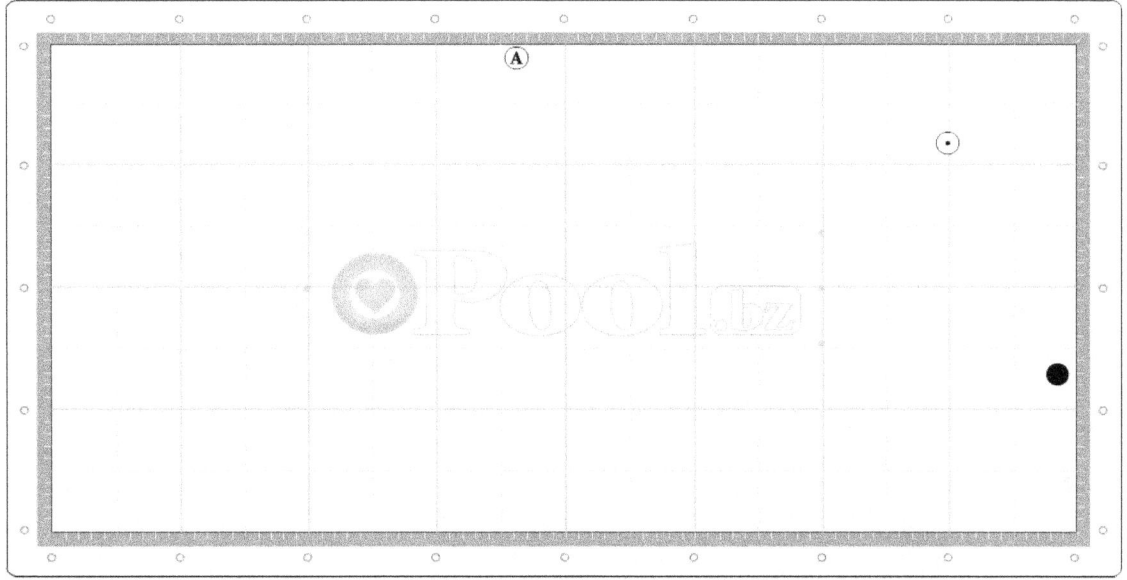

Notas e ideas:

Patrón de disparo

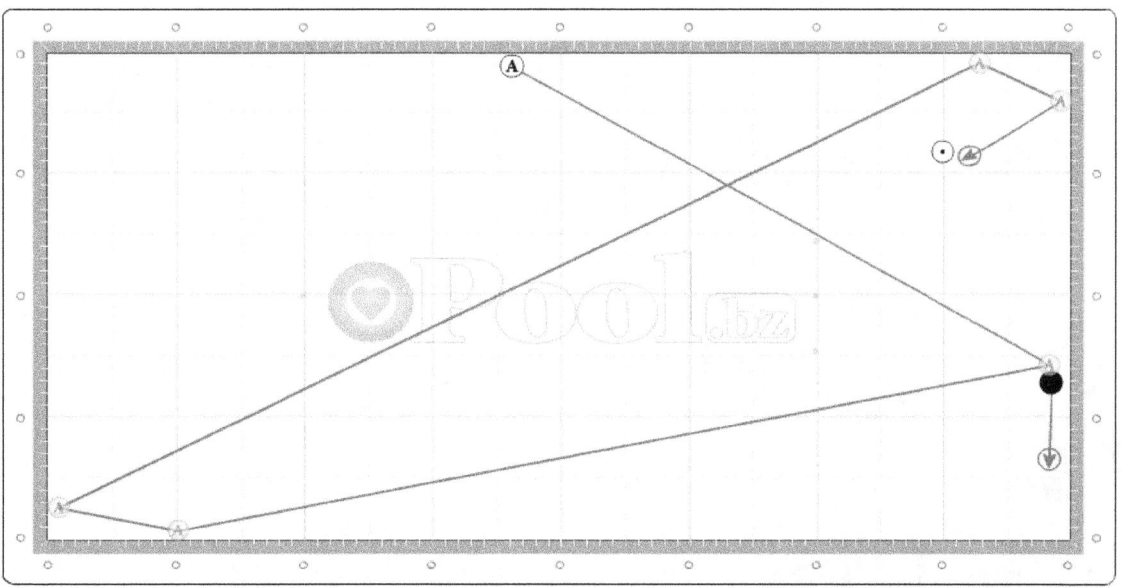

F:1b – Preparar

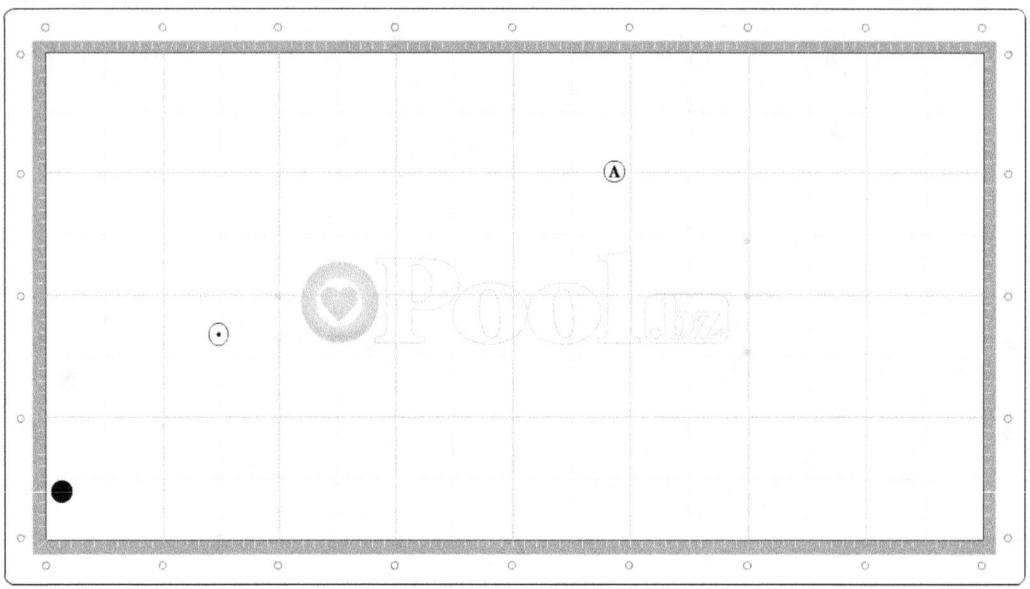

Notas e ideas:

Patrón de disparo

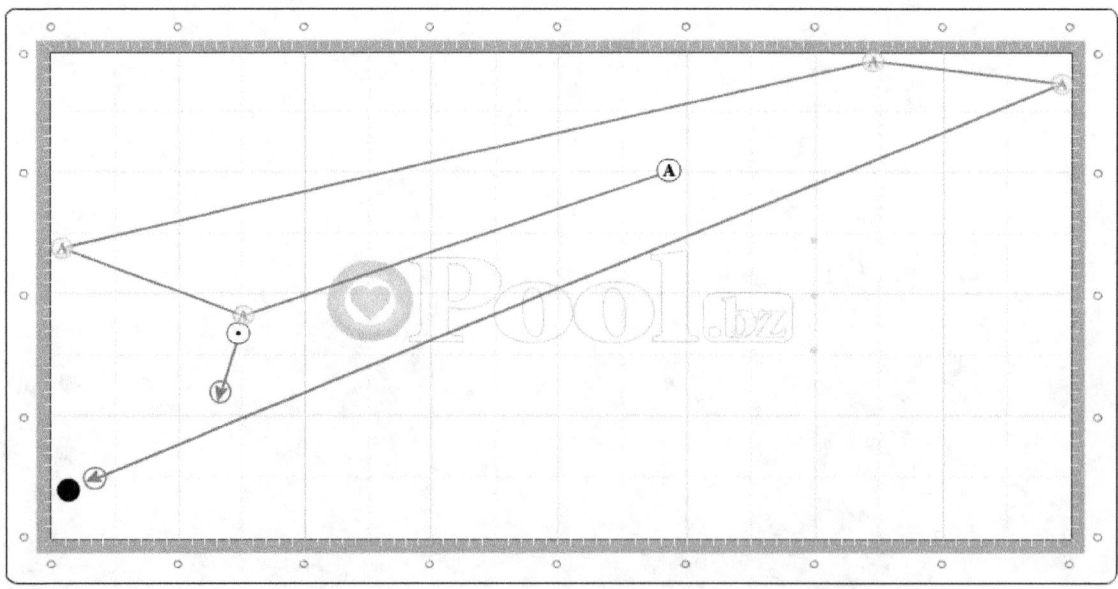

F:1c – Preparar

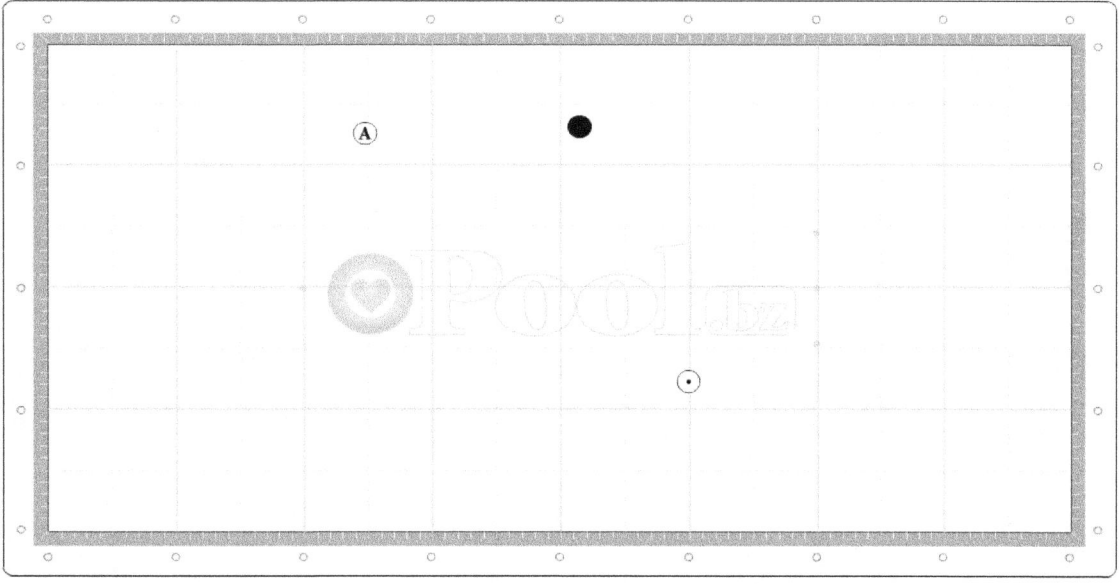

Notas e ideas:

Patrón de disparo

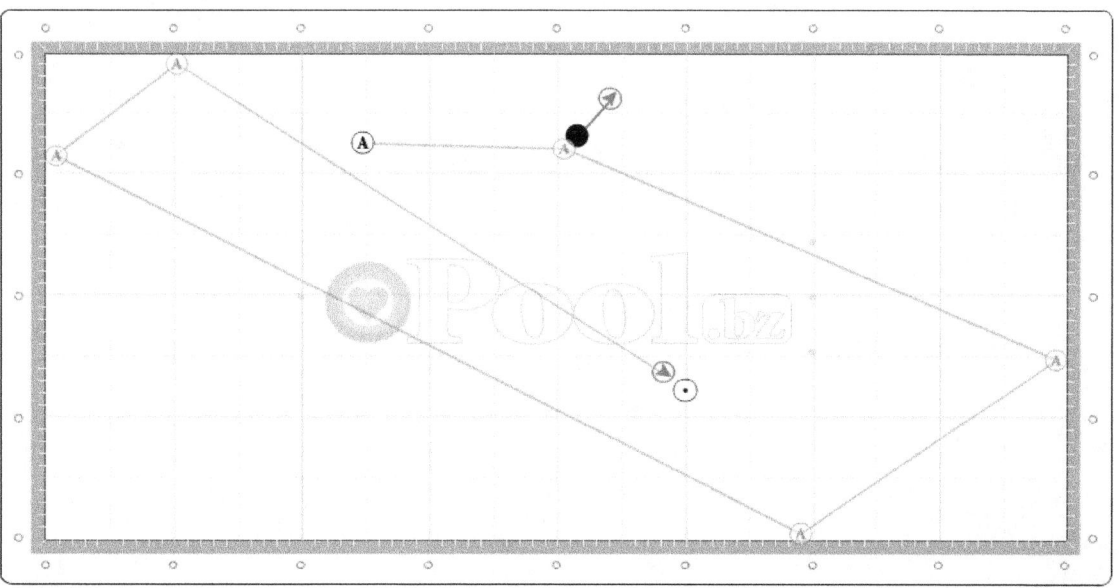

F:1d – Preparar

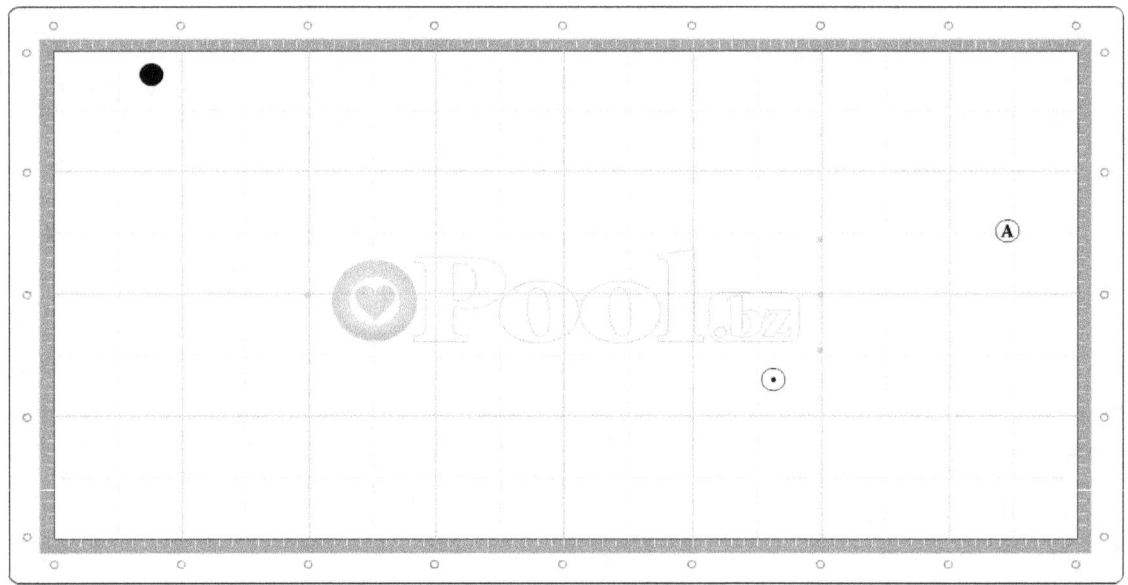

Notas e ideas:

Patrón de disparo

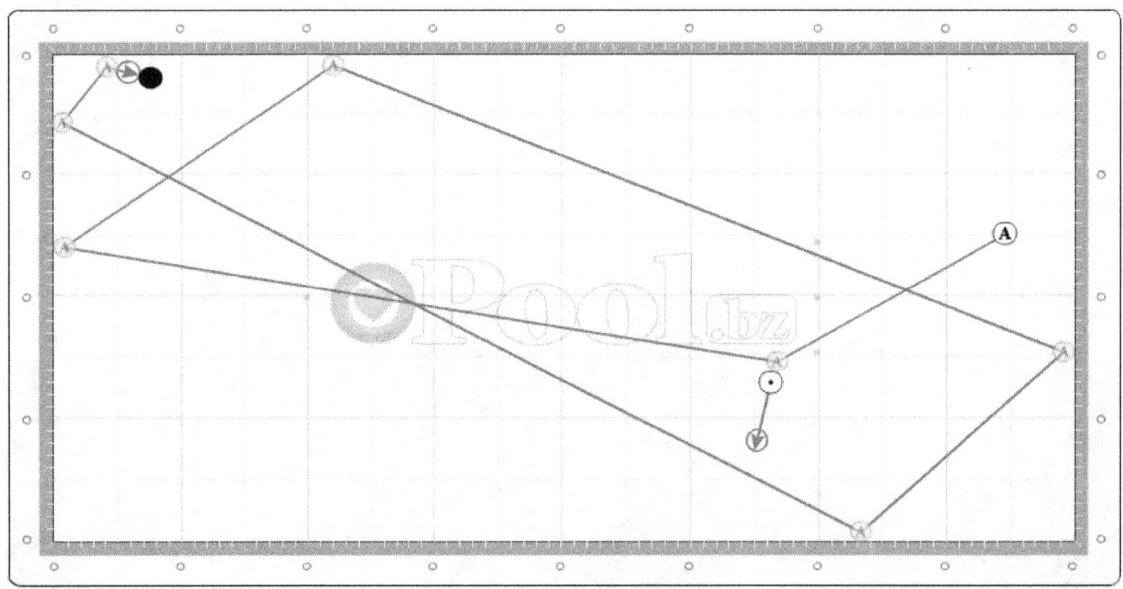

F: Grupo 2

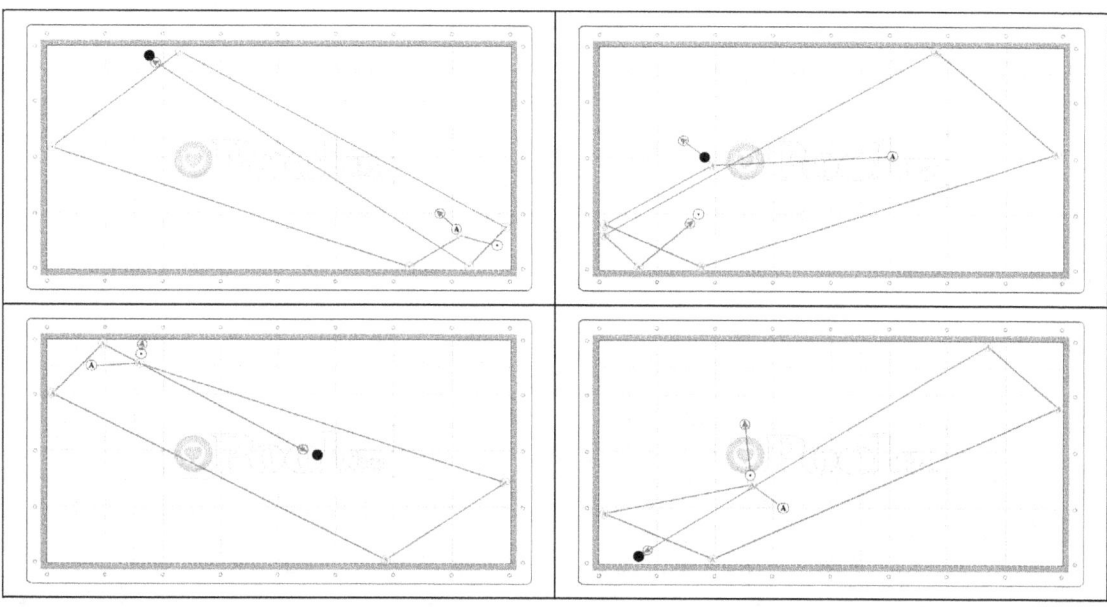

Análisis:

F:2a. _____

F:2b. _____

F:2c. _____

F:2d. _____

F:2a – Preparar

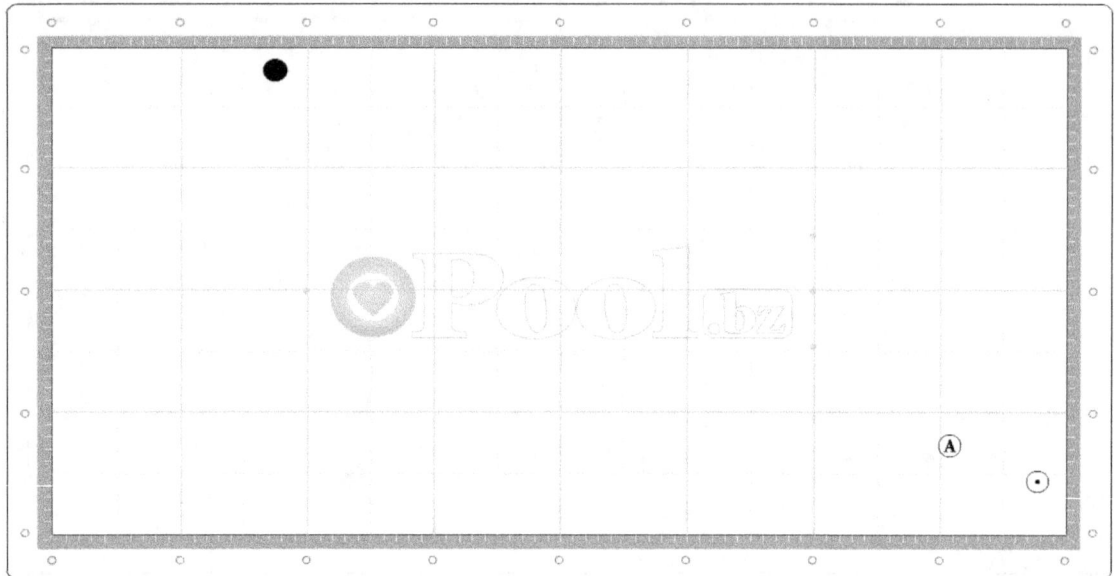

Notas e ideas:

Patrón de disparo

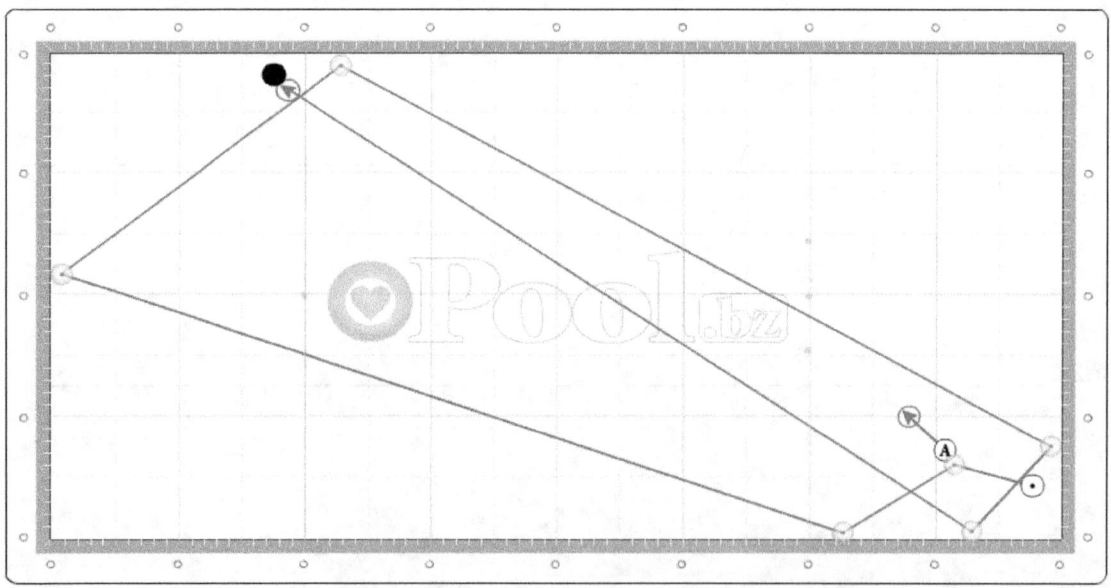

F:2b – Preparar

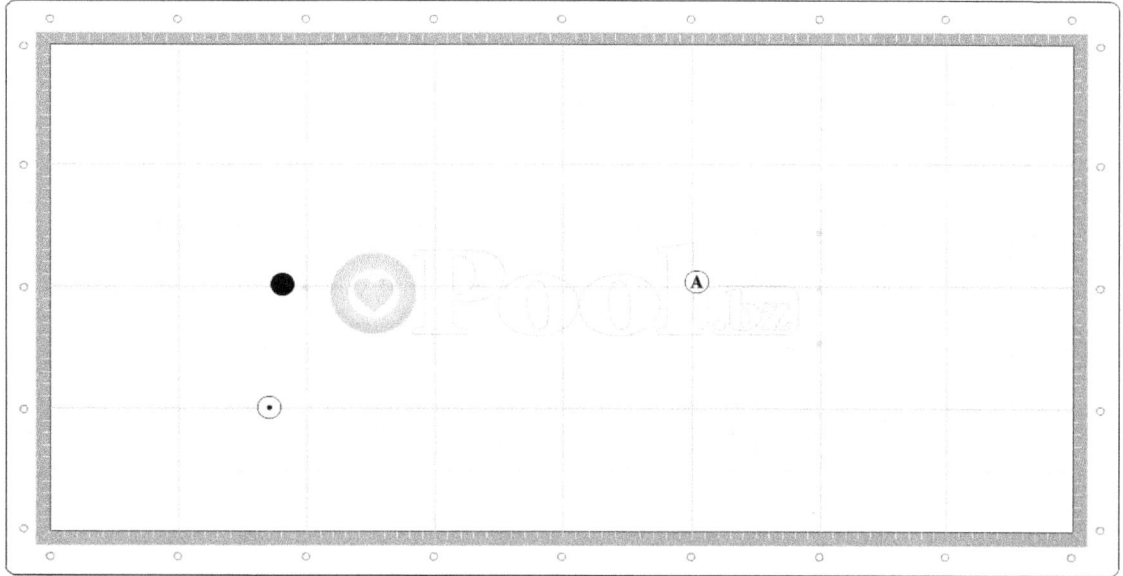

Notas e ideas:

Patrón de disparo

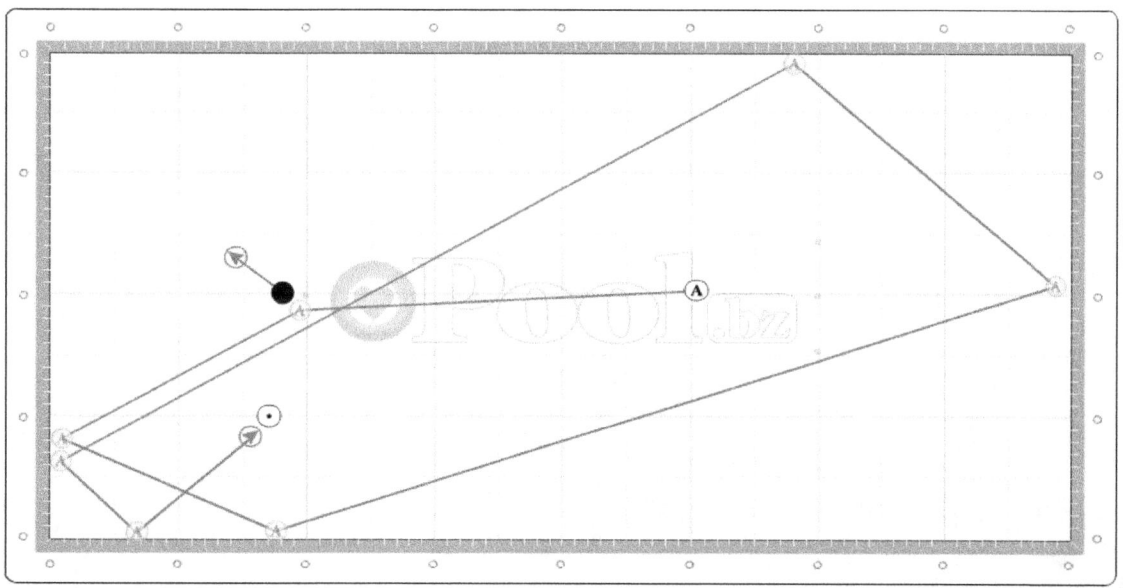

F:2c – Preparar

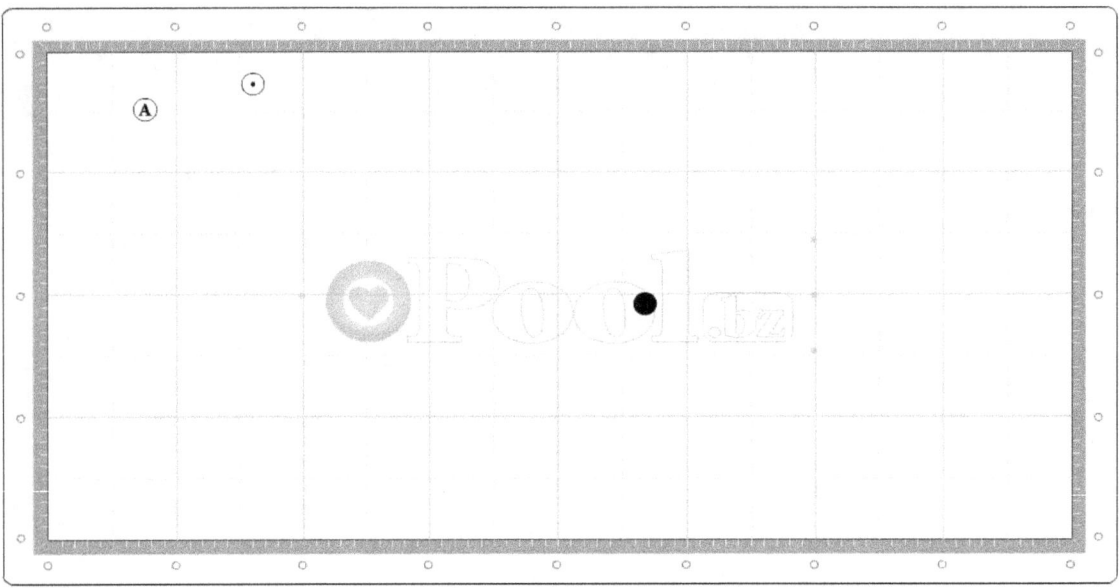

Notas e ideas:

Patrón de disparo

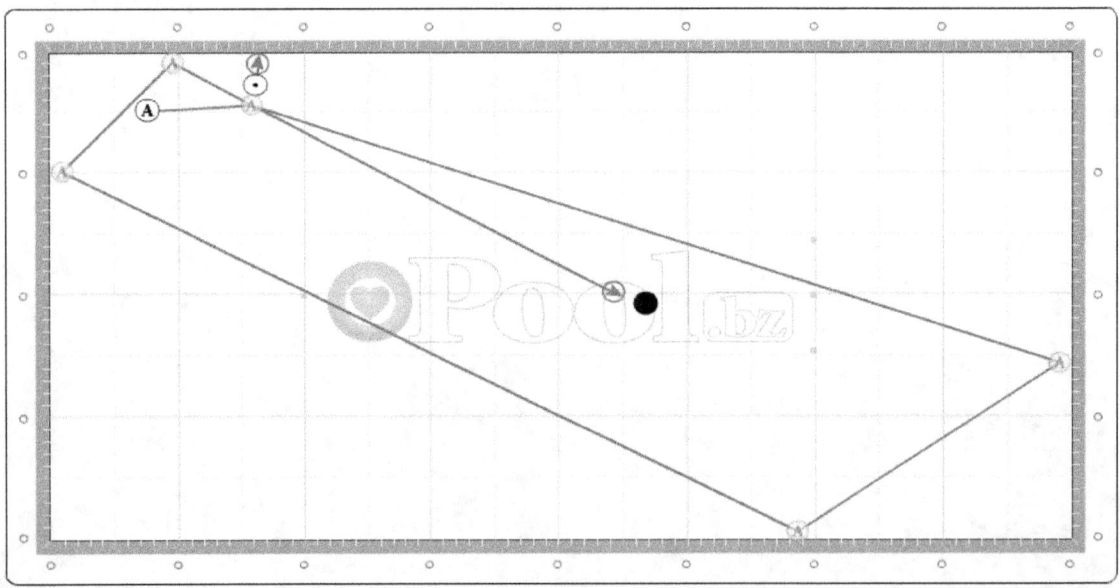

F:2d – Preparar

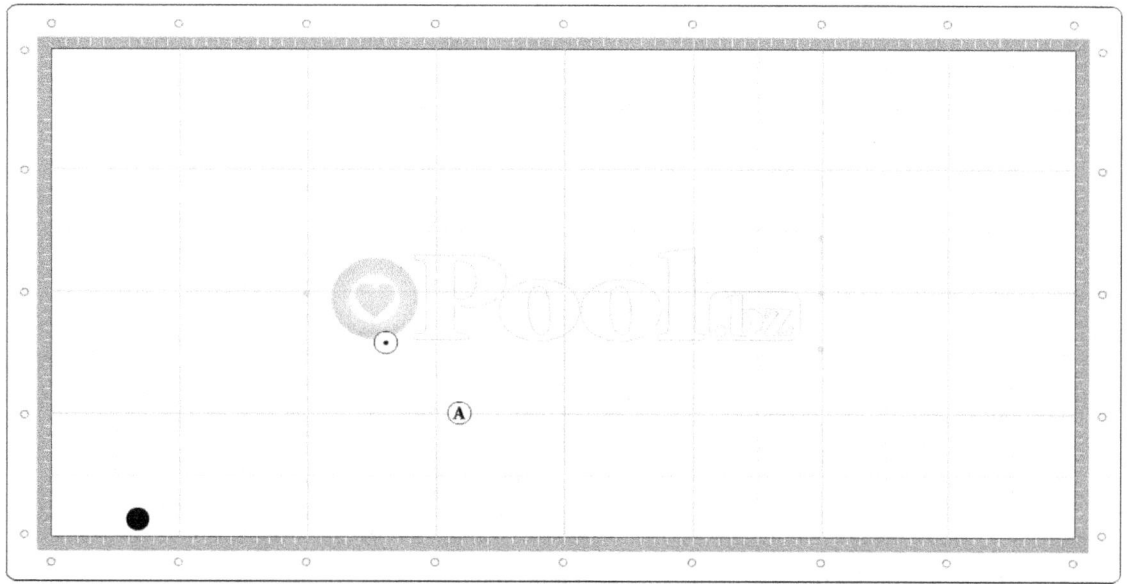

Notas e ideas:

Patrón de disparo

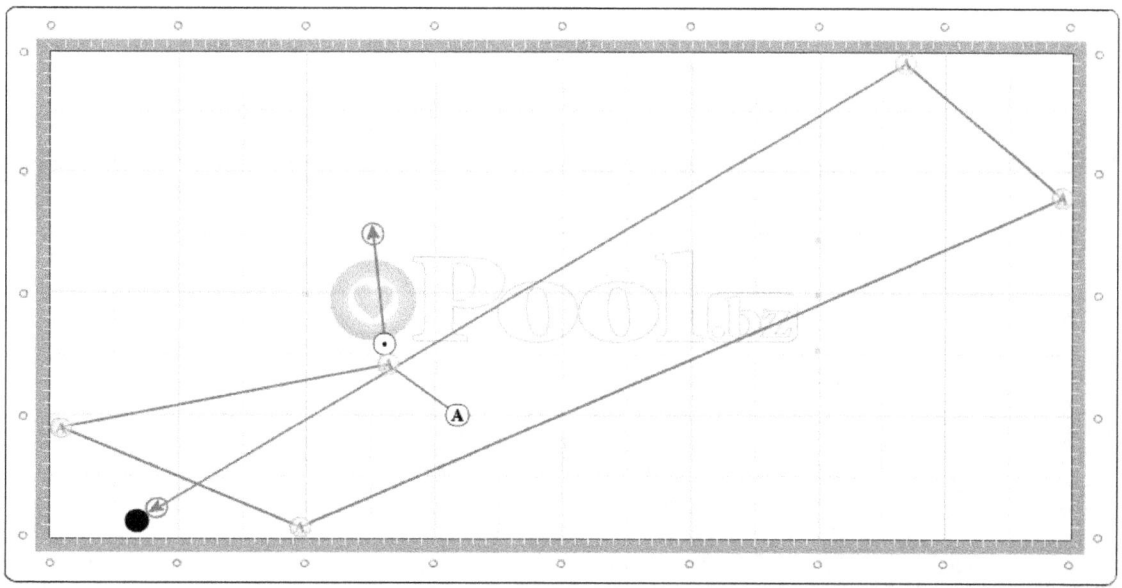

F: Grupo 3

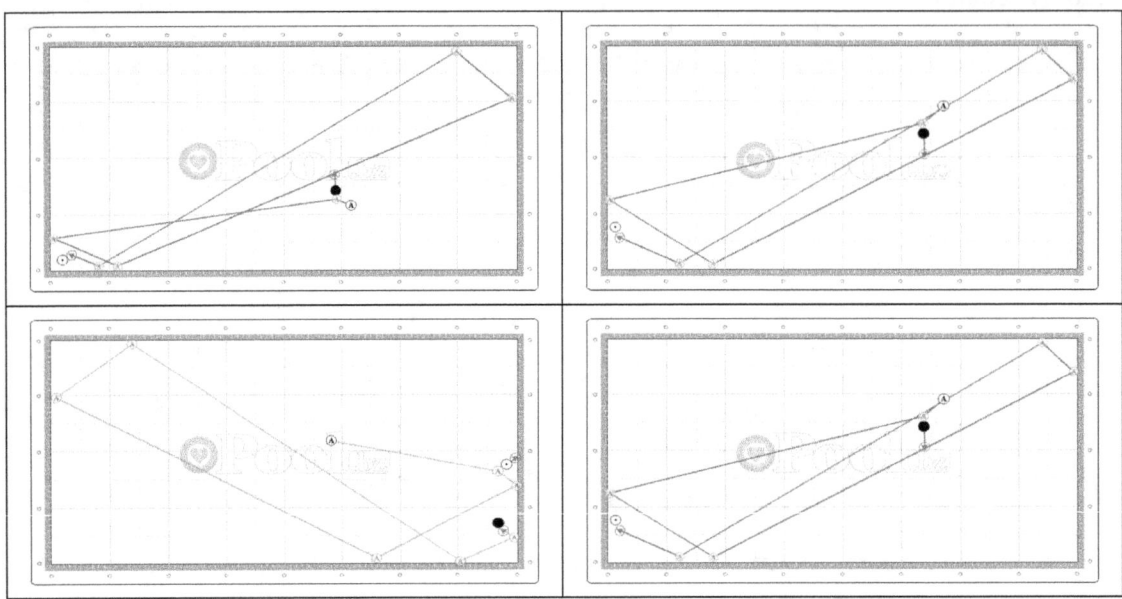

Análisis:

F:3a. _____

F:3b. _____

F:3c. _____

F:3d. _____

f:3a – Preparar

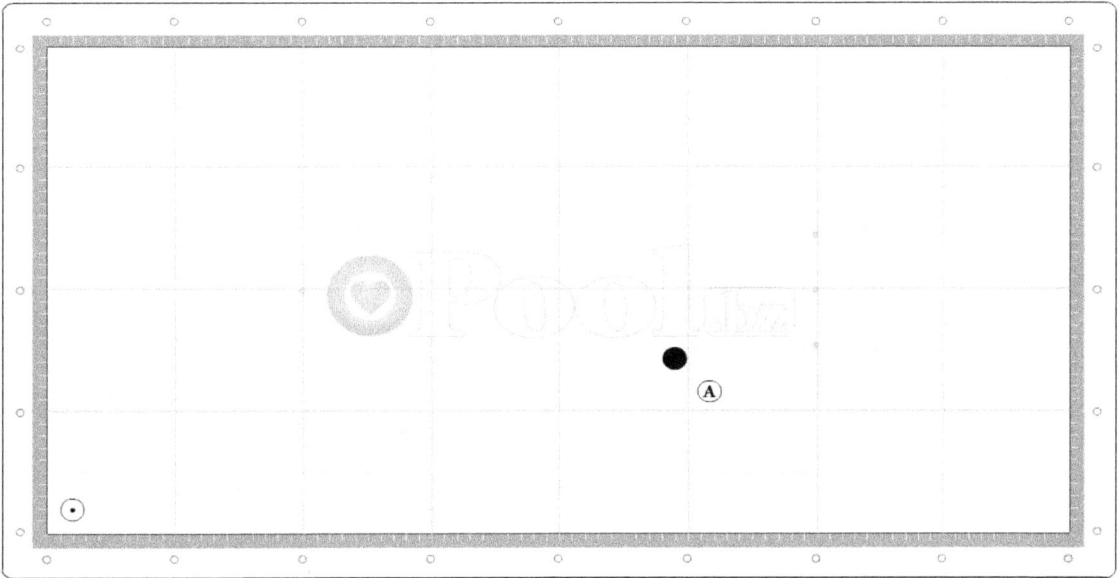

Notas e ideas:

Patrón de disparo

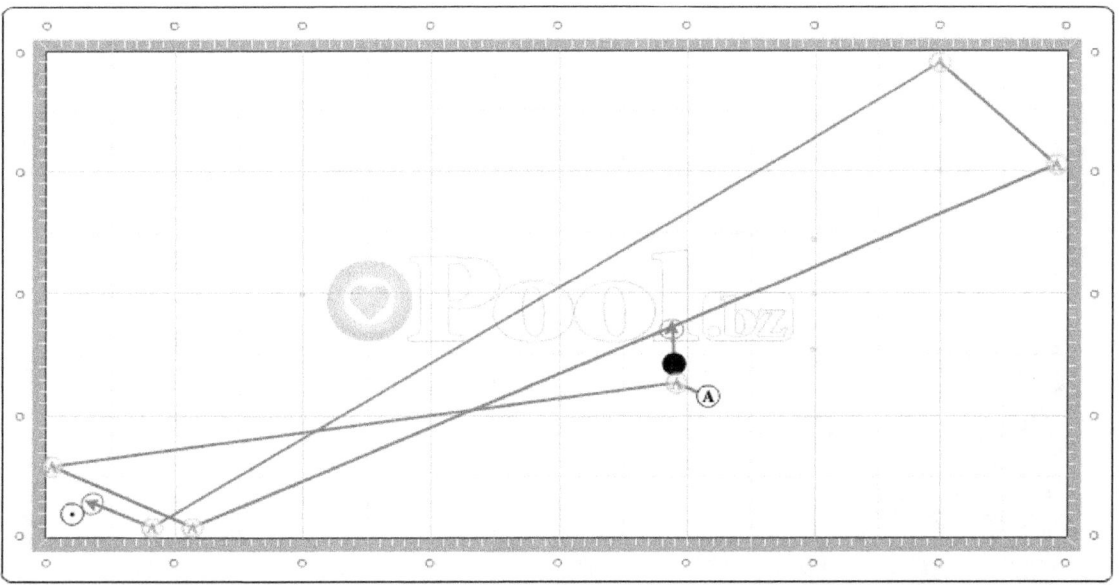

F31b – Preparar

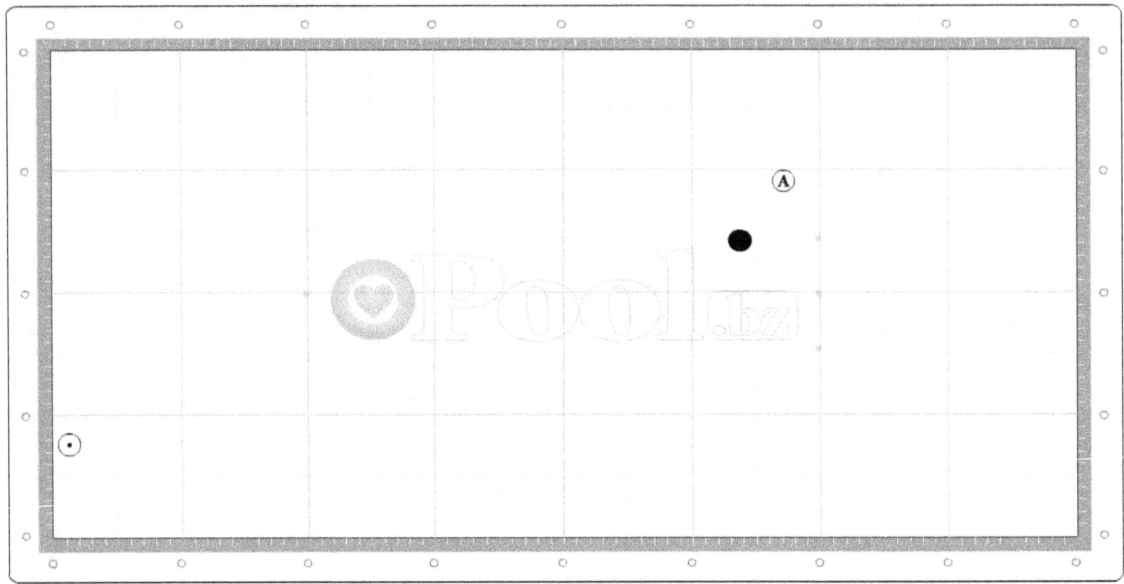

Notas e ideas:

Patrón de disparo

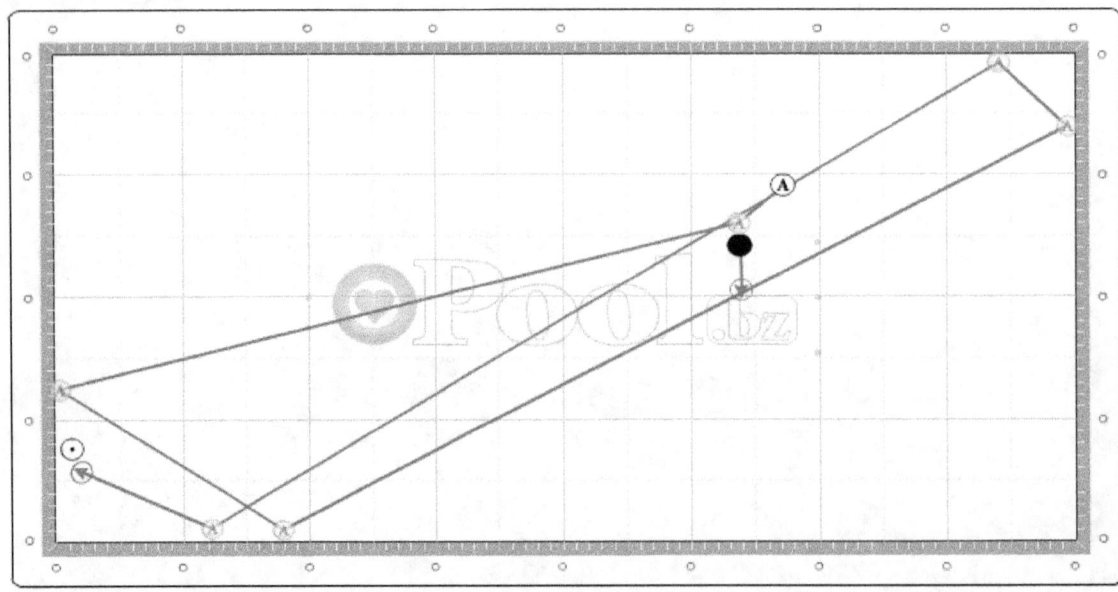

F:3c – Preparar

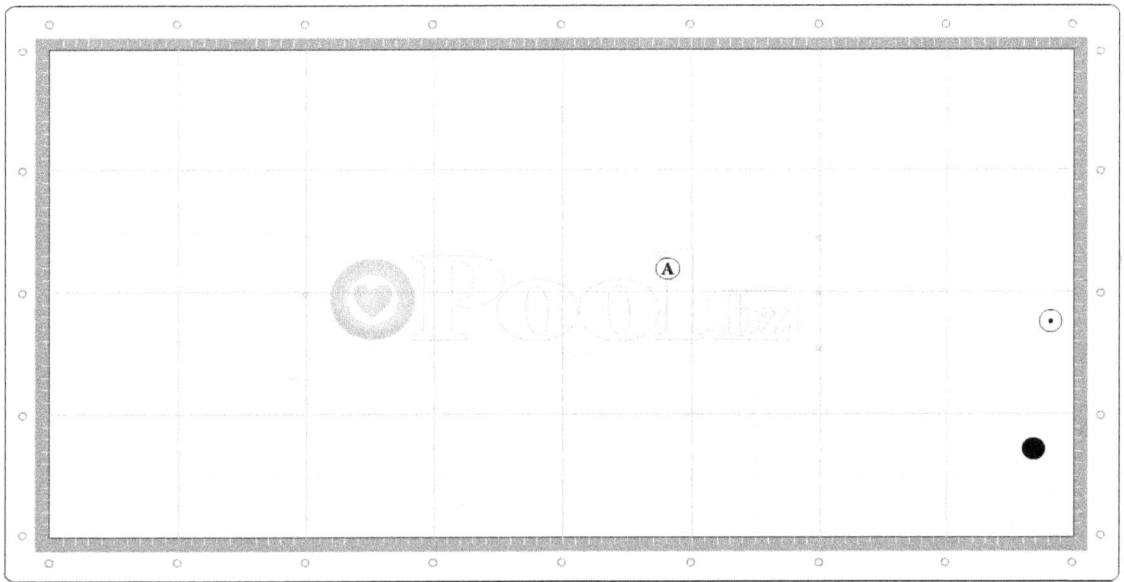

Notas e ideas:

Patrón de disparo

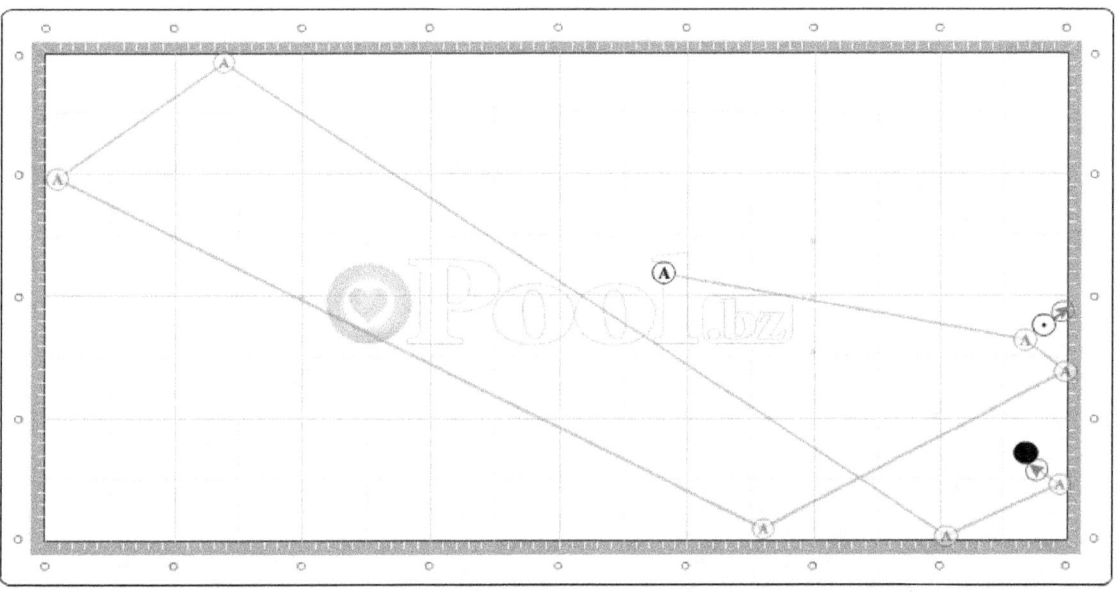

F:3d – Preparar

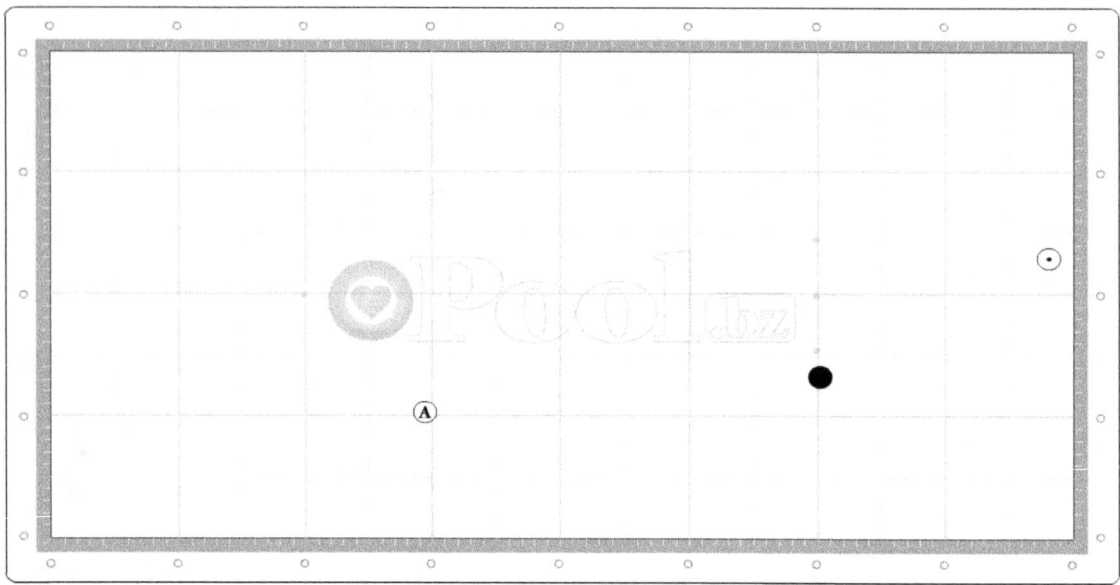

Notas e ideas:

Patrón de disparo

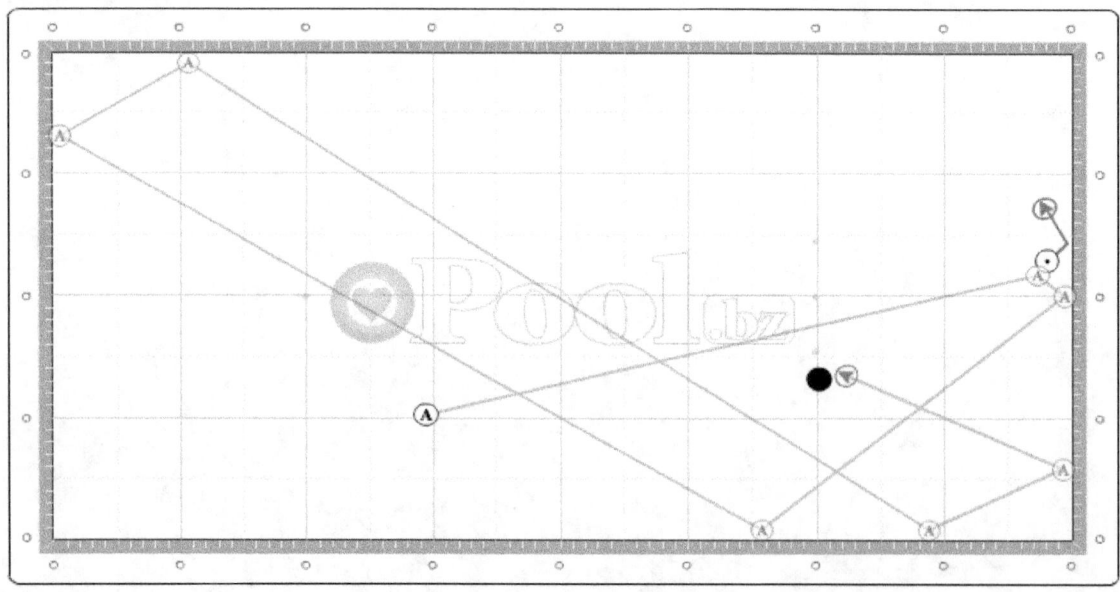